現代に活かす陽明学

『伝習録』（巻の中）を読む——桜下塾講義録

吉田和男

晃洋書房

はじめに

『論語』という書物の存在を知らない日本人は少ないように思います。日本を儒教国だと自然に話すことも少なくありません。しかし、今日、『論語』をはじめとする儒教の古典を読んでいる人は少ないように感じます。かつて江戸時代に「学ぶ」と言えば儒教の勉強をすることでした。明治になりヨーロッパ近代の科学技術や思想を大きく取り入れて以降も、儒教は日本人の基本的な素養として重要な位置づけにありました。明治以降、「和魂洋才」という基本姿勢が貫かれました。そして、近代化の中で、西洋の文明に押し流されることを心配した井上毅や元田永孚などの明治の元勲達は儒教の考えを基本に「教育勅語」として成文化し、発布しています。西欧化・近代化の中にあっても儒教は日本人の精神として重要な位置におかれたのでした。しかし、今日、その面影もほとんどなくなっています。多くの人々の間で儒教は「封建時代の遺物」という認識も少なくないように思います。

実際、学校教育の場でも、儒教に関する古典は今日、あまり読まれなくなりました。儒教の影響を強く受けている教育勅語が昭和二四年に国会議決で廃止されたことに象徴されるように、儒教は戦前の軍国主義教育体系の一環であるとして、アメリカ軍の占領政策によって教育の場から大きく後退させられました。もっとも本場の中国でも共産主義政権下で儒教はほとんど消えかけていました。文化大革命の時、「批孔批林」を言って**孔子**の思想を根絶やしにしようとしました。しかし、近年の改革開放政策の結果生まれた急速な経済成長の中で、徐々に儒教の復活を目指す運動が強くなっています。中国人の誇りであり、中国人の歴史・生活そのものである儒教は底流において復活しようとしています。日本にとっても儒教は五世紀頃に**王仁**によって伝えられたといわれている外来思想ですが、世界の中で「儒教圏」といわれるように、非常に幅広く受け入れられてきたものです。江戸期以降においては国民の学ぶべき学問として中枢をなしてきました。そして、科学技術が発達し、高度な資本主義経済を営んでいる現代の問題にも深く関わるものが少なくないのが「儒教」です。

日本には、儒教は五世紀に伝えられたと言われますが、本格的に普及するのは、江戸期になってからと思います。**徳川家康**が支配者となった武士に必要な資質として、「武」から「文」に転換を求めたことから始まったように思います。それまで、貴族が支配者階級として官僚の仕事をしてきたものに対して、武士は武力で支配を達成したわけです。しかし、支配者となった江戸武士も単なる武力集団ではすませられません。武士を一種の官僚として「文治」を重視することとなったのでした。そこで、徳川幕府は当時、主流の儒教であった「朱子学」によって社会を治めることとし、「修己治人」(己を修め、人を治める)を実現しようとしたのです。江戸武士にとっては文武両道として、自らを研鑽して武士としての「精神の独立」を確立し、これによって殿様に「奉公」する事を目指したのでした。日本人はこのために、「朱子学」を基本として学んできました。同時に「朱子学」を批判した「陽明学」からの影響も強く受けることになります。「陽明学」の本格的な日本への紹介は**中江藤樹**に始まりますが、特に幕末期には「陽明学」が明治維新の流れを作るのに大きな影響を与えました。「陽明学」という言葉を聞いたことがある方も少なくないと思います。日本での代表的陽明学者である**中江藤樹**や**大塩平八郎**などの名前は高校の歴史の教科書に出てきます。「陽明学」の特徴は「心学」と呼ばれるように、「心」を強調するものです。

今日の日本社会で、「心」の問題の重要性が指摘され、その復活が日本人にとって極めて重要な位置にあるとよく議論されます。しかしながら、「心」を涵養する方法を研究し、人々に直接訴えることを実行しようとする話はあまり聞かれません。「心」の学問として「陽明学」は今日的な意味も大きなものであると思います。筆者の前著である『日本人の心を育てた陽明学』（恒星出版、二〇〇二年）で見ましたように、江戸期以降、日本人は「陽明学」から多くのことを学んできました。

日本人がこの狭い島国で独特で豊かな文化を育ててこられたのも、外国の文化を上手に取り入れてきたことによります。日本独自に存在した「神道」に加え、インド生まれの「仏教」、中国生まれの「儒教」を三本柱として、日本人は長い歴史の中で「心」を豊かに育んできました。日本人は古代から自らの精神として「神」を重視してきました。日本人の多くは「八百万の神々」をほとんど意識することなく「自然宗教」として今日まで継承しています。大きな森に囲まれた大きな神社に行くときに感じる豊かな自然との一体感は、「神」が宿っていることを感じさせるものです。キリスト教などと比較して、「神道」は宗教かどうかという論争は昔からあります。日本の八百万の神々は、一神教のキリスト教でいう「Ｇｏｄ」とは同じ「神」でも趣を異にするように思います。さらに仏教の「お釈迦」さんや儒教の基礎となっている中国の「天」とも違うように思います。そのように、外国と日本では宗教観自身の違いがありますが、それが日本人の生活の中に深く関わっているのです。全国におびただしい数の神社を抱え、初詣に行く人の数は膨大です。結婚式だけでなく年中行事の多くが「神道」の様式にのっとって行われています。多くの日本人が自らを「無宗教」であると「信じている」のは、無意識に生活の中にある「神道」と関連しているのでしょう。

「仏教」は言うまでもなく、日本人の多くが心を寄せる宗教です。その信徒の数から見ても日本は仏教国であると認識されています。多くの家には仏壇や仏間があり、親や先祖の節目節目の法事には、読経に耳を傾け手を合わせて先祖を弔うことが普通の生活です。葬儀の大半は、仏式で行われています。食事の前に合掌することをはじめとして生活の隅々まで仏教の教えに従ってきた習慣があります。世界宗教である「仏教」の一端を日本人の生き方の中に見つけることはきわめてたやすいことです。

これらと比較しても、「儒教」が中国で伝統的な宗教であると考えられているのに対して、日本人で「儒教」を宗教と見る人は多くはないように思います。宗教とは違った受け取り方をしているように思います。日本人は「儒教」から自らの社会での「善き生き方」や「社会のあり方」を、ここから学んできたように思います。すなわち、多くの場合、宗教としての「儒教」を信じてきたようには思えません。しかし、その徳目である「仁・義・礼・智・信」といった倫理規範は、特に儒教信徒でなくとも日本人の心の基本になっています。そして、江戸期以来、『論語』をはじめとする儒教の古典は庶民に至るまで広く学ばれてきました。すなわち、日本人が受け入れたのは「儒教」として「信じる」対象というよりも「儒学」として「学ぶ」対象でした。社会における規範の多くは儒学の教えに従うもので、対人関係や政治のあり方に対する期待も知らず知らずに儒学に影響を受けています。従って、日本は中国や韓国のような形での「儒教国家」とはやや趣の違うもののような感じがします。

ただ、これらの宗教や教えが育ててきた豊かな日本人の「心」も、今日、科学技術の発展、高度な資本主義経済が発達する一方で、廃れつつあるのが実感です。毎日のように報道される猟奇的な事件、政治家官僚の不正、企業の不祥事を聞くにつれ、彼らの「心」はどうなっているのかと多くの日本人は思っているのでしょう。

いずれにしても日本は伝統的な宗教（神道）を軸に、外来思想である「仏教」と「儒教」は両輪として日本人の精神を豊かなものにしてきました。もちろん、明治期以降はキリスト教をはじめヨーロッパの思想が大きな位置を占めることになりましたが、「神仏儒」が渾然一体となって日本人の精神の流れは営々と引き継がれてきました。しかし、近年、その「心」が忘れ去られているのです。このような現代にあって、「心」を正面から取り上げてきた儒教の復活が日本人の心を取り戻す一つの決め手になると思いました。

日本人が儒教のテキストと考えているものは、『論語』『孟子』『大学』『中庸』の四書と『易経』『書経』『礼記』『詩経』『春秋』の五経、さらに『孝経』『小学』などの古典が多数あり、さらに、新儒学の**朱子**の『近思録』、**王陽明**の『伝習録』なども大きな影響を与えたのです。ただ「儒教」の本道である『易経』『書経』『礼記』『詩経』『春秋』の五経を読む人は多くないように思います。しかし、『論語』などは重要な古典として広く読まれてきました。新儒教の朱子が宋代に出てきて『大学』を最重要テキストとしていますが、これも大きな影響を与えました。

日本で本格的に庶民に至るまで儒教が広がったのは江戸期ですが、この時は中国の歴史では明代以降ですので、「新儒学」に関する論争の影響を受けているように思います。日本の儒学は「朱子学」、「陽明学」そして、それらに反対する「古学」などがありました。しかし、「儒教」の宗教的部分を日本人はあまり取り入れてこなかったように思います。むしろ、現実の社会での生き方、生き様を学ぶために実践的な儒教を勉強してきたように思います。その意味でも日本人が儒教を捉える時に、「修己治人（己を修めて人を治める）」というような自らの人格形成や社会運営の手段であったのです。

日本人は、中国語の文献を中国語ではなく、日本語である「漢文」として読みこなし、その解釈も自由自在なものとしてきました。日本人は何でも「日本型」にするのが得意ですから、それでもよいと思います。あまり原典にとらわれのないのが常のようです。「仏教」でも同様です。「お彼岸」など多くの仏教行事を元々は「仏教」と関係がないと言うと驚く人が少なくありません。「仏教」の基本思想である「輪廻転生」の思想はあまり受け入れられていないように思います。「仏教」のスピリチュアルな事に関心を持つ人がいても、「仏教」が説くように自分がもしかしたら猿や豚の生まれ変わりではないかと思う人は多くないように思います。日本の「仏教」も、伝来した「仏教」に日本人の祖先崇拝のような日本独自の宗教観が合流したものです。この様に日本人の精神は「神仏儒」などの要素を加味して発達してきたように思います。それに何の抵抗感も持たないのが日本式なのです。

儒学も日本人の生き方として重要なポイントであるように思います。**吉田松陰**の主著である『講孟余話』の最初に出てくるのが「経書を読むの第一義は、聖賢におもねらぬこと要なり」という言葉です。儒学を勉強するとしても「聖賢におもねらないように」と注意を与えるのです。聖人を崇め奉り、絶対視しようとするのが儒教ですが、「おもねるな」とまず説くのが**吉田松陰**でした。とはいっても、儒教も日本人の精神を育てるのに大きな役割を果たしたことは間違いなく、日本人に道徳や社会のあり方について「善なる心」を育てたものでした。本書は儒教を絶対視するものではありませんが、現代の社会において儒教、特に「陽明学」の精神が復活することはきわめて重要と考えてまとめた次第です。

『伝習録』の「巻の中」は、**王陽明**の弟子などへの書簡に対する返書や自らの著述であることから、論理的ですっきりした感じのものが多いように思います。**王陽明**は我々が普段慣れている西洋流の論理的思考とは少し違った論法なのですが、それでも**王陽明**の思想を学ぶに当たって論理的な理解を行うには「巻の中」は適したものです。

「巻の中」は、**王陽明**の教育活動が活発になり、陽明学の成熟してきた時期のものでもあり、多くを学ぶことができると思います。従って、この「巻の中」は**王陽明**の考えを勉強するのに適したものと思います。いずれにしても、複雑な文章だけに含蓄のある書物です。

本書では、「陽明学」を現代に活かすために、我々が『伝習録』から何を学べばよいかを考えることを目的としています。従って、これを絶対視したりして、解釈に関する論争には重点を置いていません。できるだけわかりやすく読めるように口語文として、筆者なりの解釈を活用して、読者が自由に解釈してもらいたいと思います（勝手な解釈は**王陽明**の最も厳しく批判するところですが）。各段の後に原文と対応できるように（　）で原文の何節に当たるかの番号がありますので、『伝習録』の原文と対比できるようにしています。原文と参照していただければ幸いです。本書を読者の生き方に対する「糧」としていただきたいと思います。また、誰の発言かをわかりやすくするために人名は太字で、書籍名は『　』で示してあります。文中で議論の中心となっている語彙や語句には「　」をつけてその文章が何を議論しているかを分かりやすくしています。文中でわかりにくい熟語は（　）内に意味を書いて読みやすくしています。さらに、各段落ごとに筆者自身の解釈や考えを読解として付記しています。また、儒教を日本人は宗教と捉えるよりむしろ儒教から社会のあり方についての「善なる人のあり方」を学んできたわけです。そこで、本書ではできる限り「儒学」で統一しています。

目次

第一章　王陽明とは

1　儒学と現代社会

『伝習録』に入る前に若干の予備知識を整理したいと思います。儒学は**孔子**が始めた学問です。**孔子**は紀元前五五一年生まれで、同四七九年に亡くなっています。**孔子**や**孟子**などの著書・言行の記録ないし編纂書をまとめた「四書五経」を中核とした基本的なテキストを示し、人間の生き方や社会の治め方に関する教えを説いたもので、中国の極めて重要な思想です。これらのテキストは**孔子**や**孟子**の発言集であるとともに、過去伝来してきた膨大な書物を編纂し直したものです。従って、古代の中国思想そのものの集大成の一つであると言ってもよいでしょう。**王陽明**も**孔子**の優れた点は、新たに創作的に書いたことではなく、伝統的な議論の重要なところを残して不要な部分を削除したことだといっています。

孔子の言行録である『論語』の中で、「吾（われ）十有五にして学に志す。三十にして立つ。四十にして惑わず。五十にして天命を知る。六十にして耳順う。七十にして心の欲するところに従えども、矩(のり)を踰(こ)えず」という有名な言葉で示されるように、**孔子**自身、大変長い時間をかけて後世に聖人として評価されるような境地に到達したのです。

孔子は二〇歳で結婚していますが、当初は下級の役人をしており、生活は貧しかったようです。このころに全力で行った役所での勤務から多くを学んだのです。三〇歳で自分の学問を確立したのですが、実際に弟子が増えていったのはその後のようです。四五歳の時に定公位につき、五三歳の時に魯(ろ)国の大司寇となって、**魯公**を助けて名声をあげることになります。五六歳の時に宰相も兼ねることとなり、官僚としては最高位の地位になります。

しかし、**魯公**の行動に嫌気がさし、「魯」を捨てます。そして、一四年間、各地をさまようことになります。その間に弟子も増えて行き、最終的に「魯」に戻りますが、そこでは仕官を求めず、門人の教育に専念します。弟子の数は三千人とも言われていました。七四歳で亡くなります。

先にも述べたように、儒学は「天」や「神霊」といったものも想定しているので、これは「儒教」が宗教であることを示すものですが、他の宗教と異なり、社会における人間のあり方について「礼」やその倫理を明らかにしているものです。従って、むしろ人が自らの「道」を見つけることが社会形成の秩序の根元として、「政治」を重んじているところにその特徴があります。一方では宗教ですが、他方では一種の社会科学なのです。**加地伸行**大阪大学名誉教授は、『儒教とは何か』（中央公論社〈中公新書989〉、一九九〇年）において「儒教」が宗教であることを詳しく説明されています。祖先に対する「礼」を最も重要なものと考えることから見ても中国の宗教と言ってよいものでしょう。その意味で、日本人にとって「儒教」の宗教性の基本である「礼」や「易」といったものは理解の難しいところです。日本人は宗教としては「神道」や「仏教」からより多くを学んでいたのでしょう。日本人は「儒教」から宗教を学ぶよりも、道徳や政治社会システムについて学んだのです。すなわち、『大学』に示されているような「明明徳（いにしえの明徳を明らかにする）」のために、「修身（身を修める）」を目指す学問と考える方がわかりやすいように思えます。

中国人の思想は、多種多様ですが、「儒教・道教・仏教」の三つの宗教の流れが重要なものになっています。中国独自の思想としても**孔子**・**孟子**の儒学、「道教」の流れである**老子**・**荘子**の老荘思想、そして外来思想である「仏教」が大山脈となっています。「儒教」より「道教」の方が宗教としても根深く、中国人の土着的な宗教です。

ここでも、**王陽明**が指摘していることですが、「仏教」や「道教」は「解脱」や「不老長寿」など個人の救済を求めるものであるが、儒学は人民の救済を求めるものであり、それが優れたところであることを強調します。すなわち、儒学はその意味からも、道徳であり、国を治める社会科学でもありました。この点を日本人は特に儒学から学んだものでした。実際、儒学の流れに属する思想家の議論には政治のあり方や経済運営に関する論述が少なくありません。本書ではあえて「儒学」として「儒教」の宗教的な側面は捨象しています。

儒学の主流派とは対立的な学派である**荀子**、**墨子**などは、もっと緻密な社会科学的な分析をしています。この意味で、中国の古典には、社会科学としての理論が少なくありません。これも勉強することは大きな意味がありますが、これは他の著作に譲りたいと思います。

もともと「儒教」は**孔子**によって、それまでのおびただしい数の「礼楽」などを編纂して、体系化されたものでした。中国の長い歴史が作り上げてきた思想はその厚みにおいて圧倒されるものがあります。「儒教」は一度国教となり、思想界を統一します。漢時代後には仏教や道教に押されて一度衰退しますが、宋代に復活します。特に、宋代の初代皇帝であった**趙匡胤**(ちょうきょういん)は科挙試験を重視して試験の上位者を自ら面接して官僚に登用しました。これを学問の面で支えたのが儒学でした。官僚群を作り出し儒学を治国の柱にしたのです。逆に科挙試験を目指す若者を軸にして、新しい儒学が確立していきます。そして、宋代に儒学を再構築した中心が**朱子**でした。**朱子**の打ち立てた儒学が「朱子学」です。ある意味、儒学のルネッサンスであり、「新儒学」とも言われています。

この「朱子学」を批判したのが明代の**王陽明**でした。「朱子学」に対するアンチテーゼとして人間・社会のあり方を示したものでした。日本には儒学自身は古くから伝わっていましたが、この両者は江戸期以降の日本人の精神に大きな影響を与えています。そして、本書で取り上げた「陽明学」を学ぶことは、今日の日本人が直面しているいくつかの問題に答えるものと確信しています。

2　『大学』の思想

予備的知識として『大学』に関して少し、簡単に整理しておきます。「朱子学」を完成させた**朱子**は、四書五経の中で『大学』を最も重要な書物としています。『大学』は『礼記』の一編が独立したものです。『礼記』は漢代に編纂された中国における人の行動を規範する基本でした。『左氏伝』に「礼は、天の経なり、地の義なり、民の行いなり」とあるように、「礼」とは宗教的な意味合いを持っているが人間の秩序を述べたものです。この中で、「儒教」は「礼楽」を重視し、中国の宗教的・儀礼的伝統をまとめたものを中心としていました。「新儒学」と言われる「朱子学」では『大学』を重視することで、個人の道徳的生き方と社会の安定した秩序形成を同時に達成する方法を重視して示すことになります。**王陽明**も**朱子**と同様に『大学』を重要視していますが、「朱子学」が「究理（理を究める）」から始まるのに対して、**王陽明**は「心」から始まっています。両者に違いはあるものの、『大学』を重視して、政治の王道を示すものとなります。従って、『大学』は「陽明学」を理解する上で最も重要な文献となります。

『大学』は、学問を何のためにするかを明らかにした書物であり、「新儒学」の第一の基本書となっています。まさに、ここには儒学の真髄が書かれています。北宋の儒学者である**程明道**、**程伊川**の兄弟によって『礼記』から独立させて扱われ、**朱子**が『大学章句』を作って注を加えて「四書」の一つとなったものです。同じく「四書」の一つに数えられる『中庸』も『礼記』の一つの編が独立したものです。『大学』の最初の文章には、学問を行う目的が書かれています。すなわち、儒学の目的は学問によって人民を救うことですが、それを明記しているのが『大学』です。「陽明学」は**王陽明**が行った、中国の明代でも当時の主流の儒学である「朱子学」に対する批判ですが、『大学』を重視することに変わりがありません。

「仏教」や「キリスト教」も人民を救う宗教ですが、儒学とこれらの宗教とは趣が異なっています。儒学は伝説的な古代の**堯**（ぎょう）や**舜**（しゅん）といった古代の聖人の行った政治を復活させるための「政治の学問」を示すものになっています。この面から見れば、どちらかといえば「キリスト教」のような宗教より**プラトン**や**アリストテレス**のような「国家のあり方」を議論するギリシャ哲学に近いかもしれません。

朱子や**王陽明**はともに、この点を重視しているのです。

そして、人間はどの様に生きるべきか、我々が作っている社会をどの様に正していくのかを議論しているているのが儒学です。この立場を明快に示しているのが『大学』なのです。

『大学』では、学問の目的として、

大学の道は、明徳を明らかにするにあり。
民に親しむにあり。
至善に止まるにあり。

という基本を示します。すなわち、学問を行う目的は伝説の名君である**堯**や**舜**の実現した「明徳」を現実の政治の上で明らかにすることにあります。それは、人民に親しむことであり、そして、社会を完全な「善」の状況に留めるためなのです。このように学問の目的を明快に示します。あくまで学問の対象は社会の上層階級ですが、全ての人にとって最終目的は「善」、すなわち、社会が「道徳」に支配される理想状態なのです。

そこで、これを実現する方法が『大学』に示されています。この状況に到るプログラムとして、

古の明徳を明らかにせんと欲せし者は、まずその国を治めたり。
その国を治めんと欲せし者は、まずその家を斉へたり。
その家を斉へんと欲せし者は、まずその身を修めたり。
その身を修めんと欲せし者は、まずその心を正しくせり。
その心を正しくせんと欲する者は、まずその意を誠にせり。
その意を誠にせんと欲せし者は、まずその知を致せり。
その知を致さんと欲する者は、「格物」にありき。

と言います。そして、現実から理想へのアプローチとして、これを逆に読み、

格物してのち知に致る。
知に致りてのち意、誠なり。

意、誠にしてのち心正し。
心正しくしてのち身修まる。
身修まりてのち家斉う。
家斉ひてのち国治まる。
国治まりてのち天下平らかなり。

という様に、個人の努力のレベルから社会の理想状況までの辿るべき過程が学問（格物）の道としてのプログラムが示されます。要するに、各人が「格物（学問）」を行えば、「致知」となり、こうなれば「正心誠意（心が正しく意が誠になる）」となって身を修める「修身」となります。そうなれば「斉家（家がととのう）」こととなり、こうなれば「治国（国が治まる）」となって天下は平らかになって理想的な政治が行われて、古（いにしえ）の「明徳」を明らかにすることになります。なお、「格物」は**朱子**と**王陽明**で読み方が異なるので、ここでは「格物」としておきました。

もう少し、現代的に言い換えれば、学問を行えば、人が何を知らなければならないかを分かるようになり、そこでこれに従って物を考えれば、意思が誠実になって正しい心を作ることができます。そして、正しい心が作られれば、立派な人格の整った人間になることができる。立派な人間であれば、その家を正しく運営でき、また家を正しく運営できる器量があれば国を統治することができることになります。そして、国が治まれば世の中は平和になって、道徳の支配する理想の社会が実現するというものです。

学問の目的は自らの人格的完成をもって、万民に「徳」を示すことになります。「徳」の中には経済的なものも含まれるように思います。中国人にとって精神的なものと実生活を分離する考えはないように思います。特に**孟子**には、このような考えが強く出ています。例えば、「孝」といえば親を大事にするという精神的なものだけではなく、親を扶養すること自身も意味します。従って、「明徳」の社会は道徳的水準が高いだけでなく、豊かな社会でもあるのです。

この『大学』の考え方は、天下を統治する君子や官僚の心構えを示したものですが、『大学』で重要なことは、単に君子のあるべき姿を描いているだけではなく、すべての庶民に至るまで人間のあり方を説いていることです。すなわち、『大学』では、この文章の後に「天子よりもって庶人に至るまでについて、これ皆、身を修むるをもって本となす」としています。すなわち、学問によって国を治め「明徳」を明らかにする努力は君子や官僚の問題だけではなく、「万民」がこの様な学問を通じて理想社会を作るために努力しなければならないことを説いています。

儒学を君子が人民を支配するための論理であるという人が少なくありませんが、まさに『大学』を読んでいない証拠でしょう。儒教＝封建道徳というステレオタイプの誤った議論に惑わされるべきでないでしょう。実際、儒教の成立した時代の中国は日本やヨーロッパにおける封建時代とは異なるものでしょう。中国は外国に対して「封じて王と為す」として治めさせ、朝貢を行わさせ、「冊封（さくほう）体制（一種の植民地体制）」を行っていたのです。これを外国に対して実施していたわけです。中国国内外の行政に関しては科挙試験を通った一種の官僚に行わせています。従って、学問を行って身を修め、家を斉えた者が「治国」の主体者になることを求めているのです。封建制度と儒学が結びつくのは日本の近世・封建時代に儒学を活用したからであって、儒学自身がいわゆる封建思想というわけでないように思います。

ここでの「家」は現在の核家族の「家」ではなく、親戚や系譜に属す者を含めることになるのでしょう。従って、日本の現代にあてはめれば「会社」の様な存在に相当するのかも知れません。国も、現在の国家は近代ヨーロッパで生まれた国民国家概念を基礎としていますので、イメージとしてはこの「国」は当時、彼らが認識している中心部分の地域なのかもしれません。その後に「天下」という言葉が出てきますから、「冊封体制」で封じている外国を含めて天下なのかもしれません。そのまま読むのは危ないように思います。むしろ、地域的には広いのですが、一つの王朝が支配する地域が国になるのでしょう。血縁関係を重視する大会社を経営できるような人格者は知事（県は小さな区域です）になって善政を行うことができることになると考えるのが妥当なところでしょう。それができるような者は、国を預けてもよい官僚、よい政治家になれることになるのでしょう。

「家」を重要視する考えは、日本人より中国人に強いように感じます。日本の封建制度は「封土」と「奉公」を交換条件とする単位としての「家」を重視する制度によるものです。日本では必ずしも血縁関係は守られなければならないものではなく、養子制度などによって家を継いでいくことも認められています。村上泰亮・公文俊平・佐藤誠三郎著の『文明としてのイエ社会』（中央公論社、一九七九年）では、「家」を機能集団としての性質を示すためにあえて「イエ」と表現して、中国の「家」とは区分しています。中国の「家」は血統を重んじ、祖先を祭ること自身が「家」の基本と見ているのです。

この様に、現代の人々の多くが持つ儒学に対するイメージは、江戸期に日本化した儒学のイメージなのでしょう。江戸期の場合を考えれば、日本が儒学を武士階級の道徳としたのも、藩に仕える「イエ」をしっかり守れば、これによって藩を十分に治めることになるという解釈をしていたのです。そうすれば、各藩が優れた政治を行うことによって、最後は日本全体に平和と繁栄ができると考えたのでしょう。

そして、儒学が依拠していた基本書が「四書五経」でしたので、中国の歴史の中でいかに大きな役割を果たしてきたかが分かります。中国の政治の基本をなしていた官僚体制を構成する官僚を選抜するための科挙試験の受験には、この「四書五経」（必読書はもっと広いものと思いますが）を勉強することになるのです。すなわち、儒学は官僚の学問として栄え、科挙試験に合格した者は官僚となり、同時に政治家であったり教育者であったりした教養人でもありました。中国では儒学をマスターした官僚が実質的に行政を行いました。いわゆる君主はその官僚の上に乗った支配者でした。この官僚を選抜する科挙試験に合格するには四書五経などを丸暗記しなければならないと言われています。すなわち、儒学の勉強によって「修身」を得た者が行政にたずさわり、「治国」を行うことになります。

3 日本の陽明学

江戸期の日本では、戦乱の時代が終わって、武士が支配者階級として文治政治を行うためには、武士に行政を行う官僚としての知識、人格を確立する必要が生まれました。このために、儒学を活用し、武士たちはこれに没頭したのです。しかし、いわゆる科挙試験とは全く違う「イエ」制度の立場で儒学が導入されています。もっと基本的にいえば、東アジアで古代中国の「冊封体制」に組み入れられなかったのは日本くらいのものでした。すなわち、日本は中国に対して朝貢する被支配地域とはならなかったのでした（朝貢をしていた時期もありましたが）。そのために、中国のまねをして科挙試験を行うこともなかったのでしょう。逆に言えば、日本はその意味で、「儒教国」でないのかも知れません。いずれにしろ、儒学はその教えを政治・行政において実現することを求めていますので、その儒学の熟達者が政治・行政の場を仕切るべきということになります。

特に、江戸幕府は昌平黌（しょうへいこう）を作り、各藩は藩校を作って、当時主流であった「朱子学」を学ばせました。これに対して、アンチテーゼを示した「陽明学」も日本に入ってきます。この「陽明学」に接した日本の思想家の多くは私塾を作って、武士だけでなく、庶民も一緒に教育を行っていました。そして、この人々の中には一旦、事あれば命を投げ出して信念を貫いた人たちがいました。日本人には、「陽明学」の考えから出てくる平等主義は非常に気に入られる側面があります。日本で「陽明学」が人気がある理由の一つも人を分け隔てしなかったことでしょう。実際、在野の学問として、陽明学者は私塾を作り武士だけでなく農民や商人も分け隔てなく教育するという実践を行っていったのです。「大塩平八郎の乱」や明治維新の志士の多くが「陽明学」を標榜していたところから、「陽明学」を革命の論理と見る見方も少なくないように思います。特に、「知行合一」は日本の社会でも重要なキーワードとされています。ただ、これは言行一致や不言実行というような意味ではなく、本書で見ていくように「知」と「行」は切り離せないという意味です。「知」を養うことと「行う」こととは同じことであるとの主張です。このために、「陽明学」を勉強して革命に走る人もいたり、役人や道徳実践者になる人もいて当然でしょう。「陽明学」にそのような要素がないわけではありません。しかしながら、本書でじっくりと吟味していきたいのですが、単なる道徳的格言ではなく、人を動かす大きな思想であることに注目することが必要なのです。

4　王陽明の思想

「陽明学」は歴史的にみれば儒学の一派です。すなわち、**王陽明**が聖人と言った時、**堯**・**舜**や**孔子**を示しているのは儒学の典型です。**孔子**によって確立された儒学は隆盛を極めていたのですが、先にも述べたように**孟子**が亡くなって以降、仏教や道教に押されて一時、衰退しますが、宋代に復活します。「新儒学」と呼ばれる人々が活躍します。この「新儒学」は科挙試験の必修科目として大きく儒学を復活させます。南宋期に**朱子**がその完成形を作ります。そして、「元」に征服された後、漢民族の支配が確立した明代になり「陽明学」が生まれます。当時、**王陽明**の活躍した明代でも**朱子**やその先生である**程子**などの提起した新儒学は支配的なものとなっていました。科挙試験に受かるためではありましたが、人々が争って儒学を勉強したのですから悪いことではありません。「四書五経」が陽明学でもその基本テキストであることには変わりがありません。**朱子**や**王陽明**自身、科挙試験に合格した官僚であり知識人でありました。若年者であったときの**王陽明**も「朱子学」を基本に勉強しています。ただ、**朱子**と論争した**陸子**などによる心学的傾向の儒学の延長上に完成されたものが「陽明学」です。

誤解があるといけないのですが、**王陽明**は『伝習録』の中で弟子が**朱子**を批判するのをいさめています。**朱子**自身の学問も非常に優れたもので否定すべきものではないといいます。しかしながら、それをどのように実践に活かすかといったときに「朱子学」と「陽明学」に大きな違いがあるように思います。我々は一体、この短い人生の中で何を実現するかの問題と思います。**王陽明**は結核を煩っていたこともあり、人生にせっかちであったようにも感じます。ですから短い期間で極めて多くの内容のものを残したのだと思います。

本書でも追求してゆきたい「陽明学」のキーワードとしては、「格物致知」「良知」「知行合一」「万物一體の仁」「心即理」「事上磨錬」「従天理排人欲」などがあります。陽明学はこのキーワードに示される斬新な情熱を感じさせるものです。

「陽明学」の魅力は**王陽明**の人生そのものからくる人間的魅力であり、その人生自身がドラマティックであったことが影響しているように思います。そして、何度も死の淵に立たされており、そのたびに思想的充実を行ったのも陽明学です。科挙試験に受かって官僚として出発したのですが、投獄・病気・左遷といった厳しい現実が王陽明を襲ったわけです。この中から優しさや心を重視する考えが生まれてくること自身、人間の持つ楽観論のすばらしさを思い起こすことになります。

簡単に「陽明学」の全体構造を解説しておきます。**王陽明**の考えの背景には「良知」に対する確信と実践における楽観主義があった様に思います。「陽明学」の柱となる「良知」は、既に**孟子**の言葉の中にあります。**孟子**は「人の学ばずしてよくする所のものはその良能なり、慮(おもんぱか)らずして知るところのものは、その良知なり」としています。あらゆる人に「良知」があり、それを持たない人は存在しないという確信こそ陽明学の基本になります。陽明学者が分け隔てなく教育を行ったのはこの考えからしても当然のこととなります。そして、人欲・物欲を修養によって排除して、この「良知」を発揮させることが「格物」に始まる『大学』の道に導くことになります。そして、誰にでも「良知」があり、それを覆い隠しているのが「人欲」だと言います。人欲を持つから「良知」が生かされないのだと言います。

「陽明学」はここから「心」を強調します。「朱子学」の主張する「性即理」に対して、「陽明学」の「心即理」が対立的な立場です。**朱子**は「事事物物」に理があるとし、それぞれの性（天より与えられたもの）が「理」であるという「性即理」の客観主義的な見方を主張するのに対して、「陽明学」は「事事物物」に「理」があるのではなく「心」に「理」があるとします。すなわち、「心即理」が大きな柱となります。「事事物物」に「理」を求めることは自己の「外」に「義」を求めることになり、**孟子**が批判した「義外説」になるとします。「心」は「體(たい)」の主宰者ですので、「心」に「理」があることで、「心」に即した実践は全てが「天理」にかなうこととなります。多くの陽明学徒をして「良知」を行動に動かしたのが「心即理」なのです。

そして、**王陽明**は「知」と「行」は不可分だといいます。「知は行の始め、行は知の成るなり。「聖学」はただ一個の功夫。「知行」は分かちて両事と作すべからず」と、「知」と「行」は一つのものであって、二つに分けるべきではないと教えます。この様に、「朱子学」では「先知行後」として主知主義を唱えているのに対して、「知行合一」を唱えています。先に述べたように、道徳律として「言行一致」という言い方や「言行が一致しない人は信用されない」といったたぐいの訓話は必ずしも「陽明学」の議論とは違うように思います。「知っていて行わないというのは、知っていることにはならない」といったほうが近いでしょう。**王陽明**は「知」と「行」は元々分離できるものでないことを主張するのです。

王陽明の実践のポイントは「人欲を排して天理に従う」ことです。宗教ではこの人欲を排せよというのは一般によく見られることですが、王陽明はこの点を強く主張します。王陽明の教えはまずは「人欲を排す」ことです。「人欲」を排せば「良知」が発揮されて「天理」に従うことになり、『大学』で求められている「修身」に至る道が可能になるというのです。これができればおそらく世に怖いものはなくなるでしょう。世の中でもっとも怖いものは自分自身の欲望です。人々は欲望があるから自分の目的も達成できないという矛盾の中にうろつくことになるのです。「勝つと思うな、思えば負けよ」という話はよくわかる言葉です。

そして、「陽明学」で最も重要なキーワードは「万物一體の仁」です。これは、世界は「心」を通じて一つになってつながっているという考え方です。全ての人間は当然として、動物や草木瓦石に至るまでこれは「一體」であり、「心」で繋っているものだと言います。そこから、他人の痛みを我がものと感じる心こそが、実践への心を生んだのです。

「朱子学」と「陽明学」とでは同じ儒学でも受ける印象に大きな違いがあります。それは、**王陽明**が若い頃に学んだ仏教や道教の影響を強く受けていることによるのでしょう。この影響は**王陽明**が自然を尊んだり、「人欲を排す」など仏教的な雰囲気の発言も少なくないことからもうかがえます。しかし、『伝習録』の中では、随所に仏教や道教と異なり、儒学が優れていることを強調しています。個人の解脱などを求める仏教や不老長寿などを求める道教を批判して「万物」に「仁」を実現しようとする儒学を確立しようとしています。

「陽明学」はいうまでもなく儒学であり、基本的に『大学』に示されている「明明徳」を求める学問の姿勢です。**堯・舜**の行った道徳を柱とした社会を再び実現しようとします。しかし、同時に「陽明学」の持つ心学的な傾向は論理より「心」を強調します。日本人に「陽明学」が人気が高いのもこのような「心」に対する感覚が日本人好みなためかもしれません。

筆者としては、後で述べる「万物一體の仁」の考えの大きさに引かれるところがあります。「陽明学」の壮大さは「万物一體の仁」にあるものと確信しています。「万物」ですから地球から宇宙まで心を巡らそうと言っていることになり、壮大としか言いようがありません。また、「陽明学」とはなんとなく厳しい思想のように思われているのですが、この思想は、むしろ心優しい思いやりの心を示すものです。

「博愛」という神を通じて人間の間での結びつきを強調するキリスト教などのように広く「愛」を求める考えがありますが、「陽明学」では人々が一体というだけでなく、「草木瓦石」にまで「心」を寄せ「万物一體」を説きます。人間と自然とすら「心」をかけ、あらゆるものを分けないという、儒道仏を総合したように思える「陽明学」が人気が高い理由もその分け隔てしないことにあるのでしょう（陽明学は道教や仏教とは違うことは随所で強調していますが）。人間と自然まで分けないという、様々な難関を経験して得られた、儒道仏を超えたような世界観「万物一體の仁」を実践したことによって体得した求道者としての人間性が「陽明学」の魅力でしょう。

王陽明は五七歳という今の時代から見れば決して長くない人生の中で官僚として、政治家として、軍人として、学者として、思想家として、教育者として活躍し、極めて多くのものを残したのもそのためだと思います。

まずは素直に**王陽明**の著書を読み、心の琴線に響くものを感じることが必要です。そうすれば、「陽明学」を通して多くのことが見えてくるのです。それは今日の人々が見失っている「心の本性」なのです。

5　日本における陽明学

立派な指導者は必ずしも学校での教育からのみ生まれるものではありませんが、学校で引き継がれているこれまでの人類が蓄積してきた知恵や精神は決して小さなものではありません。明治以降、ここに「近代ヨーロッパ」の考えが導入され、「日本人の精神」はある意味では世界でもまれで多様な様相になって、それらが相乗してより深いものになっており、ある意味ではゆがめられたものも少なくないことになります。先に述べたように、戦国時代の混乱から江戸時代に移って社会の指導者となった武士階級はその支配者としての「精神」を確立することが必要となり、そこで中心的に学んだものが儒学でした。そこに、明治以降は西洋の近代の概念が加わって、今日の日本を作ることになります。明治期以降でも神仏儒を中心に古代から江戸期に蓄積されてきた「日本人の精神」によって日本社会は運営されてきました。西洋思想が入ってきた時でも、「和魂洋才」という形で当時の「日本人の精神」のバックボーンを形成してきました。もちろん、キリスト教を含めた西欧の思想も日本に強い影響を与えたのは言うまでもありません。

ただ、多くの日本人がしてきましたように外国のテキストをそのまま鵜呑みにするのではなく、日本人に適した形に解釈を変えてきており、儒学も「日本学」に作り替えたところに日本人の優れた点があります。このように、日本学に作り替えられた儒学は、まさに「日本人の精神」を形成する一つの柱に育っていったのです。神仏儒が日本人の精神を形成する基本となったのですが、その中でも武士の精神の形成に儒学が大きな役割を果たすことになります。

江戸期の儒学は幕府や各藩校で行われていた「朱子学」が中心的な存在ですが、一方、「陽明学」も多くの人々に影響を与えてきました。特に、日本における「陽明学」の実践者、例えば、**中江藤樹**、**熊沢蕃山**、**佐藤一斎**、**大塩平八郎**、**山田方谷**、**吉田松陰**、**西郷隆盛**などはその人間的魅力によって、今日なお多数のファンがいます。彼らの生き方そのものが陽明学的でした。そのために、日本人の精神を育んできた「陽明学」を今日、日本社会においてどのように理解するかを示したいと思います。

多くの人が「陽明学」と聞くと、江戸後期の**大塩平八郎**に関する話が最初に思い浮かぶでしょう。**大塩平八郎**は大阪で与力をしており、今で言えば大阪府警察本部刑事部長のような職かも知れません。相当高位の官僚だったことには間違いがないでしょう。今で言う現地採用の上級官僚、すなわち大阪へ江戸から出向してくる最高の地位にはゆけないが、重要な地位を占めた官僚であったように思います。そのような立場にありながら、幕府の政策に抗議して「大塩平八郎の乱」を引き起こしたのでした。役所の元高官が兵器庫から大砲や鉄砲を持ち出して反乱を起こしたのですから、当時の人々はびっくりしたことでしょう。彼は「洗心洞塾」という私塾を開き、武士だけでなく農民や商人まで集めて教育を行っていました。さらに、飢饉の時には自分の持っている蔵書を売って貧民を助けたというエピソードも残っています。そして、幕府の政策に対して批判的だった**大塩平八郎**は、三〇〇人の塾生とともに決起したのです。

今、警察本部の元刑事部長が反乱を起こせば誰もがびっくりするのはまちがないことです。これが江戸幕府に対する最初の批判となったことは有名なことです。この反乱は簡単に鎮圧されますが、やがて、幕府の衰退のきっかけとなったのです。**吉田松陰**や**西郷隆盛**などの幕末の志士達はこの**大塩平八郎**に大きな影響を受けたことが知られています。**吉田松陰**と**西郷隆盛**はどちらも明治維新に大きな役割を果たしましたが、その方法はずいぶんと違います。前者は江戸幕府を倒した多くの明治の元勲を育てた教育者（本職は山鹿流の軍学の先生ですが）であり、後者は軍人であって薩長軍の総指令官となり現実に江戸幕府を倒し、明治以降も陸軍大将でした（西南の役を起こし自刃しますが）。二人とも代表的改革者として日本の歴史に燦然と輝く大人物です。

彼らの人となりに関しては多くの書籍があり、勉強する機会も多いのですが、彼らを革命にかりたてた「陽明学」は不思議な魅力を持つことになります。**吉田松陰**の『講孟余話』（必ずしも「陽明学」の本ではありませんが）や**西郷隆盛**の『西郷南州遺訓』は文庫本にもなって出版されており、多くの人々に読まれており、今日でも非常に大きな影響力を持っています。

このことから「陽明学」は革命の思想、危険思想という印象を持つ人も少なくないでしょう。しかしながら、「陽明学」を本格的に日本に紹介したのは**中江藤樹**です。**中江藤樹**はそれほど一般には知られていませんが、「親孝行の鏡」としてどこかで聞いたこともある人でしょう。さらに、「陽明学」の流れの中での重要な位置にあるのが**佐藤一斎**です。**大塩平八郎**と同じ時期の**佐藤一斎**は江戸時代の現代でいえば東大にあたる「昌平黌」の儒官となり、江戸期の最高学府の長としてエリート教育を行うことになります。彼は幕府公認の「朱子学」を教えるとともに「陽明学」も教えています。よく「陽朱陰王（表向きは朱子学だが裏では陽明学を教えた）」と言われています。「陽明学」は革命家の学問という偏見を持たずに読んでいただければ幸いです。「陽明学」は武士だけでなく庶民の生き方にも極めて強い影響を与えることになります。筆者の考えは『日本人のこころを育てた陽明学』（恒星出版、二〇〇二年）にまとめていますので、参考にしていただければ幸いです。

明治維新後、ヨーロッパの思想が入ってきて日本に大きな影響を与えることになります。しかし、「和魂洋才」の考え方で儒学は日本の教育の一つの柱となっていました。先に述べたように「教育勅語」でも儒学が一つの柱になっていました。「国漢」は初中教育の主要な柱でした。

ところが、戦後、徐々に儒学の力は低下し、先に述べたように、アメリカ軍の占領政策にともなって抑制されてしまいました。これによって結局は日本人はこれまでの「心」を失うことになります。筆者は「二一世紀の日本人の精神のあり方」として、「日本人の精神の復活」を求めなければならないと考えています。特に、日本人の指導者・教育者に、このバックボーンがなくなっていることは、日本社会を悲劇的な状況に導いています。特に、政治家、経済人、官僚などの社会運営の主導的役割を果たすべき人たちには是非とも復活しなければならない側面です。これらを通じて指導者として必要な精神を考えることは重要です。日本の歴史の中でもそれぞれの時代において、社会的指導者が求められてきました。今日でも同じで、古典を中心としたエリート教育はどこの国でもやっていることです。

6　王陽明の人となり

本書の「陽明学」の理解のために、**王陽明**自身の人となりについて少し述べておきます。すなわち、「陽明学」の成立は**王陽明**の人生の変遷に大きく依存しているように思います。そもそも、「陽明学」の魅力は波瀾万丈な人生を送った**王陽明**の人間的魅力そのものであり、人生がドラマティックであったことが影響している様に思います。

昔から人間を鍛えるものとして貧・病・獄をあげる場合が少なくありません。人間としてできればやりたくないことですし、このようなことはない方が良いに決まっています。しかしながら、これを乗り越えられる人でなければ大指導者、大思想家にはなれないのもわかるような気もします。**王陽明**はまさにこれらのすべてを行う過酷な運命にありました。

後で詳しく議論しますが、「事」に当たって「磨錬」し、「知行合一」を実践して行くことは**王陽明**の官僚・軍人としての「磨錬」だけでなく、四書五経以外の世界をも熟知していた**王陽明**ならではの中国社会での独特の知識人を模索したものでした。一言で、**王陽明**の人物像を職業的類型で表現することは難しく、官僚、政治家、軍人、哲学者、教育者、教養人、詩人という多面性を同時に兼ね備えた人物でした。現実の明代での政治家、官僚、軍人としての高い評価を得ていますが、さらに学者としても高い評価を受け、さらに多くの弟子を育てたという教育者としても優れた人です。しかしながら、その人生は病苦、迫害、投獄、左遷など苦労の多いものでした。**王陽明**の一生はまさに波瀾万丈の一生でした。元はいわゆる官僚なのですが、実に激しい人生を送っています。

王陽明は、一四七二年生まれですから、中国では明代に当たります。明は長い異民族の支配であった「元」から解放され、中国史上初めての江南を拠点とする漢民族の王朝でした。**永楽帝**の時に北京に首都が移され、明朝は最盛期でした。日本の歴史では、戦国時代に入ったところです。**王陽明**は地理的には浙江省余姚の瑞雲楼で生まれています。中国と言っても沿岸部で今の上海の南方にあり、気候の温暖な地域です。

王陽明の人物像については、『伝習録』の「巻の上」の序で、その弟子の**徐愛**が「明睿天授（めいえいてんじゅ）、しかれども和楽坦易（わらくてんい）、辺幅を事とせず」と言っています。すなわち、頭が良く天才的な人ですが、穏やかで楽しい人で、外観や風貌に気遣いのない人物であったと言っています。**王陽明**は『伝習録』の随所で人々が「名声」を求めることを批判していますが、まさに自然体で悠然とした人であったようです。

当時、中国社会を運営していたのは科挙試験を通った官僚でした。科挙試験とは官僚を選抜するための試験で、中国では隋の時代から清朝まで行われてきた制度です。一部の地方勢力が全土的に支配的になるなどして、王朝が建てられると、その中心的な一族が権力者となるのですが、具体的な行政は科挙試験を通った官僚によって実施されてきました。広く人材を求める制度として、長く行われてきました。日本では定着しませんでしたが、韓国などいわゆる儒教国では歴史的に定着した制度でした。明治期に導入された高等文官試験は日本版の科挙試験かもしれません。

王陽明の父親も進士一等で科挙試験を通り、南京吏部尚書（大臣クラス）にまで出世した高級官僚でした。父親が科挙試験に合格した一四八二年には、**王陽明**は一〇歳で、翌年、父親の赴任について北京に移り住みます。一七歳までの六年間、北京で勉強することになります。当時の一般的な勉強方法であった科挙試験受験塾で塾師について学んでいます。その勉強ぶりは熱心であったようであり、**朱子**の言う「事事物物に理あり」との論（事物それぞれには、それぞれの理が存在するという考え）を勉強して、「竹の理」を窮めるために竹を一週間も割り続けて熱を出したというような話も残っています。

また、塾師が「君の父上のように科挙試験を通って立派な人になるように」と話したのに対して、「勉強は試験のためではなく聖賢になるためである」と反論したといいますから、ストレートな性格で、生意気で、理屈っぽい子供であったようです。

王陽明は一七歳の時に、故郷に戻り結婚しています。結婚式の日に道士に会い議論を始めて家に帰らなかったといい、やや変わり者でもありました。今日からみれば結婚は年齢的に早いのですが、当時なら特別に早いものではなかったのでしょう。結婚後、「朱子学」を本格的に勉強し始め、科挙試験を目指すことになります。この時でも受験勉強一辺倒ではなく、詩文や兵学などに凝っていたようです。これが災いしてなかなか科挙試験に合格しなかったのでしょう。「五溺」であったといいます。すなわち、仏教、道教、兵法（弓矢）、任侠、詩文に溺れていたようです。どうも要領よく受験勉強をしてストレートに試験に合格し、順調に出世するというタイプではなかったようです。諸学問に幅広い関心の多い若者であったようです。これが後に**王陽明**の官僚・軍人としての異才ぶりを発揮し、そして、思想家・教育者として「陽明学」の思想を作ることになります。すなわち、仏教・道教が「陽明学」の形成に影響を与え、兵法・任侠が役に立ち官僚・軍人としても成功することになります。この時の勉強が後に実務の中だけでなく、哲学者・教育者として偉大なものに成功させてゆきます。

二一歳のときに浙江省で「郷試」に合格します。しかし、その翌年に受けた「会試」では落第します。郷試とは各地域での試験であり、一次試験です。会試は北京での面接試験を含めた第二次試験です。二五歳で再度挑戦しますが落第し、一四九九年、二八歳の時に「会試」にやっと合格します。**王陽明**は科挙試験の受験勉強に際しても「志」を強調していました。聖賢たらんと求める「志」があれば俗事に従事しても皆、実学ですが、「志」がなければ俗事であり、科挙試験のために学問をすることは、空虚な俗学であると断言しています。

王陽明は科挙試験に合格後、最初に工部、すなわち日本の建設省のような役所で仕事を始めます。「什伍の法」という一種の兵法であり、一〇人又は五人を一組にして連帯責任をとらせるという方法で、工期を短縮させるという異才を発揮しています。翌年は刑部、すなわち裁判所のような仕事をこなしていきます。しかし、激務がたたり病気で休職することになります。肺結核で喀血(かっけつ)して倒れます。このために翌年、休職して故郷に帰り、二年間の療養生活をおくります。そこでは、陽明洞で独居生活を行い、ここでも、仏教、道教に傾倒することになります。

ここに、「陽明学」の思想的多様性の基礎ができるわけです。二教（道教、仏教）にまみえるというのは、当時の知識人階級からみれば軽蔑の対象でしたが、ここで学んだものは**王陽明**にとって大きかったのではないかと思います。いずれにしても、多様な思想遍歴の後、再び儒学の研究へ復帰することになります。しかし、「陽明学」は儒学として確立するのですが、仏教、道教に対しては厳しい批判を行っています。しかし、**王陽明**の思想は仏教、道教からも強い影響を受けているようにも思えます。

三三歳で役所に復職し、再び官僚としての生活をおくることになります。同時に、「聖学」を講義することになり、学者・教育者としても活躍を始めることになります。ただ、このときはまだ「陽明学」は完成しておらず、当時の中心的な儒学である「朱子学」を教えていました。

三五歳の時、大きな転機を迎えます。**劉瑾**(りゅうきん)という宦官を批判した友人を弁護したことから、投獄され四〇杖叩きの刑にあいます。宦官とは宮殿や後宮の世話をする役人です。多くの場合、刑にあって男根を切除された者が使われていました。ところが、中には大奥の女性などに取り入ることで、次第に政治的な力を持つ者も現れてきました。そこで、自ら男根を切除して宦官になった者もいたといわれます。後宮などから最高権力者の皇帝に取り入ることで側近政治を行ったのが宦官でした。

王陽明は四〇杖叩きの刑にあって瀕死の状況になりますが、かろうじて死を免れ、九死に一生をえます。この刑が理不尽な上に、龍場の駅丞（宿場の事務を司る役人）という閑職に左遷されることになります。龍場とは、揚子江の上流にある宿場町で、山また山を超えて行くような辺境の地です。

劉瑾はよっぽどしつこい人間のようで赴任する**王陽明**に対して刺客を差し向けましたが、王陽明は逃げ通しました。そして、一旦、故郷へ帰りこの辺境地への赴任を忌避しようとしますが、父親への咎めをおそれて龍場に向かうことになります。結局、二年間もかかって龍場に着任しています。この龍場への左遷が**王陽明**に新しい学問を開眼させたのです。

龍場は全くの未開地で、現地の人々は言葉も通じない異民族でした。その地で、王陽明は土地を開墾し、庵を作って生活を始めました。やがて、住民ともうちとけ、書院（学校）を建設して、未開の住民の教学に努力します。**王陽明**がこういった未開地で教育を行うことは大変なことですが、非常に重要な意味を持つことになります。すなわち、未開の人たちに教えるとともに教えられたのでしょう。

ここでの経験がやがて未開の住民にもある「良知」という陽明学の発想を生むことになります。そして、龍場での三年間の生活が**王陽明**をして「格物致知」の意味を明らかにし、「陽明学」を悟らせることになります。三七歳でよく言われる「龍場の大悟」を悟ります。**王陽明**がこの地で住民の教学に努め善政を行っている話は広がりを見せることとなり、貴州の知事が訪ねるようになり、やがて貴陽書院の学長に就任します。

この噂が中央にも及び、さらに宦官**劉瑾**が失脚したこともあって、三年後の一五一〇年、三九歳で官僚の道に復活します。江西省廬陵県知県を皮切りに、官界で順調に昇進して行きます。廬陵県は訴訟が多く、争い事が多かったのですが、里正や三老（町長のようなものでしょう）を慎重に選びその成果を見守ることで犯罪を減らし大きな成果をあげたといわれています。官僚としての仕事にいかんなく能力を発揮することになります。

翌年、四〇歳になって北京の中央政府に戻り、吏部験封清吏司主事になります。同年の内に会試同考試官、文選清吏司員外郎、孝功清吏司郎と出世します。現在で言えば、中央官庁の公務員採用担当官や人事課長に当たるわけでしょうか。四一歳で南京太僕寺少卿に昇任しましたが、赴任の途中で故郷に帰ります。この頃から自らの学問である「陽明学」の講義を行います。以降も時に応じて「陽明学」を講義することになります。これを**王陽明**の妹の夫であり、第一の弟子である**徐愛**が**王陽明**の講義を書きおいたものが『伝習録』の「巻の上」です。

四五歳の時から**王陽明**は官僚から軍人へと大きな転換が見られます。都察院左僉都御史に抜擢されます。江西省南部や福建省南西部の巡撫を命じられ、軍隊を率いて反乱の征伐に行きます。そして、帰順した賊徒の同化政策に努力します。この文武両道の士であったことが、また日本の武士階級に**王陽明**をあこがれさせた大きな要因でしょう。文武両道の達人でありながら敗者に優しい**王陽明**に感激するものでした。

四八歳の時に「寧王宸濠（しんごう）の反乱」を平定し、大きな評判を得ます。ここで、軍人としての**王陽明**の立場が確立されるのです。五〇歳の時には江西の族を平定し、その功績によって新建伯に封じられます。そして、**王陽明**の学問の評判はますます高くなるのでした。この官僚や軍人の時に庶民間にも人気が高まり、どこに行ってもものすごい歓迎を受けたようです。同時に、これらの成功は多くのねたみを受け、以降、官僚・軍人としての出世からは遠ざかることになります。

同時に、このころから**王陽明**が目指したものと世間での動きとの間に大きくギャップを生じるようになります。**王陽明**は『伝習録』の中でもしつこいほど「名声」を求めることを批判していますが、自分自身がすでに「名声」の中にありうとましいと思うような心境にあったのでしょう。

五一歳の時、父親の死で喪に入り、帰省します。中国では父親の死は三年間の喪を必要としていました。しかしながら、喪が明けてもたいしたポストを与えられず、官僚としては重要なポストから遠避けられる存在となっていました。一方で**王陽明**の塾は隆盛を極めることになります。**王陽明**は官を辞して塾での教育に専念したかったのが本音のようでした。もちろん、もともと病弱で体が弱かったことも大きな原因でしたが、激務である官僚・軍人生活に疲れていたのも事実でしょう。

五六歳の時、突然、都察院左都御吏に任命され思恩・田州の乱の平定を命じられます。健康を理由に辞退しますが、それは許されず、結局、討伐に出かけます。翌年、思恩・田州を平定しますが、この遠征が原因で病状を悪化させて、一五二八年、五七歳で波瀾万丈の一生を終え没します。

この意味からも**王陽明**は単なる儒学者というだけではなく、人生の波瀾万丈の苦労の中から得られた人生観に支えられた学問を生み出した人なのです。そして、「陽明学」は実践の中から生まれてきた学問であり、単なる書斎の人だけでないところも**王陽明**の魅力です。また、儒学だけでなく若い時に勉強した仏教の「諦観」や老荘思想の「無為自然」を背景に併せ持った哲学者なのです。『伝習録』は儒学としての表現がほとんどですが、随所にそれらに関連した思想を示す記述があります。もちろん、『伝習録』では随所で仏教や道教を批判し、儒学の重要性を説いています。これも仏教や道教を否定するというより、両者を超えたところに儒学をおくべきという考えなのでしょう。当時は儒学を学ぶ者がこのような勉強をすることは「二教」にまみえるとして批判されたのですが、**王陽明**の思想遍歴が儒学の一派でありながら、伝統的な儒学を超えた「自然」を基礎とする哲学を生み出したのです。

この思想は自然との共生を軸にしている日本人にも大きな共感をもって迎えられたのです。伝統的な日本人の思想の基本には神道があり、祖先崇拝や自然崇拝など自然の中の宗教で、日本に入ってきた仏教も儒学もこの伝統的な思考法によって解釈されたのが特徴なのでしょう。それだけに日本人にはなじみやすい議論であったように思います。

そして、何度も死の淵に立たされて、そのたびに思想的充実を行ったのが陽明学です。左遷された辺境地の龍場での行動でみられるように、厳しい人生そのものが彼の思想の実践でした。このようにして、精神の追求が**王陽明**の基本を作ったと理解すべきでしょう。

7　伝　習　録

王陽明の主著である『伝習録』が出版された経緯を簡単に述べておきます。弟子の**徐愛**が『伝習録』の編纂を行った動機を「先生の教えを受けた弟子にも一を得て、二を忘れ、外見だけを見てその素質の上を見落とすことがあります。自分（愛）は日頃、聞いたところを記録し、密かに同士に見せて修正しました。先生の教えに背くことがないようにしたい。門人徐愛書す」としています。

徐愛が記録することに対して友人も忠告していました。これに対して**徐愛**は「先生の言われるように偏った考えになり、先生の言の含意を失うかもしれません。**孔子**は**子貢**に「私はもう言うことはない」と言ったのに、他の日には「私は**顔回**と一日中話してしまった」といっています。これは矛盾した話です。しかし、**子貢**が**孔子**に言葉を求めたのに対し、**孔子**は「言うものはない」といって諫め、「心の実體」を求めた一方で、**顔回**に対しては**孔子**の意図を受け入れて自己のものとしたことから、一日中話しても川が海に通じるように話したのです。**子貢**に対して話さなくても少なすぎず、**顔回**には一日中話しても多すぎることはなかった」と、**孔子**の行動を例に引いて、この記録は自分にとってはちょうど良いものなのだと反論しています。**徐愛**は**王陽明**にとって、**孔子**の**顔回**のようなものでした。

ただ、**徐愛**の手によって書かれたのは、最初の一四条にすぎず、これに弟子の**陸澄**と**薛侃**(せつかん)によって書かれたものが加えられて「巻の上」の部分として一五一八年に出版されました。しかし、**徐愛**の文章はこの『伝習録』の性格を規定するものになっていると思います。

本書で扱うことになる「巻の中」は、**王陽明**が五三歳(一五二四年)の時に、弟子の**銭徳洪**(せんとくこう)がまとめたものです。最初、弟子の**南元善**(なんげんぜん)が「巻の上」とあわせて出版したものに、**銭徳洪**が手を加えて出版したものとされています。

「巻の中」の前文に**銭徳洪**が「巻の中」をまとめた理由と経緯について次のように記しています。**銭徳洪**が言うのに、昔、**南元善**が『伝習録』を越の国で出版しました。全二巻でした。下巻は**王陽明**先生の手紙であり、八編からの抜粋でした。その中で**徐成之**(じょせいし)に答えた二通の手紙において、私(**銭徳洪**)の師である**王陽明**は「天下では**朱子**を正しいとして、**陸子**(りくし)を間違っていると言います。この議論が定まってすでに長い時間が経っており、これを覆すことは非常に難しくなっています。二つの手紙はしばらくの間は両者を調停し、両論が可能であるとの説をとっていて、人々に自分の考えを考えてもらうこととしました」と言っています。従って、**南元善**がこれを記録して下巻の最初に持ってきたのは、このことを考えてのことと思います。

朱子の「主知主義」と**陸子**の「心学」で「主観主義」を柱とする両者の論争が明らかになって久しくなっています。**銭徳洪**が**王陽明**の文献を出版するに当たって、この二通の手紙を外集に収めたのは、この論争が未だ完成していないためです。従って、これを収録することはやめておきます。その他の手紙が「知行」の本体を指すこととなっているのは、人々が学問を議論するときに解答となるものとして、弟子の**周道通**（しゅうどうつう）、**陸清伯**（りくはくせい）、**欧陽崇一**（おうようすういつ）の手紙に**王陽明**が答えた四通の手紙にまして、より詳しく述べたものは他にありません。そして、「格物」といって学問をしようとする者が日々読書に努めるべき基礎であるとするのは、**羅整庵**（らせいあん）に答えた一つの手紙にまして、より詳しいものはありません。

王陽明は、平生から天下から非難中傷されて、万死に一生を得て、しかも廓然として講義をすることを忘れませんでした。我々が先生のおっしゃる道を聞かず、功利や機知を争うことに流され、もって夷狄や禽獣の様な状況に陥っても、それ自身に気が付かないでいることを心配されていました。「一体同物」の先生の心は、堂々と一生を終えられた後、廃れてしまうことになってしまいます。これは**孔子**・**孟子**以来の聖人・賢人が苦慮された心であり、門人や子弟としても、未だに、先生の情を慰めることができないでいます。この「万物一体の仁」の情を伝えるには**聶文蔚**（じょうぶんい）に答えた第一の手紙より見るよりよいものはありません。これらはすべて**南元善**の記録した旧本によっています。そして、**孟子**の言っている「必ず事とするあり」とは「良知を致す」の修養であることを掲げて、明白で簡潔であり、人々に言下に分からせるもの、これまた、**聶文尉**に答えた第二の手紙より詳しいものはありません。そこで、これを増やして記録しました。**南元善**は当時、批判の強い中にあって、身をもってこの道を明らかにして、ついに悪漢にあって排除されたのですが、悠然としてただこの学問に出会ったことをもって喜びとし、少しも憤慨不平を持つことはありませんでした。この記録を出版したことも人々はその志に大きな功績があると見ているものの、当時のはなはだ難しい状況であったことを知らないでいます。**南元善**の出版から取捨選択したのも当時の時期から見て判断したことですが、その間に増減を行った事実に対しては心に忍ぶところがあります。

このように「巻の中」は弟子たちによる出版ですが、**王陽明**が陽明学の教育として絶頂期のものです。「良知」説を確立し、「陽明学」が完成してゆく時期の書物です。**王陽明**による書簡などをまとめたものであるために、よくまとまっていて論理的な文章になっています。「陽明学」を学んでゆくのに役に立つものと思います。なお、「巻の下」は**王陽明**の死後、一五五六年にやはり**銭徳洪**が出版しています。またの別の機会にまとめたいと思っています。

本書で対象である「巻の中」は弟子の**銭徳洪**など弟子との手紙によるやりとりをまとめたものですので、議論がまとまっているため、「伝習録」の構成に従って**王陽明**思想を吟味していきたいと思います。

第二章　顧東橋に答える書

「巻の中」における最初の章である「答顧東橋書」は、弟子の**顧東橋**からの手紙に対し、多くの学問上の疑問に答えたものです。**顧東橋**は学識としては高いが、元々朱子学的な見解を持ち**王陽明**の諸説について疑問を持っている所があることから、**王陽明**に対して厳しい質問し、それに**王陽明**が丁寧に答えたものです。内容は多岐にわたると共に、お互いに先鋭的な論法でそれぞれの問題に関してつっこんだ論争をしています。そこで、「陽明学」を理解し、そこから整理された形で学ぶためには適切な文章になっています。

1　誠意は第一義

顧東橋の手紙には次の質問がありました。最近の学問をしようとする者には「外」に努めて「内」を忘れ、博く勉強するのですが、肝心なことではありません。従って、先生は特に「誠意の一義」を唱えられ、膏肓（こうこう）（心臓と横隔膜の間）の間の病を針で治療されようとしておられるのは誠にありがたいことです。

これに対して、**王陽明**の答えは次の通りです。あなたは現代の学問の弊害を洞察されているものです。そこで、何をもって救おうとしているのかを、あなたは私の「心」を一言で言い尽くしています。さらに何を説明する必要がありましょうか。「誠意の説」は、これは聖人の学問を学ぼうとする人が修養しようとする第一義です。ただ、最近の学者はこれを第二義と見ています。そのために、重要なところを取り出したのです。私が特に言い出したことではありません。

（答顧東橋書 1）

読解

王陽明は常日頃から多くの学者が「義（正しい人の道のことで羊と我が組み合わさったものです。「我」はぎざぎざの歯のあるのこぎりの象形で、羊を生け贄として刃物で殺す様から厳粛な作法にかなった振る舞いを意味しています）」を「外」に求めていると批判しています。「義」は「心」の中にあり実践の対象であって、議論の対象でないと主張します。さらに**王陽明**は、古典の多くに通じていることを自慢して博学を競うことを強く批判しています。もともと**孟子**が**告子**の「義外説」を批判しています。**告子**は「仁は「内」にあるが、「義」は柳のようで風によって変わり、従って「義」は「外」にある」と主張しています。**孟子**は、これを「義」を「外」に求める「義外」だと批判しています。

告子は、**孟子**の「性善説」に対して、「性は善もなく、不善もなきなり」といって対立的な立場にあります。**告子**は「求めればすなわち之を得、捨つればすなわち之を失う」と言い、「その大體に従えば大人となり、その小體に従えば小人となる」、「道は大路のごとくしかり。人求めざるをうれうるのみ」と言ったように、もっと「道」を求めよという議論をしています。これに対して、**孟子**は「**告子**はいまだかつて「義」を知らず、と。その之を「外」にするを以てなり」と批判しています。すなわち、**孟子**は性善説の立場から「道」は「心」の中にあるといい、**告子**は「義」を「外」に求めていると、すなわち、「義外」であると批判をしています。自らが人の範とする基準である「義」は「外」にあるのか、「内」にあるのかという論争です。多くの徳目は基準がすでに示されていて、自分の「内」ではなく「外」にある「義」を求めるのが「義外説」であり、多くの人たちには自然に感じているところでしょう。親孝行という徳目は親にあって孝行するもので、一般に行われる修養方法です。しかし、例えば、**孟子**は親孝行するという「義」は自分自身の「内」にあって「外」にあるのではないとします。**王陽明**は、この批判をもっとラディカルに主張します。**王陽明**は人がすでにもっている「良知」に従うことが「義」なのです。「最近の学者」とは、「朱子学」に影響され、「義」がどこにあるかを書物を読み、博学を争って求めている者を意味し、基本的に間違っていることを主張します。彼らのことを「義」を盗む者であり、彼らの論争を「口耳の学（耳から入って口から出てゆくだけの学問）」だと批判しています。現代の日本人も「義」を外に求める風潮は強いように思います。日本では「朱子学」の影響を強く受けた江戸武士の「忠義」や「義士」のイメージが強く、「忠義」を尽くすという形にこだわり、自分のこととは考えません。筆者は、日本人の感覚としては「義」を義心とか義理人情というように、「心」の「内」に求めて「正しくて良心に恥じない」という考えが近いものと思います。

『大学』における学問のプログラムの中で、古の明徳を明らかにせんと欲する者が最初に求めるものは「格物致知」ですが、これに次いで出てくるのが「誠意」です。「朱子学」では「物に至りて、知に至る」と読みますが、**王陽明**では「物を正して、知を致す」と読んで、これを達成することで「誠意」になると言うのです。**王陽明**は、「誠意」が学問を行う第一義であって、「**顧東橋**はこのことを十分に見抜いているではないですか」と言っています。**朱子**の影響を受けている学者（学者とは学問を完成させた人だけでなく、これから学問をしようとする者も意味します）は、「知」を第一義として、「誠意」を第二義としていると批判します。**王陽明**にあっては「誠意」は『大学』のプログラムの中心的位置にあります。元々、「意」は「音」と「心」を会わせた文字で、音は口に含むという意味ですので、「心」に含まれたものと言うことになります。一方、「誠」は言と成るの合わさったものですので、言葉がしっかりまとまってかけめがないという意味であり、「偽りのない」ことです。「心」の中に偽りがないことで、**王陽明**がもっとも重要視する「心」の真にあるべき姿ということになります。**顧東橋**がその点を指摘したことを、**王陽明**が高く評価して、議論が始まります。「陽明学」を学ぶ基本は「心」ですが、その現れである「誠意」が原点であることを示しています。日本人も昔からもっとも重要な徳目として、「誠意」とは私利私欲のない真心としてきましたが、今日、日本人に欠けているものとみられるものも「誠意」を第一義にしないことからなのでしょう。ただ、日本人は「和」を第一義にしているように思います。

2　仏教との違い

顧東橋は手紙で次の質問をします。先生の説は高邁でしかも簡単なので、修得するのも早いのでしょう。しかし、後世代の儒学者や弟子にとってみれば影響が大きく、しかも誤って受け入れてしまいましょう。仏教で言う明心（研究や理論ではなく直接、自己の心を明らかにする）、見性（本性を見る）、定慧（知恵に治まる）、頓悟（すみやかに悟る）といった「禅」の考えに陥ってしまうのではないでしょうか。先生の説を聞いた人が誤解しても不思議とすべきではありません。

それに対して**王陽明**は次のように答えます。私の格致誠正（『大学』にある「格物致知誠意正心」）の議論は、学問を志す者の本心と日常の行動の間に立って、體究践履（体験して追求し、実践して行うこと）を行うもので、実際に行うものです。これは多少の順序、多少の積み重ねの必要があり、仏教の「空虚頓悟の説」とは大きく違います。聖人になろうとする志がなく、まだその詳細を研究しない者が私の説を聞いて誤解することは不思議なことではありません。君のような聡明な人であるなら自然と一語にして理解できるはずです。それを高遠すぎるとか、修養が簡単すぎるかといったことはどういうことでしょうか。

（答顧東橋書　2）

読解

顧東橋の**王陽明**批判は、「陽明学」は仏教と間違われるのではないか、儒学の本道である天下のことを忘れているのではないかというものです。「陽明学」の基本は「従天理排人欲（天理に従い、人欲を排す）」であり、「私欲」を厳しく排除します。私欲を排せよという考え方は、仏教に似ているのではないかという批判です。ここでは、明心、見性、定慧、頓悟といった仏教用語を示して、「陽明学」は仏教の基本と変わりがないのではないかと**顧東橋**が質問したのです。**王陽明**は、まずは実践の重要性を強調して仏教の「空虚頓悟」との違いを示します。単なる理屈だけでなく、体験して現実社会で実践するという順序が必要であるとします。そして、**王陽明**が「陽明学」と仏教の違いを強調するのは、儒学が求めるものは**堯・舜**の行ったような天下を治めた徳治政治の実現を目的とする「明明徳（古の明徳を明らかにする）」に対して、仏教は個人の「解脱」を求めるものであり、これもまた自分だけの救済を求める「私欲」であると批判しています。そして、「解脱」という個人の利益を求める仏教は、まさに「空虚」であり「頓悟」であると批判します。このように、人は「陽明学」の修養を「禅」の修行のように見ていることに対しては、**顧東橋**にとって「陽明学」は高遠なものではあるが簡単なものであると見ています。このように、**顧東橋**の批判に答えて、儒学は「明明徳」を目指して実践することを基本としているので、仏教とは違うことを強調します。もともと「陽明学」と「仏教」は親近性が強い印象を持つのですが、**王陽明**は「私欲」を排して、社会における「実践」を強調するところで両者の違いを説明します。

　もっとも儒学の世界では、四書五経と共に膨大な注釈書を読むことが修養であり、また、「慎独（一人慎む）」として静寂の中で「反省」を行うのが基本になります。これに対して、仏教では膨大な教典を読み坐禅、喜捨（きしゃ）や作務などの修行を通じて「輪廻転生」の中にある人間の「業」から「解脱」することが重要になります。この様に両者は似ているようなところもあります。

しかも、**王陽明**は学問の基本は「明白簡易」であると言い切るのです。それは『大学』の「致知」を「良知を致す」と読むわけであり、「良知」自身は総ての人が生得として持っているものであり、それは「天理」であるので、「良知」を発揚すれば高遠すぎることもなく、簡単すぎると言うこともないと断じます。「良知」の発揚は自然であり、「明白簡易」なものなのです。「良知」に委せればよいものを、それを「私意安排（私意で判断して勝手に組みかえること）」するから混乱して分からなくなるのだと言います。「良知は自ずから知る」ことと示し、「簡にして易なるもの」というのが**王陽明**の基本的な姿勢になります。このような**王陽明**の考えと、高度な教義を振り回す仏教を同じように、簡単なのものとしてしまうという**顧東橋**の批判に対しては、これは「良知」を理解していないからだと反論します。

筆者としては、日本の**道元**や**空海**の様な仏教思想家の書物は難しいので、なかなか歯が立ちませんが、そのような「真なる人間」を追求する仏教もいつかは勉強したいと思いますが、まずは、「陽明学」で「心」の復活の方途を探りたいと思います。

3　知行並進の学

顧東橋の手紙に次の質問がありました。先生の教えである「知行は並進」するもので前後を分けるべきでないとする説は、『中庸』で言っている「徳性」を尊ぶだけでなく、学問の追求による修養で、両者は交わって交養しお互いに啓発するもので、「内外」も「本末」もなく、『論語』に言う「一を以って之を貫く」という精神なのでしょう。しかしながら、修養の順序を考えると、前後で差異がないというのは具合が悪いのではないでしょうか。食を知って食事し、湯を知って湯を飲み、衣を知って衣を着るのではないですか。まだ見ていないのに、「事」があるのではありません。その間はきわめて瞬間的なものでしょうが、今日を知って明日に行うというようなものではないのですか。

王陽明は次のように答えます。「行」と「知」が相乗効果になって、「内外本末」が「一を以て之を貫く」となれば、「知行並進」の説を疑うことができないでしょう。修養の順序に、先後の差がないというのは、お互いに矛盾するものではありません。食を知って食すというのはもっとも明白ですが、君は最近の聞いた話に邪魔されてわかっていないのでしょう。人は食べようとする「心」があって、その後、食を知る、食べようとする「心」は「意」であって、これは「行」のはじめです。食事のおいしさは口に入って後、知ることになります。口に入る前に味を知っている者はいません。必ず行わんと欲する「心」があって、その後に道を知ることになります。行おうとする「心」は「意」であって、これは「行」の始めです。道が険しいかどうかは、必ず自分で経験して、そしてその後に知ります。湯が熱いことを知っていて、自分の経験を待ってしかる後に知ることです。湯を知っているから湯を飲み、衣を知っているから衣を着るというのは、これを例に挙げれば疑うことはできないでしょう。もし、あなたのような説を立てるのであれば、この「事」を見ないで、まずこの「事」があるものです。あなたはまた瞬間の差があるので、わずかの瞬間の間であり、ほとんど等しいのです。今日知って、明日行うようなものではありません。まだまだ精緻ではありません。君のような説であるのなら「知行並進の説」を疑うことができないでしょう。（答顧東橋書 3）

読解

王陽明は「知行合一」を主張するのですが、ここでは「知行並進の説」と言っています。「朱子学」の「先知後行」の主張に対立します。「知」から「行」へというのは、まず知って理解して、その後に行動を起こすということであり、一般に理解しやすいことです。「朱子学」ではまず「究理（理を究める）」ですので、「知」が先にあることになります。ところが、ここでは「行」から「知」へというのがあると言うのです。**顧東橋**は、**王陽明**の主張を『論語』の「一を以って之を貫く」という考えに基づいていることを示して、「知」と「行」は「一（同じ）」であることから、「知行並進の説」に一応の理解を示します。しかし、「知」が「行」の先にあるのに、なぜ「並進」なのかという批判を行います。これに対して、**王陽明**はそもそも「知」と「行」の両者の間に前後の関係があるわけではないと反論します。若干、屁理屈の様ですが、**王陽明**は次のような説明をします。ものを食べようとして食べるのであり、従って、そこには食べたいという「意」があって食べるので、これは「行」のはじめです。しかしながら、食べなければそれが美味かどうかは分かりません。すなわち、食べてみて味が分かるとして、「行」あって「知」があるというのです。どこかへ行きたいといって道を知るのですが、実際に、そこへ行ってみなければ、その道がどうなっているのかは分かりません。すなわち、「知行」は両方が並進して成立するものであると説きます。また、別のところで「知は行の始め、行は知の成れるなり。」「聖学」はただ一個の功夫。知行は分かちて両事と作すべからず」といっています。行動を起こす原理は「意」ですので、「意」を「誠」にするには、「知に致る」ことが必要ですので、「知」が「行」に先行するというのは、「朱子学」に影響されている儒学者には当然のことのように思われます。これに対して「知行並進」の議論は後でたびたび出てくる**王陽明**の基本的な主張である「知行合一」を別の角度から主張しているものです。

正しい「知」があって正しい「行」があるというのは、極めて常識的でもあり、知識を重要視する人たちにとっては「先知後行」という主知主義は極めて重要なことです。しかし、現実の社会は、それに関するあらゆる「知」を得られるほど簡単なものでないことにも注目することが必要です。「よくやってみなければ分からない」というのは現実的にある話です。企業人や著名な経営者は「理屈」よりも「実践」を主張します。「やってみなはれ」というのはパナソニック創業者の**松下幸之助**氏の名言だと思います。日常でも大学で勉強して、会社に入って大学の知識ですぐに仕事ができるわけではありません。職場で働きながら学んで行く、オンザジョブトレーニングで経験を積み上げて「知識」を得て仕事ができるようになるのは、通常のサラリーマンのあり方です。

大学で経営学を勉強すれば名経営者になれるかと言えば、そうはいかないでしょう。ただ、知らないより知っている方が遙かに有利であることは間違いのないことですが。人を使い、お客に奉仕し、しっかり利潤を上げて会社を維持していくことは、簡単なことではありません。経営学のテキストで得られる知識だけで会社経営を行えるわけではありません。アメリカでは実際に働いた経験を元にして実践的な経営学を学ぼうとするＭＢＡ教育は、会社の幹部候補者にとってスタンダードなものです（最近日本でも増えてきています）。実際、経営者は日頃の経営を通じて学ぶことが彼のキャリアの最後まで重要なことになります。

「知行」は実践を通じて並進するもので、実生活でも行われていることです。これは「行」に際して「知」が不必要というのではなく、「行」によって「知」が得られるという現代人でも見逃しやすい視点なのです。おなじく**松下幸之助**氏が「塩は舐めてみないと辛いとは分からない」と言われたそうですが、非常に含蓄のある話です。実践を積み重ねてきた名経営者の言葉には含蓄のあるものが少なくありません。日本の官僚も同様です。筆者も大蔵省に入っても霞ヶ関での勤務以外に、税務の現場の仕事をさせられましたし、実際、政策を固めていくのも各省庁の現場で働く人（「行」の人）の知識を基本にしていることは自然なことです。よく考えれば当たり前のことですが、「知」に先立つ「行」もあることを認識することが基本なのです。

科学に対する誤解もあるように思います。「知」を得れば、すべて間違いのない「行」を行えるというものです。科学で分かることは「ある命題が間違ってはいないだろう」という程度のことです。そして、科学者は「実験」を重視して実際に行って、そこから理論を生み出して行くことになります。現代の社会において「知識」や「情報」の役割が大きくなっていることも間違いないことですが、それも「実践」と結びついてこそ「知」として生きてくることになります。「知識」の学習が重要であることは間違いありませんが、「実践」と並進していくものであることを認識しなければなりません。儒学の徳目も実践を通じて実現していくもので、親孝行も儒学の教科書に書かれている「礼」を知ればすむものでなく、親孝行するという実践で親孝行の真の意味を知ることになります。実際、「知行並進」は現実の生活でも行われていることです。

4　知の真切篤実が行である・知行合一

顧東橋から来た手紙に次の質問がありました。「真の「知」は「行」があってはじめて「知」であり、「行」がなければこれを「知」というに値しない」という先生の説は、学問をしようとする者にとって緊急不可欠の教えを立てているもので、「実践」として「行」に努力することにはいいことでしょう。しかし、もし、本当に「行」がただちに「知」であるというと、ただその「心」だけを求めて、「物の理」を忘れてしまい、物がわからないままでは「知」の水準に達することができません。**孔子**の門下として「知行並進」は定説とはならないでしょう。

これに対して、**王陽明**は次のように反論します。「知」の「真切篤実（真でぴったりしていて「心」がこもっていて現実にあるもの）」が「行」なのです。「行」を「明覚精察（明らかにさとったもので純粋に察した）」にしたのが「知」なのです。「知行」の修養はもとから分離できないものです。後世の学者（**朱子**のこと）は、両者を分けて修養を行ったので、「知行」の本来の姿を忘れているのです。そこで、「合一並進の説」が出てきたのです。真の「知」は「行」であるから、「行わない」で「知」というべきではありません。手紙のように、おいしいと知った後に食べるといった説などで議論していますが、これについてはすでに述べました。「知行並進の説」は今の学問の弊害を急いでなくすために唱えたものですが、「知行の本質」はここにあります。私の見方はその場に合わせて一時的な効果をねらったものではありません。もっぱら本心を求めて「物の理」を失うとは、これこそ本心を失うことです。「物の理」は「心の外」にあるものではありません。「物の理」を忘れて「心」を求めると言えば、「物の理」とはいったいなになのでしょうか。「心の本質」は「性」です。「性」はすなわち「理」です。従って、親に「孝」を求める「心」があるのなら、「孝」の「理」があるはずです。「孝」の「心」がなければ、「孝」の「理」はありません。君に「忠」を求める「心」があるのなら、「忠の理」があるはずです。「忠」を求める「心」があれば、「忠の理」があります。「忠の心」がなければ、「忠の理」はありません。「理」がどうして「心」の外にあるのでしょうか。

朱子は、人が学問をするのは「心と理」だけだと言っています。しかし、「心」は一身の主であるとしても、その実は天下の全ての「理」と通じているものなのです。「理」はいろいろなところに分散して存在し万事にありますが、ただ「心」の外にあるものではありません。この議論は一分一合の間に「心」と「理」が離れているようであって、学者に「心」と「理」を分けるという弊害を生んでいることを免れません。これは**朱子**が本心を求めて、「物の理」を忘れないように考えたためであり、「心即理」であることを知らなかったためです。これこそ、「心」の外に「物の理」を求めるもので、これをもって暗くして達せずというものです。これこそ**告子**の「義外説」であって、**孟子**が**告子**は「義」をわかっていないと批判している所以です。「心」は「一」のみです。全體をみて「惻怛（そくだつ）（いたみ悲しむこと）」を生む「心」は「仁」です。それがうまくいったときには、これを「義」と言います。その条理を言えば「理」になります。「心」を「外」にして「仁」を求むべきではありません。「心」を「外」にして「義」を求めてはいけません。「心」の「外」に「理」を求めることは、「知行」を二つにすることの所以です。「理」を自分の「心」に求めることが、儒学の「知行合一」の教えなのです。君はどうしてそれを疑うのでしょうか。（答顧東橋書 4）

読解

「知行併進の学」についての論争が続きます。「知行合一」は「陽明学」の最も重要なキーワードの一つですが、その真意を説明しています。**顧東橋**は学問を志す人に実践の重要性を説くのは良いが、それで「心」に集中してしまって「物の理」を忘れてしまうのではないかと疑問を投げかけます。**王陽明**は「知行合一」と「心即理」が同じものであることを説き、切実な「知」が「行」であると言います。「朱子学」の問題点として「心と理」と二つに分けて表現するところに求めているのは重要なことです。この「心」と「理」の間に「と」が入ることが問題であることを指摘しています（巻の上34、95などを参照）。すなわち、「知行併進」は「心」を求めて「物の理」を忘れるということはありえないことを強調します。「心」の外に「理」があるのではなく、「心」の内に「理」があるので、「心」を求めていけば「理」になるわけです。もともと「知」は口と音を表す「矢」からなる文字です。「矢」は「シ」と読んで、陳情などの時に使われる「陳」の意味であり、続けて並べることを意味しています。そして、「シ」が「チ」に変わったのが「知」なのです。そして、神が次々お告げを行って、色々なことを矢のように次々と発するというのが「知」の意味となります。すなわち、神が乗り移ってべらべらしゃべる人のことを知恵者と言うことになります。「知る」や「知恵」の意味に使うのはこのことからの借字なのです。

知識教育といったときに連想されるのは、いい学校に入り、いい就職をして豊かな生活を送るための「知育」ですが、その「知」とはやや距離があるものであることに留意する必要があります。もう少し「知」について考えてみます。「知」は英語ではKnowledgeであり、「知」が訳語に当てられていますが、その意味はKnowと同じで、「知られた」ことの総称になります。ウェッブスター英英辞典ではthe body of truths or facts accumulated by mankind in the course of timeと説明されています。要するに、人類に蓄積された真実と事実の実体というのです。Knowledgeに対する訳語として「知」というのは「知る」という受け身的な英語と「知」を発するという儒学の「知」ではやや違うようにも思います。**安岡正篤**氏はむしろWisdomに近いのではないかと言っておられます。これはやはり英英辞典で見るとKnowlege of what is true or right coupled with just judgement as to actionとされており、行動のための正しい判断にかかる真実や正義に関連するものが知識であるとします。より**王陽明**の「知」に近いようですが、まだ少し違いがあるように思います。

この様に、ここでの「知」は通常、今の日本人が考える「知」とは若干のずれがあり、「知育」という言葉に代表されるように、「知」は例えば科学的な知見などを勉強することを意味しているように思います。一方、「徳育」とは「知識」と別の問題という通念があります。知識の詰め込み教育という言葉に想定されるものは、勉強によってえられる「知」は仕事や学問に役立つものという考えでしょう。ここでの「知」はむしろ「徳を知る」という「徳知」の意味に近いように思います。あるいは「科学」より「精神」のような面も意味しているように感じます。また、先に述べたような「神のお告げ」のようなものに近いと思います。

さらに、**王陽明**は「知」を「良知」と理解しています。「良知」も既に**孟子**の言葉の中にあります。**孟子**の「人の学ばずしてよくする所のものはその良能なり、慮（おもんぱか）らずして知るところのものは、その良知なり」の言葉は、より重要なものになっています。この**孟子**の「良知良能説」を発展させ、あらゆる人に「良知」があり、それを持たない人は存在しないという確信こそ「陽明学」の基本になります。陽明学者が分け隔てなく教育を行ったのは（特に、**王陽明**が龍場で異民族に対して行った教育などもその例でしょうが）、この考えからしても当然のことになります。そして、人欲・物欲を修養によって排除して、この「良知」を発揮させることが「物を正す」すなわち「格物」に導くことになります。

王陽明は「知はこれ心の本體にして、心は自然に知ることを會す。父を見れば自然に孝を知り、兄を見れば自然に弟を知り、孺子の井に入るを見れば、自然に惻隠を知る」と孝・弟・惻隠といった徳目も自然なもので、本心に立ち返ればそうせざるを得ない切実なものであるとするのです。「すなわちこれ「良知」にして、「外」に求めるべからず」といって、この「心」を導くのは「良知」であり、全てが自然に全ての人の「心の内」にあるとします。「陽明学」はこの「自然」を強調します。「惻隠の情」は**孟子**の有名な一節で「今、たちまち孺子（子供のこと）のまさに井に入らんとするを見れば、怵惕惻隠（直ちに可哀想だと思う心）の心あり」という言葉から来ています。子供が井戸に落ちるのを見て助けたいと思うのは当然のことと言ってます。ここでの「知」に近く、わかりやすいものかもしれません。『論語』の「里仁編」の最初に、「子曰く、仁に里るを美となす。擇びて仁にをらずんば、いずくんぞ知なるを得ん」という文があります。「仁」はまさに美しいのであり、「仁」にあることは真理を得た「知」なのです。

いずれにしても**王陽明**にあっては「知」を「心」と同様の存在と見ているところにその神髄があるように思います。後で出てきますが、博学や物知りを意味する「多聞多見」と「知」とは違うと言っています。いわゆる「物知り」の「知」と隔絶するところに**王陽明**の思想があります。「知」が「行」になるのは、「知」が「真の知」であることの結果です。すなわち、「真の知」は「やむにやまれない心」になり、「行」を生んでいるからです。「知の真切篤実が行」という言葉は重い言葉です。「知行合一」はこの様な「真切篤実」が生み出すものです。

このことで思い起こすのは、**吉田松陰**の和歌です。黒船に乗り込もうとして、拿捕されて国許に送り返されるときに、赤穂浪士の眠る泉岳寺の前を通り、

かくすれば、かくなるものと知りながら
やむにやまれぬ大和魂

と詠んだのです。

真の「知」とは「良知」であってやむにやまれない「心」の状況なのでしょう。決して、金儲けの手段としての「知識」の切り売りや「知」を利用して金儲けをするものではありません。また、決して「知ってしまったので、やってしまった」というようなインサイダー取引のような話ではありません。

今日の情報化社会ではKnowledgeとしての「知識」自身が産業であり、社会システムを運営するキーになっていることは重要なことです。インターネットの発達で世界中で情報が自由に飛び交い、世界中で情報を共有できる社会になっています。AIの技術が社会の隅々まで行き渡るのは目に見えています。AIは自ら学習し、自ら進化していくことが可能になっています。まさに、これらを中心とした知識社会の到来は目の前にきています。**王陽明**は「節目事変（「節」や「目」といった細かいことや時に応じて変化すること）」に関する知識を重視しないわけですが、今日、この面での「知」の重要性は

ますます大きくなっていることも現実です。しかも、知識・情報が犯罪に容易に使われ、プライバシーや企業秘密を侵害することなどの問題が起こっています。「情報倫理」を新しく築いていかなければ大きな弊害をもたらしかねない状況にあります。大学で「情報倫理」などの講義も行われてますが、もっと幅広い強力な基盤を形成する必要があります。今後の社会では「良知」の上に情報化が進展することが必要になってくるのです。ここで、「陽明学」の主張する「致良知」がさらに重要性を増していきます。「良知」の基盤のない情報化社会ほど危険なものはありません。今こそ「良知」の社会基盤を作っていく必要があります。まさに喫緊の課題です。

5　心を尽くす・殀寿を二とせず

顧東橋は次の質問をします。**王陽明**の注釈された『大学』の古本の序に「心の本體の知を致す」というのがあるのは**孟子**の言う「心を尽くす」の趣旨と同じでしょうが、**朱子**も「虚霊知覚（形もなく霊妙な働きでものを知覚すること）」というのをもって「心」の全体としています。そうならば、この「心」のうちに「性」を知らねばならないので、「致知」には「格物」が必要ではないですか。

それに対する**王陽明**の答えは次のようなものです。「心を尽くすのは性を知ることであり、致知は格物にある」というのはその通りでしょう。しかし、あなたの意図するところを考えれば、まだ明快になっていないところがあります。**朱子**は、**孟子**の言う「心を尽くし、性を知り、天を知る」というものを『大学』の「物に格りて知に致る」と解釈して、初学者の修養であるとします。そして、「心を存し、性を養い、天につかえる」というのを修養の目的としており、「意を誠にして、心を正し、身を修める」という自己の完成を目指すことと理解します。**朱子**は、**孟子**が示した修身のための方法である「心を尽くし、性を知って、天を知る」ことを「物に格り知に致る」とし、心を存し、性を養い、天に事ふをもって意を誠にし、心を正し、身を修むとし、さらに「殀寿をもって二とせず（寿命の長さによって心を変えない）、身を修めて以てまつ」という心境、すなわち若くして死のうと年をとるまで生きようと同じであるとの考えを保つことで、「天命」をまって、「立命」を行うことで知に至り仁を尽くす「聖人」のこととしています（ここで「二とする」とは「別のもの」、「違ったもの」であるという意味です）。

しかし、この**朱子**の解釈に**王陽明**は反対します。むしろ、まったく逆に、「心を尽くし、性を知り、天を知る」人は学者の出発点ではなく、「生知安行」の「聖人」であるとします。そして、「心を存し、性を養い、天につかえる」人は「学知利行」の賢人で、「殀寿をもって二にせず、身を修めて以てまつ」は「困知勉行」の学問を志す凡人を示しています。「もっぱら心を尽くして、性を知る」をもって「知」となし、「心の存する、性を養う」をもって「行」とすることができましょう。あなたはこれを聞けば大いに驚くかもしれませんが、しかし、これは疑いのないものです。あなたのためにもう一度言いますと、「心」の本體は「性」です。「性」の本源は「天」です。その「心」を尽くすというのは、「性」を尽くすことです。『中庸』では、ただ、天下に「至誠」を通すことだけをその

「性」を尽くすことだとします。また、同様に天地の化育（自然現象の変化生成）を知り、これを鬼神（天地創造の神）に質問して、疑いがなくなったら「天」を知るということになります。これはただ「聖人」のみができることで、これを「生知安行」というのです。

その「心」の存する者はまだ「心」を十分に尽くしている者ではありません。従って、「心」の存する修養を行わねばなりません。「心」が存することが十分に長くなれば、存するかどうかを考える前に「心」が存しないという状態はなくなります。これから進んで「心を尽くす」という考えになります。ただ、「天を知る」という時の「知る」は、州や県の知事が自分の所轄地についてよく知っているようなものです。州を知るとは州にあることを自分のこととしてすべて知っていることでしょうし、県を知っているというのは県のすべてを自分のこととして知っていることなのです。これは「天」と一つになった者です。「天」につかうるとは子供が父親につかえ、臣下が君につかえるようなものです。これはまだ、「天」と自分とは二つの状態にあります。

「天」が私に命じているのは「心」であり、「性」です。私はここにあって「心」を失わないようにし、これを養育して壊さないようにすることは、父母が子供を立派に産み育て、子供がそれを立派に孝行して親に返すことのようなものです。故に、これは「学知利行」の賢人のことになります。「殀寿を二とせず」となればその「心」を失わないようにしようとする者とは隔たりがあります。「心」を保持しようとする者はまだ「心」を尽くしてはいないが、もともとその「心」が、すでに「心」が善をなすように一つになっていて、時として「心」を失っても、失わないようにしようとしているのです。「殀寿を二としない」とする者は、まだ殀寿をもって「心」を二としていることなのです。殀寿をもって「心」を「二」とする者は、「善」をなすのに「一」になっていません。「心」を失わないようにしようとするも未だできないところがあり、さらに言えばどうして「心」を尽くしているということができるのでしょうか。「殀寿」によって「善」を行う「心」が「二」でないとしても、生死殀寿は皆もともと「天」に定められたもので、ただ「心」が善をなすように「一」にして、我が身を修めて「天命」を待つだけだというのは、これは平日にはまだ「天命」を知っていないのです。「天」に仕えるというのは、「天」と「二」であるといえども、すでに「天命」のあることを知っていて、ただこれに恭敬奉承（うやうやしく受け取る）しているだけです。これを待っている者は「天命」がどこにあるかを知らないで、なお待っているだけです。従って、「立命」の所以なのです。立つとは創立の「立」であり、徳を立て、言を立て、功を立て、名を立てるといったものです。立つというのは、これまでなかったものを初めて立ち上げることです。**孔子**の言うように、「天命」を知らざれば、君子ではありません。従って、これは「困知勉行」の「心」の人であり、学問に志す人です。「心」を尽くし、「性」を知り、「天」を知れば「格物致知」をなして、今、「心」を二つのものとしない状態にはならない者に対して、にわかに「生知安行」を求めることであり、風や影をとらえようとして漠然と「心」を置くところを知らないのです。いかにも天下を率いて人々を道路を走らせて休ませないことになってしまいます。**朱子**の「格物致知」の間違った解釈の弊害は、そのまま見るべきです。あなたの言うような外向きに努力して内向きには忘れてしまって、広く勉強していても肝心のことが少ないのは、この過ちのことではないでしょうか。これは学問のもっとも緊要なところで、ここを間違えば、どこに行っても間違えてしまうことになります。これこそ、田舎者が天下の笑い者になり、自分がどれだけ罪を犯しているかを知らず、その言葉を多くしても、どうしようもない者になるのです。

（答顧東橋書　5—Ⅰ・Ⅱ）

読解

ここでの議論は『大学』、『孟子』の「盡心章句」、『中庸』の三者の関係を示すことで、初学者がなすべきことを明らかにしようとするものです。『大学』では先に述べたように、

明明徳　平天下　治国　斉家　修身　正心　誠意　致知　格物

というプログラムになっています。

一方、『孟子』では

その心を尽くす者は、その性を知るなり。
性を知れば、すなわち天を知る。
その心を存し、性を養うは、天につかうる所以なり。
夭寿たがわず、身を修めてもってこれをまつは、命を立つ所以なり。

と言っています。そして、『中庸』には

あるいは生まれながらにして之を知り、
あるいは学んで之を知り、
あるいは困しんで之を知る。

という、人に応じて「知る」ことに関するプロセスの違いがあることを示します。そして、

あるいは安んじて之を行い、
あるいは利して之を行い、
あるいは勉めて之を行う。

と、「行う」ことに関する姿勢を分類します。「利して」とは「すばやく」という意味です。これを組み合わせて、

生知安行
学知利行
困知勉行

の三段階とします。これらは順次、聖人、賢人、凡人の状態と規定することになります。
聖人は生まれながらに道理を知っており、何をするにも易しく行います、賢人はよく学問をして、

すばやく道理を行います。しかし、凡人は苦しんで道理を学ぶことになり、努力してこれを実行することになります。

ここで、これらの三者の関係を明らかにしようとして、**朱子**は**孟子**の言う「心を尽くし、性を知り、天を知る」を『大学』の「致知格物」、すなわち、「物に格りて知に致る」者と見て、『中庸』にいう「困知勉行」の凡人として、学問を身につけることが初学者が行うべき目標であるとします。そして、**孟子**の「殀寿をもって二とせず、身を修めて以て天命をまつ」者は、すでに修身が終わり「天」に従う用意のある「生知安行」の聖人であるとします。

これに対して、**王陽明**は全く逆に**孟子**の「心を尽くし、性を知り、天を知る」を「生知安行」の聖人として、「心を存し、性を養い、天につかえる」者を「学知利行」の賢人とします。そして、**朱子**にあっては聖人の境地とされた「夭寿をもって二とせず、身を修めて以て天命をまつ」者を「困知勉行」の初学者とします。

両者は全く違った解釈を行うことになります。**朱子**は、初学者は「物の本質を追求して知る」ことを目標に修養しろということになり、**王陽明**は「心を落ち着けて修養に励み、天命を待つ」ことを目標に修養しようということになります。非常におもしろい議論です。**王陽明**に従えば、我々凡人としてはともかく心の修養を図っておれば、天命が降りてくるということです。**孟子**の「心を尽くし、性を知り、天を知る」を目指して凡人が聖人のやり方をまねても仕方がないことになります。自分の一生は天が決めることであることを認識することが重要で、それに対して「心」を中心に勉強しようというのが「陽明学」です。これを考えないでいくら書籍を紐解いて勉強しても無駄だと断言していま す。

他方、**孟子**はこれらの人間の能力の違いがあっても、結果として「知」り、「行」えばすべてが同じ「一」であることを言っています。すなわち、すべての人はその努力の程度は違うが、聖人と凡人も同じことを知り、同じことが行えるとしています。ここには、記述はありませんが、これも**王陽明**がいつも強調するところであり、すべての者は聖人であることを示しています。その階級は重さや純度が異なるだけであると言っています。従って、あくまで学問に取り組む姿勢として「天」を知ることを目標とするものの、困難であろうが、「心の修養」に努めよということになります。従って、**王陽明**は随所で誰でも聖人になれる、「困知勉行」も聖人への道であると凡人を励ますのです。

我々凡人にも必ずある「心の本体」としての「良知」を発揮すれば聖人と同じであるという「良知説」がその論拠になります。**孟子**が「一」と言っているように、それぞれの力量の差があっても本質は「同一」であることを認識することが重要です。我々の求めるものは遠くにあるのではなく、すぐそこにあるのです。

「困知勉行」の凡人は、「夭寿をもって二とせず、身を修めて以て天命をまつ」をすべきであるというのは、「心」に置いておくべきことと思います。この修養の基本は「人欲を拝して天理に従う」と言い、もう一つの**王陽明**のキーワードです。若死（殀）を避け長寿を願うのは私欲であり、天命を待てないのも欲望があるからです。**朱子**の説明のように、これは聖人の境地で凡人にはできないことという言い訳をしがちですが、体の健康を大事にして修養に努めて、結果は「天命」であると諦観することが重要です。

6　事事物物と良知

顧東橋からの手紙の質問には次のものがありました。先生は学問を志す人に、**朱子**のいうような「事事物物」について「究理」を行うべきという考えを、議論をもてあそんで「志」を失わせるものだと批判しておられます。また、**朱子**の煩雑な議論を嫌い、簡単な議論だけを求め、「心の本源」を涵養するところの一部の説だけを学者に示して、これが**朱子**の晩年の定論であることを主張されていると聞きます。これは間違っているように思います。

王陽明の返事は次のようなものです。**朱子**はいわゆる「格物」の解釈を物に即して「究理」することとしています（「格物究理」とは一つの物には必ず一つの理があるので、物の本質を追求して「理」を究めなさいと言う**朱子**の考え）。「物」について「究理」するとは「事事物物」について定理を求めることになります。これは「事事物物」の中に「理」を求めるものであり、「心と理」を切り裂いて別々のものにするものです。「理」を「事事物物」に求めることは、「孝」の「理」を親に求めるようなものです。「孝」の「理」を親に求めるというのなら、果たして「孝」の「理」は自分の「心」にあるのでしょうか。そもそも「孝」の「理」は果たして親にあるのでしょうか。もし、親に「孝」の「理」があるのなら親が亡くなってからは自分の「心」に「孝」の「理」はなくなってしまいます。子供が井戸に落ちようとするのを見れば必ず起こる「惻隠の情」についての「理」があります。この「惻隠の理」は果たして子供にあるのでしょうか。そもそもこれは自分の「心」の「良知」にあるのでしょうか。あるいはこれは井戸のせいなのでしょうか。また、これは手がそれ自身で助けようとしているのでしょうか。これはいわゆる皆、「理」かもしれません。果たして子供にあるのか、そうでなく自分の「良知」にあるのでしょうか。これらの例から見てもすべての「事」、すべての「理」は皆そのようなことではないでしょうか。これを「心」と「理」を切り裂いて別物とすることは、**告子**の「義外の説」であり、**孟子**が深く追求して批判したところです。「外」に努めて「内」を忘れ、議論の幅は広いが要点のない議論は意味がないことは、あなたもわかっているでしょう。では果たしてあなたは何を言いたいのでしょうか。これでも、なおあなたは**朱子**の議論がものをもてあそんで、「志」を失わせているという私の議論を不可とするのでしょうか。私のいわゆる「致知格物」の考え方は、自分の「心」の「良知」を「事事物物」に及ぼすことです。自分の「心」の「良知」はいわゆる「天理」です。「天理」である自分の「心の良知」を「事事物物」に及ぼせば、その「事事物物」はその「理」を得ることになります。わが「心の良知を致す」ことが「致知」なのです。「事事物物」が「理」を得ることが「格物」なのです。これは「心」と「理」が合致して一つとすることなのです。「心」と「理」が合體して「一」であれば、およそ前に言ったことや**朱子**が晩年に言った説などは、言わなくてもわかってもらえるでしょう。

（答顧東橋書 6）

読解

この部分では、**王陽明**の**朱子**に対する批判を**顧東橋**が反批判したことに対して、明快な回答になっています。「巻の中」ではこのように書面による論争が多く、論旨が明快なように思います。ここでは、**朱子**の「格物究理」の考え方は、**王陽明**にとっては「心」と「理」を切り裂くことであり、もっとも避けるべきこととします。「物」とは、「牛」と旁の「勿（ぶつ）」の組み合わせの会意形声文字で、「勿」は祓い清めるという意味で、牛を切り裂いて神に供えるという意味で神に供える生け贄という意味になります。また、「勿」はいろいろな布で作った吹き流しの象形文字でもあります。牛にもいろいろあるようにまだらであっていて秩序がない実体の存在という意味です。牛は代表例に挙げたもので、いろいろな色や縞の牛がいるという現実の実体や現象に関する表現です。どちらが正しいか分かりませんが、必ずしも「物体」や「動物」といった物体や特定の物体だけを意味するものだけでなく「概念」といった使われ方をすると考えます。忠、孝、信なども、天地に存在する意識の対象となる形を備えた様々な「現象」や「法則」のようなものも「物」と示します。

他方、「事」という字は、中国では「事」は自分の家の前に立てる旗を意味しており、そこの家の仕事を示しています。仕事を意味する「手」と枝のある立木の「史（し）」の合わさったものです。現実に起こったことやすべき事、仕事と言ったものや「仕える」といった意味も示します。それが字の意味で、「仕事」とか「時事」といった使い方をします。「事に臨んで」といえば「やらねばならないことに直面したら」という意味になります。行うべき事といったものにそれぞれに理があるということで、朱子学ではそれぞれの「事事物物」と言ったときには、個々の物理的な存在やもっと広げて現象や概念を意味し、それぞれの「物」あるいは「事」について「理」を追求すること、「究理」が学問となります。そして、「究理」によって「物の本質に至って、知に至る」のです。これは「朱子学」では「格物究理」という考えで、これによって「天」の与えた「性」に「理」を求めるという「性即理」と表現するのです。**朱子**は「究理」によって「物に至り、知に至る」ので、これを実行していくべきことになります。従って、「先知後行」が行動原理になります。これに対して、**王陽明**の場合、「物を格す」ことで「事事物物に理（良知）を及ぼす」ということから「知行」を分けないで「知行合一」を主張したのは明快な対比で「陽明学」の実践の基礎を示しているように思います。

また、**王陽明**は「事」と「物」を区別しません。そして、行うべき事も現実の概念も認識の対象も「心」の中にあるので同一なのです。**王陽明**にあっては「事事物物」は「心」の内に「理」があり、その「理」を「物」と「事」に反映させるので、「格物」は「物を正す」ことになり、「心」の内にある理（良知）が「物」や「事」に及ぶことになるので「知を致す」ことになるのです。社会に存在する「事事物物」は単に観察の対象ではなく、自らの「心の良知」を及ぼす対象なのです。「我が心の良知を致すは致知なり」とはまさに「致良知」というキーワードに結びつきます。この考え方は「心即理」と深く結びついています。

例えば親孝行というのは人倫にとって基本的に重要なものですが、**朱子**にあっては親孝行のあり方の「理」について深く追求することになります。**王陽明**にとっては親孝行は「心」の中にあるので、これが人々を動かして、正しい人倫を導くことになります。親孝行も理屈を知っただけで実際に行われなければ意味がありませんし、それを「知った」ことにはならないのです。

「事事物物」に「理」を求めることは、学校教育での知識教育の中心的なことです。科学の研究も「事事物物」についての「理」を求めるものです。また、社会の組織も「事事物物」に「理」を求めその解決を図っています。しかし、それだけでは社会を運営することはできません。「心」を通じ合って現実の社会に対応していくことも必要なことです。現実に、例えば、会社運営においても社員の結束はきわめて重要なことで、日本型経営はその点を重視してきました。社員が予め与えられた仕事だけをしているようでは会社経営はできません。会社経営は社員一丸というスローガンで会社の力を高めてきています。とくに、日本型経営は専門の技能だけでなく、ローテーションを行い、会社内の共通の考えを作ることに努力して成功を収めてきました。今日、技術的な諸問題で専門化が進んでいることは事実ですが、それだけに会社の理念を共有して経営を行うことが求められています。

筆者は大蔵省で一四年間に一二のポストを経験しました。全く知らない仕事でも一〇年くらいやってきたような顔をして仕事をすることが求められました。行政には専門性が強く要求されるのは、間違いのないところで、そういった専門分野だけを行う職員もいます。いわゆる官僚はローテーションで毎年といっていい程、新しい仕事をさせられます。専門の職員とうまく心の調整をしながら時代に対応した仕事ができることを求めています。

大学に移ってからでも通常は自分の専門の分野だけに集中するわけですが、京都大学では一〇を超える色々な分野の研究をしてきましたし、学生にも数理経済学や財政学などの専門の分野だけでなく種々の事を教えてきました。また、一〇以上の審議会や五つの地方公共団体の委員をしてきました。日本社会で重要な事に常に関心を持ってきました。何かの役に立てばと、頼まれたことはほとんどなんでも引き受けてやってきました。「志」さえあれば、何でもできると思っていました。後でも出てきますが、「心」が分かっておれば、異なった仕事をすることは、それほど難しいことではないというのが「陽明学」です。

王陽明が**朱子**の思想について論じた『晩年定論』のなかで、**朱子**も晩年には自らの間違いに気づいていたが、気づいてからすぐに死んだのが残念であったと言うのです。**王陽明**の我田引水という批判もありましょうが、**王陽明**の学問に対する心意気でしょう。

7　心理合一の體と知行合一

顧東橋からの手紙に次の質問がありました。人の「心の本體」はもともとから明らかなものです。しかし、「氣（もともとは食物を送る意味ですが、万物を生成する根元の力を意味します。ここでは、勢いというようなものでマイナスイメージの言葉）」にとらわれて、「物欲」に覆われ、「心の本體」が暗くわからなくなることが少なくありません。『中庸』に指摘されているように学び、問い、思い、弁じて天下の「理」を明らかにしなければ、善悪の機（善悪の境）、真妄の弁（真物とまがい物との区別）も自分で悟れず、情に任せて私意をほしいままにしては、その弊害は言うにたえないものも出てきましょう。「心」に求めるだけでなく、「理」を明らかにすべきでないかとの質問でした。

これに対する**王陽明**の答えは次のようなものです。この話はおおむね正しそうですが、実は間違っています。これは**朱子**の旧説を引いたもので大きな弊害があり、議論するまでもありません。『中庸』で言う「学・問・思・弁・行」は全て学問をする理由であり、学んで行わない者はいません。例えば、「孝」を学ぼうというのは、必ず親のために働いて、親を養い自ら孝行を行って初めて学んだと言えるのです。いたずらに「空」に向かって「口耳の学」を講義、研究するだけでは、これを「孝」を学んだとは言えません。弓術を学ぶときには、必ず弓に矢を張り、弓を引ききって的に当てようとします。書道を学ぶときには、必ず紙をのばして筆を執り、木簡を取って、(鳥の羽で作った)筆を墨で染めます。天下の学問を学び尽くそうとするのに、「行わないのに学んだ」と言うべきものでしょうか(ありえません)。すなわち、学問は初めから「行う」ことなのです。「篤行」の「篤」とは手厚くする(敦実篤厚)ことであり、行うにしてもその行いを手厚くし、その修養をやめないことです。

学ぶと疑問が生じることとなり、いろいろ「問い」を持つことになるでしょう。従って、「問う」ことは「学ぶ」ことであり、従ってこれも「行う」ことなのです。また、疑問が生まれれば「思う」ことになります。従って、「思う」ことは「学ぶ」ことであり、「行う」ことなのです。それでもなお疑問が生じるのであれば、これを「弁じる」ことになります。従って、「弁じる」ことは「学ぶ」ことであり、「行う」ことなのです。「弁じる」ことがすでに明白で、「思う」ことがすでに慎み深く、

「問う」ことがすでにつまびらやかであれば、「学ぶ」ことがすでによくできており、従って、修養をやめることなく続けることを「篤行」と言うのです。

「学・問・思・弁」をして後に、初めて「行」があるというのではありません。この故に、その事をよくすることを以てすれば、これを「学」と言い、その疑問を解こうとすることを「問」と言います。その説に通じることを求めれば、これを「思」と言い、それを詳しく観察しようとすることを「弁」と言い、その実を求めることを「行」と言います。その修養を考えれば、五つのことがありますが、併せて考えればこれは一つのことにすぎません。これは私の言う「心理合一の體」であり、「知行並進の修養」であり、「朱子の説」とは異なる所以のものです。**朱子**の説は「学問思弁」してもって天下の「理」を極めると言い、「篤行」に及んでいません。もっぱら「学問思弁」して、これを「知」であるとして、「究理」と言って「行」を行わないのです。天下に行わずして「学ぶ」ものはありません。「行わなく」てこれを「究理」というものはありません。

程明道が言うように、「理を窮めるのは性を尽くして天命を知ることに至る」ことになります。すなわち、「理」を究めるとは、天の与えた「性」を尽くすことであり、これによって「天命」がわかるというのです。それ故に、「仁」をもって「仁の行い」を究め、その後にこれをよく「仁の理」を究めたと言い、「義」を以て「義の行い」を究めて、その後にこれをよく「義の理」を究めたと言います。「仁」によって、「仁の行い」を究めれば、「仁の性」を尽すことになります。「義」を以て「義の行い」を究めれば、「義の性」を尽くすことになります。「学」は「理の行い」を究めることにいたって「学」に至るのです。「理」を究めたといってしかもなお、今これを実行していないということが天下にあり得ましょうか。この故に、行わざるを以て「究理」としていないことをわかるでしょう。行わないでこれを「究理」としてはいけないことがわかれば、「知行は合一・並進」であり、これを分けて二つのこととはできないことがわかるはずです。それは「万事の理」は自分の「心」に他ならないからです。しかるに、天下の「理」を究めようと言うのは、自分の「心の良知」ではまだ足りないとして、自分の「心」だけではなく「外」に向けて「天下の理」を広く求めて、自分の「良知」を補い増やそうとしているのです。これはなお、「心」と「理」を分けて、別のこととしているのです。

『中庸』に言う「学問・思弁・篤行」の修養は、困勉（困知勉行の凡人）といえども人が一回するところを自分は百回すれば、拡充の極に至り、「性を尽くして天命を知る」に至るのですが、それは自分の「心の良知を致す」にすぎないのです。「良知」の他に何かを少しでも加える必要があるでしょうか。今、「天下の理」を究めると言って、これを「心」に振り返ることがなければ、およそ善悪の機、真妄の弁というものも自分の「心の良知」をおいて、どこで体察するのでしょうか。あなたのいわゆる「氣」にとらえられたものに覆われるというのは「良知」を拘束し、「良知」が覆われていることなのです。今、あなたはこの弊害を除去しようとして、このことに力を入れることなくして、「外」に求めようとしているのです。これは眼病で目が明るさがわからないときに、薬を飲み、目の治療に努めないで、目が見えない状況で明るさを「外」に求めようとしているようなものです。目を治さなければ、明るさを「外」で見つけようがありません。「情」に任せて恣意をほしいままにすることの害は、「天理」を「心の良知」に求めて詳しく観察しないでいることなのです。これはまことにわずかなものですが、いずれ千里の隔たりのある誤りとなり、弁ずべきものではありません。あなたはこの議論を厳しいことだと言わないでほしい。

（答顧東橋書　7Ⅰ・Ⅱ）

読解

この節は、王陽明の「知行」に関する議論を明瞭に示しています。**朱子**の議論が『中庸』での「学問思弁」で終わっていることを批判します。これに影響されて**顧東橋**は最も重要な「行」を落としているのです。そして、「心」の外で「天下の理」を探しても無駄なだけで、自分の心にある「良知」に問うことで「天理」はわかるという**王陽明**の哲学を示します。

『中庸』（第四段第一小段）にある学問思弁行とは、

博学之　これをひろく学び、
審問之　これをつまびらかに問い、
慎思之　これをつつしみて思い、
明弁之　これを明らかに弁じ、

篤行之　これをあつく行う

という一節です。ここで、**顧東橋**は「行」を行う前の四つのことをまず修得しなければならないとします。すなわち、「心」は頼りにならないので、この『中庸』の文章の前段の四者によって「天理」を獲得することがまず必要だというのが**顧東橋**の主張です。これに対して**王陽明**は「行」が実行されなくて何が「学」か、何が「問」か、何が「思」か、何が「弁」かと批判します。「学・問・思・弁」の各努力はすべて「行」に結びついていることを強調します。そして、**程明道**の言う「理を窮めるのは性を尽くして天命を知ることに至る」の言葉を借りてきて、**朱子**の言うような「究理」によって「物に至り知に至る」のではなく、「究理」とは「性を尽す」ことであり、「天命」を知ることであって、「知行合一」を主張します。そして、学問の浅い人、すなわち先の節で述べた困知勉行の人は「天寿をもって二とせず、身を修めて以て天命をまつ」ことをして、「知を致す」ことが求められるのです。これは『中庸』の「学問思弁行」を他人が一回するのであれば自らは一〇回すればよく、他人が一〇回すれば自分は一〇〇〇回すればよいと言います。きわめて当然のことですが、なかなか実行は難しいということになります。ここで、**王陽明**が人々を勇気づけるのは「すべての人が聖人」であるという信念です。「生知安行」の聖人と比べて「困知勉行」の凡人はおなじ聖人であるものの、そのレベルにおいて、到底たどり着けないと考えやすいものです。聖人は私たちとは違うという見方をしがちです。**王陽明**はすべての人は聖人であるが、凡人は**堯・舜**、**孔子・孟子**とはその大きさや純度が違うだけで、学問思弁はそのための修養であり、急がなくとも何度でもすればよいと言います。「困知勉行」の凡人でも**堯・舜**などの聖人と本質は変わらなく、その程度が違うだけだと言います。われわれ凡人は「心を尽く」して行えばよいのです。結果は「天」が示してくれるので「心を尽くした行」の努力さえすれば良いのです。

「陽明学」は、凡人は「学・問・思・弁」をしなくて良いと言っているのではありません。「行」を通じて凡人は人より、多くの修養をしていけばよいことを言います。筆者もがんばりたいと思います。

8　格物と究理批判

顧東橋からの来書には、次のような質問がありました。先生が人を教えるのに「良知を致し徳を明らかにする」と言って、その「物」についての「理を究める事」を戒めておられます。凡人が静かなところで、静坐してこの教えを聞かなかったら、どうして「良知を致し徳を明らかにする」ことに至るのでしょうか。たとえ、静坐をして悟るところがあっても、また、少しは本性を悟っても、これは定慧（じょうえ）（仏教上の智慧）無用の見解ではありませんか。果たして古今の智慧を知り、世の変化の事情を理解できるようにならねば、天下国家の実に役に立つことができるのでしょうか。「知は意の體」であり、「物は意の用」であり、「格物」の「格」は君心の非を正すの「格」であると言っておられます。

これらの言葉は悟りを超えるものであり、独特のもので、古い見解を超えているものと思います。しかし、そもそもが聖人の道に合致しているようには思えません。

　これに対して、**王陽明**は次のように答えます。個々の「致知格物」を議論することは、正に「理を究めよう」とする所以です。未だかつて人に「理を究める」ことを戒め、これをもって静かに静坐させて、なに一つをも「事」としないようにしたわけではありません。もし、「物」について「理を究める」のは先に言ったように「外」を努めて「内」を忘れる者の様なものであれば、それは不可とするだけでしょう。凡人でも果たしてよく「事」に従い、「物」に従って、その「天理」を精察し、その本来の姿である「良知」を致せば、愚鈍な人でも賢明になり、軟弱な人でも必ず強固な考えを持つことになって、『中庸』にいう中和の大きな本性に立って五達道（『中庸』では天下の達道は君臣・父子・夫婦・兄弟・朋友の道を言います）が行われて、さらに九経（『中庸』にある「君子が我が身を正しく修め、賢者を尊び、親しい者を愛し、大臣を敬い、臣下を処遇し、庶民を慈しみ、職業者をねぎらい、外国の来訪する君を懐け、諸侯を安んずること」）についても、『論語』にある「一を以てこれを貫い」て余すところがなくなるのです。なお、なぜその「用（作用のこと）」を致すのに実体がないことを憂えないのでしょうか。ところが、かの頑空虚静（がんくうきょせい）の徒（仏教の人たち）は、「事」に従い、「物」に従って、その「心」の天理を精察し、それによって本来の「良知を致す」ことができないでいて、倫理を破棄して、寂滅虚無（じゃくめつきょむ）を常のこととしています。

　仏教徒のようにこれを基本としておれば、天下国家が治まるはずがありません。これと違っていずれが聖人の「究理尽性の学（理を究明し、天の与えた性を尽くすための学問）」なのでしょうか、はたしてこれに弊害があるのでしょうか。「心」は身體の主です。しかし、「心」の虚霊明覚（虚とは大きな岡という意味で、天から霊が降りてくる大きな岡の意味です。従って、大きな霊が明確に自覚できること）は、いわゆる本然の「良知」です。その虚霊明覚の「良知」が感性に応じて動くものとなると、これを「意」と言います。「知」があって後に「意」があり、「知」がなければ「意」はありません。「知」は「意の體」ではありません。

「意」の働くところは必ず「物」があります。「物」は「事」です。「意」が親に事うるに用くことは、親に事うることが「一物」であることを示しています。「意」が民を治めるために働けば、民を治めることは「一物」となります。「意」が「書」を読むことに働けば、「書」を読むことが「一物」なのです。「意」が「訴訟」に耳を傾けることに働けば「訴訟」を十分に聴くことが「一物」になります。およそ、「意」の働くところは「物」がないことはありません。この「意」があれば、この「物」があります。この「意」がないところには、この「物」がありません。「物」は「意」の働きといってもよいでしょう。

「格」の字の意味を「至る」であると訓じる者もあります。『書経舜典』にある「文祖（**堯**の始祖）に格る」とか、「大禹謨」にある「有苗（古代漢民族と対立した民族）来り格る」というようなものは、「至る」をもって訓じることになります（**舜**の立派さは**堯**の始祖の文祖に達していて、漢民族に対立した有苗の人たちが**舜**に恭順したという意味）。しかし、文祖に格るというのは**舜**が「純孝誠敬」で、幽明（神と人）

の間の一つも「理」を得ていないところがなく、その後にこれを格（いた）ると言います。「有苗」の場合も彼らが頑迷であったものを、実に**舜**の文徳が彼らを覆い尽くすことで、その後に格（いた）れば、また「至る」に兼ねて「正す」の字義の間にあるようなものです。未だもっぱら「至る」の時をもって尽くすわけには参りません。もっぱら「至」の字義で言い尽くすべきではありません。

（『書経』に見られる）「その非心を格（ただ）す」や、（**孟子**の言う）「大人は君主の非を格（ただ）す」ごときは、これは一に皆、正しからざるを「正す」という意味であり、「正す」に属す字義で、「至る」の字を以て訓じてはいけません。『大学』の「格物」の訓をどうして「正す」の字をもって訓としないで、「至る」の字を以て訓とするのか分かりません。「至る」の字を以て字義とする者は、必ず「事物の理」を究めよと言い、そうすることで彼らの説が初めて意味が通じることになります。その修養を行うことの要は、全て「究」の一字があって、力を入れるの素地は全て「理」の一字にあります。もし、**朱子**の言う「究至物之理」の上の「究」の一字を去って、下の「理」の一字を去って、「知を致すは物に至る」にあると言えば、それは意味が通じるわけはないでしょう（**朱子**が『大学章句』で述べているのは「究至事物之理（事物の理を究める）」ですが、上下の字を取ってしまえば意味がないとの指摘です）。

「究理尽性」は聖人の行った立派な訓字であり、『易経』の「繋辞伝」に見られるものです。いやしくも「格物」の説が「究理」の意義ならば、なぜ「聖人」はなぜ直ちに「致知は究理にある」と言わないで、転（てん）折不完な言葉（まわりくどく不完全な言葉）にして後世に弊害を生んだのでしょうか。『大学』における「格物の説」は、自ずから「繋辞伝」にある「究理」とおおむね同じですが、わずかに違いがあります。「究理」は「格・致・誠・正」を兼ねて修養とします。従って、「究理」と言えば、必ず「致知・誠意・正心」をあげ、その後で、その修養が相まって始めて綿密なものになります。いま、ひとえに「格物」を「究理」と言ってしまえば、これは「究理」を以て「知」に属させたもので、「格物」には「行」が全くないと考えるからそうなるのです。こうなれば、「格物」の趣旨を学ぶことができないだけでなく、「究理」の意義をも併せて失ってしまいます。これは後世の学（朱子学）が「知行」を分かちて、先にあるものと後にあるものを二段階として、やがて支離滅裂なものにしてしまったためです。「聖学」がますます損なわれ意味不明になった発端は、ここに始まっているのです。あなたはいまだその積習（朱子学の伝統）を引き継いでいることから免れていないようです。私の見解を見て未だ「道」と一致していないというのを過ちとは言わないでおきましょう。

（答顧東橋書　8—Ⅰ・Ⅱ）

読解

この節は**王陽明**の議論の根幹部分を示しています。『大学』における「格物致知」について明確に述べています。**朱子**は『大学』のプログラムの最初にある「格物致知」を「物に至りて知に至る」と読みます。「物」の性質を追求しそれが分かって、初めてこれが「知」に至るという意味です。これを**王陽明**は批判します。**舜**が「有苗」を恭順させたような場合には「至る」と読むのは正しいが、**孟子**の言うような大臣が君子の行動を「格」すと言ったときには「正しくす」と読まねばならないとして、「格」を「正す」と読むべきだとします。すなわち、「格物致知」は「物を正して知を致す」と訓ずる立場をとります。**朱子**の立場は「理」を「究める」という「究理」に陥っており、いたずらに「静」を求めて「事」に対して行動しないことだと批判をします。ここで、先に述べたように、**王陽明**は「物」と「事」は同じであることを言います。この「物」と「事」を分けないことも「陽明学」の重要なポイントです。天が与えた「物」も人が役割として果たさなくてはならない「事」と常に同じであって、古典で示される徳目や**孔子**の言っている「一を以てこれを貫く」ということは認識と行動が一体になっていることを強調するのです。天から与えられた誰でも持っている「良知」が人に「意」をもたらすが、同時に、「心」に「意」が生じるのは「物」があるからです。実体が行動の認識を生むわけです。そして、「物」は「事」であるとして、行動を起こさせるのです。このように、「格物」の「格」を**朱子**のように「至る」と読めば誤りになることを示します。「朱子学」の「究めて事物の理に至る」との説明の中で、「致知」を「究理」に置き換えられるのであれば、これは「知に至るは、物に至る」というような支離滅裂な説明になると批判します。「格物」を「究理」と考えるのは間違いで、「格」は「正す」と読むべきとの主張になります。世の中を真っ直ぐ正して、「良知を致す」のが陽明学の基本になります。

現代の人々にとって、確かに自分の仕事は重要であることには変わりがありませんが、多くの場合、基本は金銭を対価としての仕事です。しかも、多くの場合、その対価は市場で決められ、経済的豊かさを求めて競い争うことになります。自らの仕事に「天命」は何かという問いかけをすることは少ないように思います。人生は繰り返すことができませんので、何がよかったかを確認することはできませんし、やり直すこともできません。そこで、「人欲を排して天理に従って」、修養して聖人に近づくことが必要になります。従って、常に原点を見つめて日々ひたすら努力することが求められるのです。

実際、多くの人は賃金をもらうためだけに働いているわけではありません。何か自分の持つ理想を実現しようとして働いています。理想というとオーバーに聞こえますが、会社の仕事を通じて社会のためになり、お金を稼いで家族を養うことを行っているのに間違いはありません。逆に、「格物致知」を意識して働いている人は少ないかもしれませんが、子供を育て親を養うのは立派な「格物致知」です。医者は確かに高給取りですがお金儲けのために医者をしているわけではありません。患者の命を助けるというのが目的です。人々が加入して必要な医療を保障するために保険医療制度の下で医者は最善の医療を行うことで、人々は安心して生活できるのです。経済界でも経営者は自分の理想を求めて、会社を経営していますし、役所で公共的な仕事をして、多くの人に恩恵を与えています。サラリーマンも勤める会社の社会における意義を感じて働いていて、経済を維持しているわけです。自分のため、会社のため、社会のために「心を尽く」して働けば社会の役に立つのです。

筆者の入った大蔵省は大変権限の大きな省庁です。大学で勉強した経済学を日本の経済政策の立案に生かしたいと思って入省しました。財政金融税務の実務を行いましたが、社会の役に立ちたいという認識がありました。やっていることは理詰めで、まさに「究理」の極限の様な仕事でした。どれほど社会を「格した」かどうか知りようがありませんが、社会をよくしたいとの意識の下で働いていました。一四年間経って大学に移りましたが、社会のためになろうと大学から社会へという逆の方向からの努力をしました。大学では正しい経済学を極め、それを学生に教え、卒業後に社会を正しく動かしていく人材を作ることが基本ですが、マスコミや講演などを通じて社会を「格す」ことを意識して活動してきましたし、一〇個以上の国の審議会の委員、五つの地方公共団体のいくつもの委員会に参加して、行政にもアドバイスを行って、行政を「格す」ことに努力をしてきました。経営者の団体での研究会でも種々のアドバイスもしてきました。その場での発言で、実際の行政・経営の改革に寄与してきました。大学での研究は、まさに「究理」そのものですが、それが「格物」となって社会の役に立つと信じて、「格物致知」を行ってきました。小さなことですが社会人にも集まってもらって「桜下塾」を開いて「陽明学」の勉強会もしてきました。

王陽明の言うように、すべての人が聖人であるということは、信念として持つことが重要です。会社で仕事をすることは、総理大臣が国政を行っているのとは姿勢において変わりがありません。もちろん、その社会的重要性は違いがありますが、身の回りの社会を善くしたいと全ての人が考えているのです。身近なことでも「心」を込めれば「格物致知」になると思います。

9　格物致知は誠意のはじめ

顧東橋の手紙に次のような質問がありました。先生は、「致知」の修養とは、どのようにして「温清（『礼記』には「およそ人の子たるの礼は、（親に）冬は温かにし、夏は涼しくす」とあり、親孝行を行うことの礼）」をなすことであり、また、いかにして「奉養（親に仕え養う）」するかであると言われます。これは「誠意」と同じ意味であり、別に「格物」を議論する必要性はないとおっしゃっていますが、それは間違いではないですか。

これに対して、**王陽明**は次のように答えます。この話はあなたが自分の考えで、私の意見を解釈しているだけで、私はそのようなことをあなたに言ったことはありません。もし、あなたの言うようならどのようにして、意味が通じることになるのでしょうか。私の考えは「意」が「温清」を行いたいと欲し、「意」が「奉養」をしたいとしているもので、要するに「温清」も「奉養」も「意」なのです。しかし、これだけではまだ「意を誠にす」という所までいっていません。「温清」や「奉養」の「意」は実際に行って、自ら快く、しかも自らを欺かないでいる状態になって、その後にこれを「意を誠にする」と言うのです。

そして、どのようにして「温清」の節度をなすかを知り、いかにして「奉養」の適切さを知って、その後に「知る」のです。しかし、これだけでは「致知」と言うわけにはいきません。いかにして、「温清」を節度をなすかを知って「知を致し」て、これをもって実際に「奉養」して、その後に、これを「知を致す」と言います。「温清」の「事」や「奉養」の「事」はいわゆる「格物」の対象としている「物」なのです。ただ、これでも「物を格す」というべきではありません。「温清」の「事」において「一」に（最初に）「良知」により「温清」の節度をなすべきかを知るところを実行して、わずかな物も残さないようにし、また、「奉養」の事においても「良知」によりいかに「奉養」のよろしきをなすべきかを知る所のようにし、これらを実行してわずかなことも残さないようにして、これを「物を格す」というのです。「温清」の「物」が格されて、その後にして「温清」を知る「良知」が始めて「致される」のです。「奉養」の「物」が格されて、しかる後に「奉養」を知るという「良知」が「致される」のです。

故に、「物を格して、しかる後に知を致す」と『大学』も言っているのです。その「温清」を知るの「良知」を致して、しかる後、「温清」の「意」は始めて「誠」になるのです。また、その「奉養」を知るの「良知」を致して、しかる後に「奉養」の「意」が始めて「誠」になるのです。従って、「知を致してしかる後に意誠なり」と『大学』でも言っているのです。「誠意・致知・格物」とはこのようなものです。あなたがさらにこれをよく考えればもう疑うことはなくなるでしょう。

（答顧東橋書 9）

読解

顧東橋の**王陽明**による解釈を出発点とし、親孝行の「礼」である温清や奉養を例にして、先の「格物」の議論を受けて、「誠意・致知・格物」の関係を明らかにしたものとして興味深いものです。**顧東橋**が**王陽明**の「致知」と「誠意」が同じものであるとの説明は、「格物」を無視することにはならないかという問題提起に対して、**王陽明**は「良知」をその間に入れることで全てつながるという議論をします。「礼」は「意」が行うのであるが、実際に自分の楽しみとして行わなければ「誠意」でなく、「礼」をどう実行すればよいかが分かってはじめて「致知」となるのです。そして、「礼」を実行するに当たって、その「良知」が致されることが「格物」なのですと三者の関係を明快に示します。『大学』で示されているプログラムが、「格物・致知・誠意」という順序になっている意味を説明します。

要するに、正しい生活を行うこと、全てが「良知」から発せられることが基本であることを言うのです。「礼」はそれ自身が自らの楽しみであり、「心の本體」から生まれていることが「誠意・致知・格物」なのだという議論です。『論語』でも「知る者」より「好む者」が上で、「好む者」より、さらに「楽しむ者」が上であるといっており、まさに「礼」が形だけの「礼」で終われば「致知」でもなく、すなわち、「礼」が楽しみであることが分かっていないと言うのでしょう。

今日、企業の不祥事を受けて、「コンプライアンス」がいろいろな局面で強調されます。法令遵守と訳されますが、法令さえ守ればいいという意味ではありません。法令遵守は当然としてそれの基盤にある社会規範や企業倫理を守ることなのです。資本主義経済ではこういったルールを守り、社会を善くすることが、第一であるのは言うまでもありませんが、それを守るための「心」が求められるのです。ルールが設定された趣旨を理解し、その目的とするところに沿った行動をするのが「コンプライアンス」でしょう。「コンプライアンス」経営を「楽しむ」のがさらに望まれることになります。中国古典によく出てくる「礼」という概念は日本人にはわかりにくいものですが、「神」をまつる儀式であり、人の行うべき「道」を言うのでしょう。西欧でいう「法」は「正義」につながる言葉です。日本人にわかりやすい言葉で言えば「しきたり」なのでしょう。今日では、欧米流の「法」が整備されて、「法」は処罰によって担保されて運用されています。各所に「法」の網が巡らされているのが現実です。しかしながら、日本社会で運用されてきたものは「しきたり」であり、これは法制化されているわけではありません。法制化されていなくとも守るべきものは多々あります。そして、喜んでそれらの「法」や「しきたり」を守ることは、ここで「好む者」に、さらに「楽しむ者」になることが重要なのです。

アメリカで企業不祥事が多発するしたことからSOX法という内部統制のシステムや情報を公開する仕組みが法制化されました。日本でもすでにJSOX法がスタートしています。導入された当時、多くの経営者がそのために苦労しているという話を聞きましたが、ある経営者が「すでにアメリカで上場しているのでSOX法に従った経営を実施しているが、最近、SOX法の良さがだんだんわかってきた」とおっしゃっていました。「法」で社会を運営していこうというのは**荀子**や**韓非子**の法家の考え方ですが、今日の複雑な社会では法律による規律は不可避であるのは間違いありません。しかし、法律にあるものだけで満足しておれば、まともな経営はできません。立法の趣旨を超えて正しい経営を行っていく「心」が必要です。「法」や「しきたり」の良さや伝統の「形にこだわる」ことは実践によって理解して、はじめてそれが意味を持つことになるのではないかと思います。とは言っても企業の不祥事はまだまだ絶えることはありません。ただ、法律を強化すればよいというものでもありません。企業人の倫理観の強化が望まれるところです。

今日の複雑化して、しかもグローバル化した経済社会で、各企業が「コンプライアンス」を実施するのは、儒学における「礼」によって社会を治めることにも通じることと思います。ただ、「法律」は人が短時間で作ったものですので、多くの欠陥があり常に見直していく必要のあるものです。それ以前の日本人の「心のしきたり」に戻って、「コンプライアンス」を考える「格物致知」が必要であると思います。

10　節目時変と良知

顧東橋は手紙で次のような質問をします。「道」の大端（大本の意味）は明白にして理解し易しいものですし、いわゆる「良知良能」は愚夫愚婦も与えられて、及んでいるものでしょう。しかし、「節目時変（具体的な細かいことや時に変化する詳細な点）」になれば、わずかな誤りが千里の誤りになるので、必ず学問をして、しかる後に「知る」ことになります。今、「孝」を「温凊定省（先にも出てきた親に寒いときには暖かくし、夏の熱いときには涼しくしてやり、夜には安らか寝られるようにし、朝にはご機嫌を伺うという孝行の「礼」」についての話とすれば、誰もが知らないわけはありません。しかし、**舜**が親の承諾を得ないで、妻を娶ったこと、**武王**が**文王**の葬儀を行う前に兵を挙げたこと、さらに親を養うのに（『孝経』にあるような）志を養うのか、それとも食べることで養うのか、小杖大杖（親の小さな折檻は受けるべきであるが、大きな折檻は體を傷つけるのでさけるべきとの考え）、割股（親の病気を治すのに自分の股を割いてその肉を食べさせたとの『魏書孝子伝』における記述）や墓に廬（いほり）する（親の墓の前に庵を作り三年間、喪に伏すこと）といったようなもの、また、平常時に対処しながら変化にも対処すること、その過不足の程度といったものは、必ず細かく討論して「事」を制することが大本でしょう。このようなことをやった後に、（先生の言われるような）「心の體」が覆われないようになり、「事」に臨んで己を失わないようになるのではないですか。

王陽明の答えは次の通りです。「道」の大本は明白で理解し易しいものです。この言葉は全く正しいのです。思うに、後世の学者（**朱子**のこと）は明白で易しいものをゆるがせにして、これを知ろうとしませんでした。そして、明白でない難しいものを学問といって尊んでいます。これは、道が近くにあるのに、「道」を遠いところに求め、易しいことを難しいところに求めているのです。

孟子も言っているように、「道」は「大路」のようであり、知ることは難しくありません。人が従ってこないことだけを、心配しているのです。「良知良能」が愚夫愚婦にもあるのは、聖人にあるのと同じです。ただ、「聖人」はよくその「良知良能」を致して、愚夫愚婦はそれを致さないのです。これが聖人か愚人かの違いです。

「節目事変（事の細目や時と場合による処置）」は、「聖人」も知らないことではありません。ただ、これを学問とはしないのです。いわゆる学者は、ただその「良知を致し」、もってその「心の天理」をしっかりと考える者であるべきで、後世の学者とは異なるものです。あなたはまだ「良知を致す」暇がないとして、これを憂いているとはどういうことなのでしょうか。これは、まさに明白にし難いものを求めて学問としていることの弊害なのです。

これは「良知」においては、「節目時変」は規矩尺度（定規や物差し）によって方円（四角や円）の図を書き、ものの長短を測るようなものです。「節目時変」があらかじめ定まっていないのは、あらかじめ全ての方円の図やものの短長が決まっていないのと同じです。定規を正しく使えば、間違った方円を書くことはありません。そうなれば、天下に必要な方円は使い切れないほどのものを書くことができます。物差しを正しく揃えれば、長短を誤って測ることはないでしょう。そして、天下にある無限のものの長短を測ることができるのです。「良知」を誠に致せば、「節目時変」も間違うことがないでしょうし、天下の全ての「節目時変」にも十分に使えるのです。

わずかな差によってうまれる千里の違いは、自分の「良知」の一念のわずかな働きによって、これを察しなければ、いったいどこでその学問を使うのでしょうか。これは定規を使わずに方円を書きたいとし、物差しを持たないで天下の長短を測ろうとしているのです。私には、そのような乖張謬戾（誤ること）し、日々に労多くして結局、なにも成功しないのが見えています。

あなたが言うのは「孝」を行うのに「温凊定省」のようなものでは誰にでも分かると言いますが、

その「知」をよく致す者は少ないのです。もし、「温清定省」の義節を知っていると言って、これを「知を致す」というのであれば、「仁」をよく知っている者は、みなその「仁を致している」というのでしょうか。「忠」なるものを知っている者は、みなその「忠を致す」というのでしょうか。すなわち、天下の誰もが致している者ではないのです。これをもって言えば、「知を致す」ということには「行」があることを知らねばなりません。そして、「行わない」ものをもって「知を致す」とすべきでないのは明らかです。「知行合一」の実體はますます明らかになっているではありませんか。

舜が親の承諾を得ないで結婚したのも、**舜**がそれ以前にすでに親の承諾なしに結婚した者を準則としたのでしょうか、**舜**はこれを何かの書籍で研究したのでしょうか、これを誰かに質問して行ったのでしょうか。そもそもこれを「良知」の一念に求めて、軽重を推し量り、やむをえずして行ったのでしょう。**武王**が葬儀の前に兵を挙げたのも、**武王**が、それ以前にすでに葬儀の前に兵を起こした者を準則としたのでしょうか、これをいずれの書物を研究したのでしょうか、これを誰に聞きただして行ったのでしょうか。これもまた、ただその「心の一念」の「良知」に求め、軽重を推し量り、やむをえずしてこれを行ったのです。

舜の「心」に子孫の絶えることについて「誠」がなくて、また、**武王**の「心」に民を救うためという「誠」がなかったら、この結婚や葬儀の前の挙兵は、不孝不忠の大きなものなのです。ところが、後世の人はその「良知を致し」、「道理を精察する」努力をしないで、かえって空言のうちに、これらの例外事項を議論して、これを取って「事」を制するの根本として、「事」に望んで自らを失わないことを求めようとしても、これらはまたほど遠いことになってしまいます。そのほかの質問事項はここから類推してください。すなわち、古人（**孔子**のこと）の「致知の学」が何かが分かるでしょう。

（答顧東橋書 10—Ⅰ・Ⅱ）

読解

この節は、**顧東橋**が言うのに、**王陽明**の議論は基本は正しいとしても多くの細かいところには、勉強してからでないと分からないことがあるという批判に答えたものです。**顧東橋**が「節目時変」に対応するには勉強が必要ということですが、**王陽明**はそれは学問ではないと簡単に否定します。大端は「明白簡易」であるというのは、**王陽明**の常の主張であり、その根本ができておれば細かいところは自ずから分かるというのです。そして、その大端とは「致す」事であり、「良知を致す」ことが聖人たる所以であると**顧東橋**の議論をたしなめます。

やるべきことは近くにあり、それが「明白簡易」であるというのは、**孟子**の言葉にもあります。「道はちかきにあり。しかるにこれを遠きにもとむ。事は易(やすき)にあり。しかるにこれを難きにもとむ」といって、すぐそばに「道」はあり、それは「易しいこと」だと言っています。これは**王陽明**の言葉の中でも、皆がなかなか気がつかないことですが間違いなく正しいことと思います。

また、**孟子**はこれに続いて「その親を親とし、その長を長とせば、天下平らかなり」と言っています。親を親として仕え、目上の者を目上の者として仕えれば天下は泰平とのことです。もう少し、拡大解釈して、親しむべき人に親しみを与え、長（優れた人）には信頼して仕えるようにすると読めば、現在にも十分に通じる議論です。

そして、「規矩尺度」があれば、どのような図形も書けるし、どのような長さのものを測れると言って、重要なのは「良知」という「規矩尺度」なのだと言います。そして、書物を研究したり人に聞くのではなく、自分の「良知」に聞けというのが基本になります。

確かに、弁護士や公認会計士といった専門家になるためにはそれぞれ専門の「節目」を勉強して難しい試験を受けなければなりません。また、その仕事を行っていくに当たっては「事変」を知り、対応しなければなりません。このような細かいことを知らなければなりませんが、本当の問題はリーガル・マインドであり、アカウンタント・マインドなのでしょう。法や経理の網をくぐる方法を考え出すのが、法律家や公認会計士の仕事ではありません。これらの専門職だけではなく、会社や役所で仕事するサラリーマンも、毎日が与えられた仕事の中での「節目時変」への対応ですが、これもそれぞれの仕事における基本的な精神が分かって、「誠」をもって会社の上司に仕えることをすれば間違うことがないと**王陽明**は主張するのです。どのような仕事をするのにも、「規矩尺度」も「良知」に照らしておれば間違いがないのです。

我々経済学者も激しく変化する現実の経済の「節目事変」を追いかける仕事ですが、大筋のところで間違えないようにすべきは当然のことです。「良知」を間違えないように「心」がけなければなりません。経済学史のなかで重要な位置にある**アルフレッド・マーシャル**は学生に貧民街を見せて、貧困から人々を救済する方途を探るために経済学の研究をするようにと教え、"Cool Head but Warm Heart"（冷徹な頭脳であるが温かい心）といって経済学者のあるべき姿を示しています。今の経済学者もWarm Heartをもって資本主義経済の様々な矛盾に対してこれを解明し、人々を救うという「良知」に従った研究を行う必要があります。多くの研究者には高度な技術的な側面を競うような所がややあり、反省すべきと思います。逆に、例えば、**カール・マルクス**のように共産主義革命などを自ら科学的帰結だとして、革命を扇動して人類の歴史上に多大な悲劇を生んだ者もいます。人類の歴史に大きな不幸を生み出した経済学者が少なくないことを常に反省していかなければなりません。

もちろん、日頃から、この「良知」を磨くことに努めれば、自然と何でもできることになります。どのような仕事に就いている人にとっても、「節目事変」についての細かい勉強は不要というわけではありません。勉強は「節目時変」に強くなることだけが目的ではなく、「良知」を磨くことが主目的だと言いたいのです。「良知」を発揮できれば、自ずと「節目時変」に自然と対応できる勉強を行うことができると**王陽明**は忠告するのです。

11　多聞多見と知行合一

顧東橋の手紙には次の質問があります。**王陽明**が『大学』における「格物の説」を専ら本心に求むべきだとおっしゃることは、無理に結びつかないわけではありません。しかし、『六経四書』に載っているものは、「多聞多見、前言往行、好古敏求、博学審問、温故知新、博学詳説、好問好察（多く聞け多く見よ、古の善言善行をよく知れ、古の学を好んで一生懸命求めよ、博く学んでつまびらかに問え、古きを温め新しきを知れ、博く学んで詳しく説け、好んで問い好んで察せよ）」といったものがあり、これらは明らかに「事」に当たって行動する際に求められることであって、論争するときに役立つものです。従って、修養すべき節目（細かいこと）の基本を乱してはいけないのでしょう。

　これに対して、**王陽明**の答えは、次のようなものです。「格物」の意味については、すでに詳しく説明したので、牽合（けんごう）（無理な関係）の疑いについては、さらにもう一度説明する必要はないように思います。「多聞多見」は**孔子**が**子張**に対して批判した言葉です。**子張**が（心の）「外」のことへ努めることを好み、いたずらに「多聞多見」をもって学問としようとしました。このため、「心」に求めて疑問のある点を除くことができなかったことを指摘したものです。**孔子**のいうように、これは言行の悔やみを免れることのない理由であり、いわゆる見聞なるものは（心の）「外」に求め、（識見の）高きを求ようとすることに資するだけです。これは（**孔子**が）**子張**の「多聞多見」の病を救うために言ったものであり、これをもって学問としたわけではありません。

　孔子はかつて「物事をよく知らなくて、ものを創る人がいるが、自分はこれを創ったことがない」と話しています。これは、また**孟子**が「是非の心を人は誰もがもっている」という「義」を言ったのと同じです。この言葉は、まさに学問は徳性の「良知」によるものであって、見たり聞いたりしたものによるものではないことを明らかにしているだけなのです。（**孔子**の言う）「多くを聞きその内に善であるものを選んでこれに従い、多くを見てこれを識す」のように、「知」は見聞の末に求めるもので、「多聞多見」はすでに第二義の事になっています。そこで、これは「知」に次ぐものだと言います。見聞の「知」をもって次とするのであれば、「知の上」とするのは果たしてどのようなものを指すのでしょうか。この言葉は**孔子**の学問の「致知」の修養に力を入れるべきところを窺わせます。**孔子**が**子貢**に言ったのは、「**子貢**よ、君は私から多くのことを学んで、これを識る者ですか、そうではないでしょう」と。**孔子**は「一を以て之を貫く」と言っています。本当に多くを学んで知識を持つことが学問であるのなら、どうして**孔子**は間違えてこのような説を主張して、**子貢**をだましたのでしょうか。「一を以て之を貫く」が「良知を致す」ことでないならいったい何なんでしょうか。

王陽明は続けます。『易経』では、「君子は古人の前言前行（古人の善言善行のこと）をよく知り、それによって徳を蓄える」といっています。「徳」を蓄えるというのを「心」とするのなら、およそ多くの「前言往行」を知る者は、すべてが「徳」を蓄えることにならざるをえません。これはまさに「知行合一」の修養です。「好古敏求」とは「古人の学」を好んで聡くその「心の理」を求めることです。「心」はすなわち「理」です。学ぶとはその「心」を学ぶのです。求めるとはその「心」を求めることなのです。**孟子**が言っているように、「学問の道は「外」ではありません。その放った「心」を取り戻すことだけです」とあります。後世の学者は古人の言葉を博く記録し、暗誦したりすることを「古を好む」としています。学問はこれによって自らの名声を上げたり、利益を得たりする道具ではなく、（心の）「外」に求めるようなものではありません。「博学審問」は以前に話しました。「温故知新」については、**朱子**もまた「温故」を徳性を尊ぶことと理解していたように、徳性を「外」に求めるものではありません。そして、新しきを知るのは、必ず古きを温めることにより、すなわち古きを温めることは新しきことを知ることになるのです。学問を「知行」に分けて二つにする説としてはいけないことを証明しています。**孟子**の「博く学んで詳しく説明する」というのは、根本にかえってこれを要約して説こうとしているものなのです。もしそうでなければ、「博学詳説」とはいったい何なのでしょうか。**舜**の「好問好察」は、ただその「中」をとって、その「精一」を「道心」に致すだけなのです。「道心」とは「良知」のことに他なりません。あなたの学問は「事」に当たって行動することから離れていませんし、研究討論を離れるものではないが、具体的行動や研究討論を行うのは要するに「知行合一」の修養ですので、まさにその本心の「良知を致す」ことなのです。これは、世の中にあるように、いたずらに「口耳談説（耳から入って口から出て行くだけのうわべだけの学）」を仕事としてこれを「知」となす者がするように、学問を「知」と「行」に分けて二つのこととし、節目や先後のことを言っていることとは同じではないのです。

（答顧東橋書　11—Ⅰ・Ⅱ）

読解

このように、**顧東橋**が多くの聖人の言葉を引用して学問を崩すべきでないという主張に対して、**王陽明**は一つ一つに明解に答えています。**孔子**の指摘する「多聞多見」とは、『論語』の「為政第二編」

にある言葉で、**子張**が禄位をどうしたら求められるかという質問をしたのに対して、**孔子**が答えたものです。**孔子**は「多く聞いてその内、疑わしいものを排除し、慎重にその残りを言えば、とがめを受けることは少ない。多くを見てその内、危ういものを排除して、慎重にその残りを行えば、後悔することは少ない。言葉にとがめが少なく、行いに後悔が少なければ、禄はその中から生まれてきます」と言ったことに対応しています。また、同じく『論語』の「述而第七編」にある「世の中には知識がなくともこれを創作するものがいる。私にはできない。多くを聞きてその善きものを選びてこれに従い、多くを見てこれを知識とする。知るは次なり」との言葉にも対応しています。また、**子張**の性格について**曾子**が「堂々たるかな張や。ともに並びて「仁」をなし難し」と言っています。まさに**孔子**はこのような**子張**の性格を批判しているのです。すなわち、**顧東橋**はこの「多聞多見」を学問の節目（細目のこと）と理解しているのですが、**王陽明**は**孔子**の言っている言葉を使って、これは「多聞外見」を重視する**子張**に対する諌めの言葉と理解しています。**王陽明**の主張は、「多聞多見」は、その中から「良知」によって疑わしいものや危ういものを排除しろと言っているのであり、それを**子張**ができなかった点を批判しているのです。**孔子**の言う様に「多聞多見」が問題なのではなく、疑わしいものを排除して善いものを採用して、知識とすることが重要なのです。そして、**王陽明**は、『論語』でも「多聞多見」は「知」に次ぐものであり、これ自身が「知」ではないことを強調しています。いわゆる「知識」の「知」と「知行合一」といったときの「知」とは違うというのです。そして、「多聞多見」を超えるものは「良知」であり、**孔子**の言う「一を以って之を貫く」ことだと言います。「一以貫之」とは『論語』の「里仁第四編」で**孔子**が**曾子**に言った「我が道は一以て之を貫く」であり、これを**曾子**は「忠恕（思いやりがあり忠実で同情心が厚い）」と解釈しています。また、これは『論語』の「衛霊公第一五編」において**子貢**との問答にも見られます。**孔子**が「君は私のことを多くを学んで、これをよく知っているものと思っていますか」と問うたのに対して、**子貢**が「その通り」と答えたが、**孔子**はそうではなく「我は一以て之を貫く」のであると反論しています。ここでは、多くを学ぶこと自体を学問と考えることを批判し、「一を以って之を貫く」を「良知」と解釈して、これこそ学問であるとしています。

「一」という言葉は**王陽明**がよく使う言葉です。『書経』に「精一」という言葉が出てきます。『書経』の「大禹謨」で「惟れ精、惟れ一、允に其の中を執れ」と言います。これを**朱子**は『中庸章句』において「精とは夫の二者（道心・人心）の間を察して雑ざるなり」として、「精」を「精密の精」と理解して、慎重に反省することで「道心」が「人心」によって妨げられないようにすることを言っています。しかし、「精」とは米が青いと書きますので、「純粋」というような意味合いで、**王陽明**にあっては「一」とはこれら純粋な知識や行動を全て包み込む、人間の本性に発する「心」と理解しています。そこで、これが「良知」だというのです。

「好古敏求」も『論語』の言葉で、**孔子**が「述而第七編」で「我は生まれながらにして之を知るものにあらず。古を好み、敏にして以て之を求めたり」と自分の立場を述べたものです。これに関しても**顧東橋**は、**孔子**も最初から知っているわけではないので、勉強して知識を得たと理解して、「節目」

が重要としていたのです。これに対して、**王陽明**が求めたのは「心の理」であり、ただ「節目」を勉強するだけを目的として出世や利益を上げる手段にしてはならないというのが基本なのです。これは「陽明学」だけでなく、あらゆる学問に関しても同様なのです。特に、「敏」く勉強してゆくことは必要ですが、これも「心」を求めることでなければ本質を理解できないことになります。

「博学審問」は先に述べた『中庸』の言葉で、「博学之、審問之、慎思之、明弁之、篤行之（これをひろく学び、これをつまびらかに問い、これをつつしんで思い、これを明らかに弁じ、これをあつく行う）」の一部です。これは前に議論しているので詳しく述べていません。「温故知新」は「古きを温め、新しきを知る」と日頃、よく使われる言葉です。『中庸』の有名な言葉で、先にも出てきたのでここでは説明を省きます。

「好問好察」も『中庸』の言葉で、聖人であった**舜**に関する話です。**孔子**の言葉に「**舜**は大知なるかな。**舜**は好んで問い、好んで邇言（わかりやすい言葉）を察し、悪をおさえて善をあおぐ。その両端をとって、その「中」を民にもちう。これをもって**舜**となすか、と」とあります。ここでも**王陽明**にとっては「好問好察」は、「悪をおさえて善をあおぐ心」が問題になるのです。これも「道心」であり、「良知」なのです。

このように、**王陽明**は古人の教えの「節目」も「心」であると言うのです。これも今日、注意しながら生活すべきものでしょう。「節目」にばかりとらわれているのが今日の現代人です。日頃の仕事をしていくには仕事の「節目」を知ることは必要であるとしても、その「心」を忘れては何にもなりません。

実際、どの様な分野でも、我々が勉強するときも「節目」にとらわれ、「多聞多見」を求めがちになります。各学問の分野で膨大な研究成果が出てきていますが、それらを生み出すのは古きを温めることで、十分にフォローすることが基本的な仕事であるわけです。ただ、そこで得た「多聞多見」を自慢したり、学界の主流に追随することには十分に注意が必要です。もちろん、勉強することを否定しているわけではなく、名声、出世や金儲けのために勉強することを批判しているのです。また、大学教育でも様々なカリキュラムにおいて「節目」を教えるのが通例ですから、これを否定しているわけではないでしょう。単なる定理の説明だけでなく、そのテキストの著者の背景にある「心」を教える必要があります。また、「言論」を生業としている研究者は特に注意が必要です。積極的に研究成果を公表し、社会のために役立つことは必要ですが、これが自らの権威づけや金儲けのためであっては何にもなりません。どの学問でもあくまで「心」の涵養が基本であることに注意を向ける必要があります。研究者は「多聞多見」を自慢するのではなく、社会現象の本質的なところを探り、十分吟味して「良知」を基本に研究し、学問だけでなく社会の発展に貢献していくべきものであることと反省すべきことになります。

12　名君と暴君

顧東橋は書簡で次のような質問をします。**楊**・**墨**の言うような仁義を実行して（「為我説」を訴える**楊子**や「兼愛説」を主張する**墨子**の議論を仁義の説と見誤ること）、郷愿（世間的には謹厳の評判であるが、実際にはこびへつらっているにすぎない人物）の忠信を乱して（この郷愿を忠信の者と見誤ってしまうという混乱）、**堯**・**舜**・**子之**への禅譲（**堯**が**舜**に禅譲したのをまねて、政治を**子之**に譲ったが国は乱れてしまった）の異同、**湯**・**武**・**楚項**の討伐（殷の**湯王**は暴君で代表的な夏の**傑王**を討ち、周の**武王**は同じく暴君の**紂**を討ったが、楚の**項羽**は義帝を立てるが、それを後で討っている）、**周公**・**莽**・**操**の摂輔（**周公**は兄の**武王**の死後、その子の**成王**を助けて摂政を行ったことなど）と似たようなものがあったが、これらのことは確実な証拠が示されなければ、どうして私たちは従うことができるのですか。古今の事変、礼楽名物（礼楽の制度やそれにつかう器物など）においてもいまだ考察しなければならないことがあります。国家に明堂（王者の政治堂）を興して、辟雍（中央の学校）を建てたのを考えるべきことがあります。暦法や音律を定めて、山河を祭ることを始めても、どこにそれが役に立つのでしょうか。故に、論語では「生まれながらにして之を知る者」というのは「知っているのは「義理」だけであり、「礼楽・名物・事変」などは知られない」と、言っています。これは学問を修めてその後に行事の実際を確かめることができるのであって、学問を軽んじてはならないと解釈している者がいるが、これは正しい考え方と思います。

王陽明の返書は次のようなものです。君の言う**楊**・**墨**・郷愿・**堯**・**舜**・**子之**・**湯**・**武**・**楚項**・**周**

公・**莽**・**曹操**の話は、先に述べた**舜**・**武**についての議論から大略を類推してください。古今の事変についての疑問は、「良知」の説明の際に、規矩・尺度にたとえました。これ以上、多くの話をすることもないでしょう。明堂・辟雍の関連についてはその説明をすると甚だしく長くなってしまいます。すこし、君の話の正しいところを取れば、あなたの迷いを少しは氷解できるでしょう。明堂・辟雍の制度の始まりを**呂子**の月令（『呂子春秋』の月令編）・漢儒（漢代の儒者）の知識に見ることができますが、『六経四書』の中でも詳しく述べていません。しかし、**呂氏**・「漢儒」の知が、夏・殷・周の三代の聖賢よりも優れているといえないからこれは疑わしいことでしょう。（戦国時代の）**斉宣**の時代にも明堂はまだ壊れずに残っていました、**幽**・**厲**（暴君の代表的存在）の時代にも、周代の明堂はみな無事でした。**尭**・**舜**の時は、明堂は茅葺きの屋根に土の階段という状況で、明堂の制度はまだ定まっていませんでした。しかし、彼らの治世に害を及ぼすものはありませんでした。**幽**・**厲**の明堂は、**文**・**武**・**成**・**康**（これらは優れた王の代表格）の頃と同様の状況でしたが、**文**・**武**・**成**・**康**の時のように、乱を救うことができなかったのはどうしてでしょうか。人にしのびざる「心」を持って「人」にしのびざるの政治を行えば、茅葺きの土階段でも明堂であり、**幽**・**厲**の無慈悲な心を以て政治を行えば、明堂ありといえども暴政を生み出す地になります。漢の**武帝**は、明堂のことを議論し、唐の**則天武后**は立派に明堂を作りましたが、その政治はどうして乱れたのでしょうか。

（答顧東橋 12—I）

読解

第一段落の部分は、**顧東橋**から手紙で**楊・墨**が聖人の学問と似ているものの中身は違うからしっかり勉強しなければならないと言って、**顧東橋**の**王陽明**批判から始まります。「楊墨」とは、**楊子と墨子**のことを言っています。**楊子**は紀元前四世紀ごろの人で詳しいことは明らかではありませんが、その主張は「全性保真（自己の身を安楽に保つことがもっとも重要であるので世俗的なことには関わらないという主張）」です。人間の本性を保って、それを損なわないようにすべきといいます。これは無為自然を説く道家の一派の流れであるようです。かれは名誉・貴賤・年齢といった世間で価値あるものとされるのは、これは人間の本性ではなく、肉體的欲望を満足させるのが「性」を全うする方法であると考えます。「寿、名、位、貨」といった世間で求められているものは人間の本性に背くものであり、これの排除を求めます。「為我主義」と呼ばれます。そして、**王陽明**は**楊子**が「仁義」を説いて人を導くのは美名を借りて人性を毀損することであると批判します。一見、儒学で主張している「仁義」に似ているのですが、本質は違っていて、**楊子**は儒学者にとっては批判の対象になります。

一方、**墨子**は「兼愛説」で広く人々を皆平等に愛し、「非攻」を主張する絶対的な平和主義で、ヒューマニズムの儒学として知られています。一応、儒学の系譜に属しますが、時代的にも**孔子と孟子**の間頃の人で、独特の位置を占めています。**墨子**の主張する「兼愛説」は自利自愛を否定して、積極的に全ての他人に対しても同じ様に愛を施す行動を求めるものです。「墨儒」とも言われ、他の思想家から批判されて、当時の儒学の流れからは否定的な見方をされてきました。**王陽明**は**墨子**に対しては「父子兄弟を路傍の人と同じように扱うので人倫の発端がない」と批判しています。**顧東橋**の話は、**楊子**は「為我主義」であり「義」に似ており、**墨子**は「兼愛主義」であり「仁」に似ています。両者とも儒学の主張に似ていますが、その本質は間違った見方であるという考えから始まります。従って、彼らの議論はよく読まなければ間違いをしでかすという注意をします。**楊子**や**墨子**は、儒学から見れば異端のグループでした。

郷愿(きょうげん)とは、愿は「厳」という意味ですが、謹厳な態度を取るがうわべだけの人を言います。そこで、近くにいる人に謹厳な態度をとる人を「忠信」と見誤ってみてしまうという話です。これは**孔子**も「郷愿は徳の賊なり」と言っており、**孟子**も「忠信に似たり」と言っていて、儒学の本流としては批判の対象です。ここで**顧東橋**は、表面的には立派に見えても、その人の行動を本質と見誤る危険を警告したものです。

顧東橋の指摘は、歴史上の正しい行動と表面的には同じに見えても間違った行動があることを言います。**堯**が自分の子供ではなく優れた臣下である**舜**に帝位を禅譲したのをまねて、**周公**が**武王**の子の**子之**に帝位を譲ったが結果として国は乱れたということを指摘します。ただ、臣下に禅譲すればよいのではなく、その内容において差異があるというのが主張です。また、殷の**湯王**は夏の暴君の代表者である**桀王**を討ち、周の**武王**は同じく暴君の**紂**(ちゅう)を討って人民を救ったことと、楚の**項羽**についての差違を述べます。**項羽**は暴君を討って義帝を立てたのですが、それを後で討っています。**湯**・**武**の場合と**項羽**の場合では同じ討伐でも意味が違うことを示します。**周公**・**莽**(まう)・**操**についての摂輔（摂政になり輔弼すること）については、**周公**は兄の**武王**の死後、その子の**成王**を助けて摂政を行ったことと、**莽**（まう）や**操**の輔弼とは本質的に違うことを言っています。**王莽**は**平帝**の時に政治権力を振るい政治を簒奪したとし、**曹操**は後漢の**献帝**の将軍でしたが、その子は御門を討って位を譲らせるという暴挙を行っているといいます。これらの話は歴史書をよく吟味して理解しないと本質を間違ってしまうと警告します。**顧東橋**は、このような過ちを起こさないために、まずはしっかり学問を勉強して、実際に行われたことを検証しなければならないと言って、**王陽明**の行動主義を批判します。**王陽明**は**楊**・**墨**の区別をはじめ、名君と暴君を比較判断すべきであるとし、学校である「明堂・辟雍」を作るだけでは世は治まらないことを指摘して、「心」の正しい王が政治を行う必要があるとします。名君と暴君の差違の歴史をよく見て判断すべきと言います。

13　辟雍と泮宮の学問

王陽明は続けます。天子の設けた学宮を「辟雍（へきよう）」と言い、諸侯の学宮を「泮宮（はんきゅう）」と言います。それらは学校の形に従って名前を付けているにすぎません（辟雍は円形、泮宮は半円形）。しかし、三代（夏、殷、周）の頃の学問は、その要点を人倫を明らかにすることであったので、「辟」であるかどうか、「泮」であるかどうかをもって評価としてはいません。**孔子**の言うように、「人が不仁であるときに、礼を行っても何ともならず、人が不仁なら楽を以っても何ともなりません」と「礼」を定め、「楽」

を作ることは、必ず「中和の徳」を備えることなのです。それで、その発せられる声は規律正しいものとなり、身の振る舞いは定めに従ったものになるのであって、「中和の徳」を備えて後に語るようなものです。「礼」「楽」に使う器や詳細なことは楽工（楽員）の仕事であって、祝史（祭に「礼」を行う者で、「史」は文書係）の守るべきものです。従って、**曾子**の言うように、君子が「道」を尊ぶ事は三点にあります。籩豆（神へのお供え物）などのことは有司（担当の役人）の仕事で、君子は手を出すべきではありません。**堯**は、**義**と**和**に命じて、天体の動きに従って、日月星辰（星座）の暦を作り上げました。それを重要視したのは、天を敬して人に時（農事の時）を授けたためでした。**舜**は天球儀を作りました。それは七政（日月五星の運行を明らかにして政治を行うこと）を整えたのです。これは汲汲然（休まず）と民のために「仁」を及ぼす「心」をもって、「民を養う」ための政治を行ったのです。暦を定めて農時を明らかにすることの基本はもともとここにあるのです。**義**・**和**の暦数の学問に**皐**・**契**もいまだよく達していません。**禹**・**稷**も必ずしも未だこれを実現していません。のみならず**堯**・**舜**の知識でも現実の問題全てについて行き渡らなかったのであり、**堯**・**舜**の知識も完全なものではありません。しかしながら、今の時代では、**義**・**和**の方法に従って世の中を修めれば、曲知小慧（一部しか分からず小さな知恵しか持ち合わせない者）や星術浅陋（浅い知識の星占い）の者でもこれを習得すれば、日月星を観察して農事を先に計算し、未来の予想を立てて、間違うことはありません。すなわち、後世の曲知小慧の人でも**禹**・**稷**・**堯**・**舜**に勝る者なのかもしれません。封禅（天使の行う祭り）の説になりますともっと理に合わないものになります。これは後世の佞人諛士（取るに足らない口先だけの人）が神にこびて、誇大におごった事を主張し、これで君心を惑わし、国の金を浪費させただけです。このように、天を欺き、人をだまして恥を全く知らない者であり、君子の言うものではありません。漢の**司馬相如**（紀元前二世紀頃、漢代の文人）が**武帝**に封禅（ほうぜん）を勧めて、天下からも後世からも批判を受ける理由になっています。あなたは、これを儒者が学ばねばならない大事なことだと言うのは、まだこのようなことを考えていないからでしょう。

（答顧東橋書　12―Ⅱ）

読解

王陽明は**顧東橋**の議論を逆手に取ります。明堂・辟雍という政治や学問を教えるための施設や制度についての例を出します。学問のための立派な建物や制度があっても悪い政治が行われる場合もあり、それが不十分な場合でも立派な政治が行われる場合もあるとします。それは、建物や制度が仁の政治を実現したのではなく、それによって生まれた君主自身が行った政治が「仁」にかなっていたかどうかの問題だと言います。明堂や辟雍がみすぼらしかった時代でも**堯**・**舜**のように「仁」の政治が行われていたと主張します。しっかりした制度ができても「**斉宣**の時代」は國は荒れていて、**幽**や**厲**（れい）の様な暴君を生み出したと指摘します。形ではなく、中身が問題という議論をして、「節目」を重視する**顧東橋**を批判します。**王陽明**は常に、外観や制度ではなく、その統治者の「心」の問題だとします。

王陽明は、天子の設けた学校である辟雍は壁で囲まれた円形をしており、地方の学校である泮宮は半円をしているので、そのように呼ばれているにすぎないことを指摘します。学問は学校の形ではなく、問題は中身だとします。そして、「礼楽」を学ぶにしても結局は「仁」が前提であり、「仁」がなければ「礼楽」も意味がないとします。「心」に「中和」の備えがあって、初めて正しい発声ができるようになり、正しい身の振る舞いができるようになるのです。どのような楽器を使うとか、どのようにお祭りを行うかは君子の仕事ではなく、係員の仕事ではないかといいます。

同様に、「暦」を例にあげます。「暦」は農業の指導のために重要な役割を果たしていました。そこで、かつての聖人は部下に命じて「暦」を研究しましたが、なかなか難しいものでした。しかし、その後の研究で今ではそれはあまりたいしたことのない者でも少し勉強したら分かるものになっているのです。ここでも、要するに技術的なものが重要なのではなく、いかに「仁」を及ぼすかが重要であることを言います。

王陽明らしい話で、学問は形式ではなく、「心」から発して、その内容が人の「心」に及ぼし、人を助けるものでなければならないことを強調します。さらに、「封禅の説」を例に挙げて、枝葉末節の議論がいかに危ういものか言います。「封禅」とは中国の山東省の泰山の頂上・麓で行われた国家的宗教儀式であり、秦の**始皇帝**が紀元前二一九年に、漢の**武帝**が紀元前一一〇年に行ったといわれています。**黄帝**が「封禅」の礼を行って天に昇って仙人になったという説です。**武帝**などが膨大な国費をかけて不老不死を求めたことを馬鹿げたことだとして、このような神にこびるような行事をすることがいかに危険なものかを主張します。国家財政を無駄にしたと批判しています。

現代のバブル崩壊後の長期停滞の日本経済に対して、口先のもっともらしい経済理論に乗って巨大な公共投資を行って、全国に立派な公共施設を山のように作ったことも同様の反省を生むものです。もちろん、各地域に東京に負けない施設を作ることは地域の多くの人の悲願でしょうが、誰かがその費用を負担しているわけで、その心も分からねばなりません。劇場や会館の形だけでは意味がなく、内容が問題でその地域における文化の「心」が必要なのです。教育制度も議論されており、「制度」の整備が必要なことは言うまでもありませんが、親への「孝」や愛国心などの「徳目」を教えてはいけないという戦後の教育制度は異常としか言いようがありません。近年、教育基本法が改正されるなどしてかなり改善されてきましたが、しかし、「制度」が整備されても教育者が優れていなければ優れた教育はできません。大学（もちろん小中高校も）で学んだ若者が将来の政治経済のリーダーになっていきます。筆者も教育の立場にあった人間としても自らも戒めなければなりません。もちろん、政治は「心」を持った人に委ねなければ優れた政治にはなりません。

14　生知安行と抜本塞源

王陽明はさらに続けます。聖人が「聖」である所以は、生まれながらにして全てを知っていることでしょう。しかし、あなたは『論語』を解釈するのに、「生まれながらにして知るは義理のみ」と言います。これは「礼楽名物・古今の事変」の類は、必ず学ぶことでその行事を行う実を確かめることができると言います。「礼楽名物・古今の事変」の類が果たして「聖」となる修養にかかわっていて、聖人はこれを学ぶことによって、その後によく知るものであるというのであれば、聖人は「生知」というわけにいかないでしょう。聖人が「生知」というのであれば、専ら「義理」を指し、「礼楽名物」の類のものを言うのではありません。「礼楽名物」の類は「聖」を作る修養には関係がないことになります。聖人が「生知」であるというのは、専ら「義理」を指し、「礼楽名物」の類を示すものでないのです。であるとすれば、学んで知る者（「学知利行」の者）もただ「義理」を学んで知るべきことになります。苦しんで知る者（「困知勉行」の者）も、また苦しんで「義理」を知るべきことだけになります。今日、学者（学問を志す者）は聖人に学ぶのに、聖人のよく知っているところを学んでいますが、まだ未だ学んで「知る」に至っていません。そこで、あわてて聖人が知ることのできないものを知ることを求めて、学問となし、その「聖」を求める方法を失ってしまいます。ここまでの話は全て、君が惑っている所のものについて、それぞれに分けて解釈しようとしてきました。

しかし、「抜本塞源の論（木の根っこから抜き取り水源をふさぐことのように、根本的な改革が必要という説）」には及んでいません。その「抜本塞源論」が天下に明らかにならなければ、天下の聖人を学ぼうとする者は容易ではありません。毎日が忙しく毎日が困難で、このような人は禽獣夷狄（動物や野蛮人）のようなものに陥っても、それに気づかず、なお自らを「聖人の学」を勉強しているとするのです。私の説もしばらくの間、一時的に世に明らかになっても、ついに西に氷が溶けても、東から凍りつき、前方で霧が晴れても後方で雲にかかることとなってしまって、いつまでたっても危機に陥り、生きていくことが困難となって死んでしまって、ついには天下をわずかでも救うこともできないのではないでしょうか。

（答顧東橋書 12―Ⅲ）

読解

「生知」についての議論です。先にも述べたように「生知安行（生まれながらに知り、安んじて行う）」は聖人の域にある者をいいます。しかし、聖人が生まれながらにして知っているのは「義理」についてだけで、聖人でも細かいことはその後に勉強した結果であるという**顧東橋**の考えを厳しく批判します。**王陽明**は、「義理」だけを生まれながらに知っているのならそれで十分であり、「義理」以外のことは聖人の本質とは関係がないと言い切ります。「節目」は聖人とは関係ないのです。「生知安行」の聖人の行いを学ぼうとする「学知利行」の賢人も「義理」だけを学べばよく、「困知勉行」の凡人も「義理」を苦しんで勉強すべきとします。**王陽明**が他の所でも言っているのは、この聖人、賢人、凡人の三者は接近方法は異なるが、目的は同じだと言い、「学知」でも「困知」でも「義理」を知れば聖人が知っていたことと同じだと言います。すなわち、勉強すべき対象は「義理」だけだと言います。そして、このように根本に戻らなければ何を行っても意味がないという、自分の主張がなかなか分かってもらえないと嘆きます。

経済学や法学など、**王陽明**に言わせれば「礼楽名物」の類を教えている大学の教員も「心」に刻まねばなりません。教科書だけを教えることは、また大学の目的ではないので、それを通じて過去の経済学者が経済を見抜いてきた「心」を学生に芽生えさせることが重要です。伝統的な経済学は、中国古典の論争で言えば**荀子**の「性悪説」に近いものであり、人々は利潤や効用を求めて経済活動をするという原則を論理的に展開したものです。しかし、市場の分析を中心とする経済学の背後には、人間に対する強い信頼と社会に対する連帯を求める強い心があると思います。「礼楽名物」を学ぶとしても、その「心」に求めるものが学問と思います。経済学を学ぶ者は、先に述べた**マーシャル**の〝Cool Head but Warm Heart〟を心しなければなりません。

そして、「抜本塞源の説」を提起します。**王陽明**は「木の根から除去し、水のしみ出てくるのを塞がねばならない」という厳しい姿勢を強調します。この「抜本塞源」が成されないと聖人になろうと学ぼうとする者も禽獣夷狄になってしまいます。いくら政治を改善しようとしても、一方ではうまくいっても、他方では崩れてくるという状況の繰り返しになります。今日の社会でも政治家に求められるのは「良知」に基づいて、抜本的に政治経済システムを改革し、次に問題が起こらないように、水のしみ出るのを防ぐ「塞源」が求められるのです。これは政治経済だけでなく、企業などでも同じ事です。経営の環境は常に変わるものですから、常に抜本的な経営改革を行って、根本から問題が起こらないようにすることが会社を安定的に発展させる基です。特に、最近も多く報道があるような企業倫理に関する問題を見るに、日本の経営者はこぞって「抜本塞源」を行わなければ日本の企業も将来危うくなります。

15 万物一體の仁

王陽明はさらに続けます。聖人の心は「天地万物が一體」であると言います。あなたの天下の人々を見るのに、外内遠近の差もなく、およそ血気（生命あるもの）あるのはみなその昆弟赤子（兄弟や赤子）に対する親しみと同じような「心」を以て、彼らの安全を確保してやり、これを教育すれば、その自ら持っている「万物一體」の考えを実現しようとしない者はいません。天下の人々の「心」も、またそのはじめのうちは「聖人」と異なる心境ではないでしょう。それは、その我のある自分の利己心によって隔てられて、また、物欲の弊害に隔てられて、本来持っている大きな「心」も小さくなり、「心」が通じ合っているものも塞がってしまって、人々はそれぞれ別の心になり、父子兄弟の間でさえ仇のようになるものもあります。聖人はそれを憂いて、ここでその「天地万物一體の仁」を広く人々に及ぼして、もって天下を教化し、それをもって、皆が利己心に勝ちその弊害を除去して、その「心の本體」の姿に戻そうとしたのです。その教えの基本は、**堯**・**舜**・**禹**が与えたもので、これはいわゆる「道心これ微、これ精これ一、まことにその中をとれ（道心は微弱なものだから心を精にして心を一にして未発の中を守れ）」という『書経』の教えであり、その節目に書かれているように、**舜**が**契**（せつ）（舜の臣下）に命じたのはいわゆる「父子に親あり、君臣に義あり、夫婦に別あり、長幼に序あり、朋友に信あり」という五者だけです。唐虞三代（夏、殷、周の三代）の時代には、教えるのはただこれだけを教え、学ぶものはこれだけで、これを学問としました。この時には人々に別の見解もなく、家々に異なった習慣もありませんでした。これに安んずる者を聖人と言い、これに努める者を賢人といいました（『中庸』の言葉）。これに背く者は啓明な**朱子**のような人でも、これを不肖の人と言っていました。上は言うまでもなく、下は、閭井（田舎と市街のこと）田野・農工商売の卑しい人たちに至るまで、みなこの学問からはみ出ることはなく、そうしてただこの徳行を実現しようと努力したのです。何となれば、見聞の雑、記誦の煩、辞章の靡濫、功利の競争がなくなって、ただ親には「孝」、長には「弟」、朋友には「信」にして、「心の本體」に戻らせることになるのです。これは「性」の固有の者であり「外」に帰るものでなければ、すなわち、人がどうしてできないことがあるのでしょうか。

（答顧東橋書　12—Ⅳ）

読解

次のキーワードは「万物一體の仁」です。先にも述べたように、「陽明学」の基本的な考え方で、万物は「心」を通じてつながっていて「万物は一體である」とします。そして、「良知が致される」とその「実践」を通じて「万物に仁」が及んでいくことになります。人間は元々は「万物一體の仁」を求めるものですが、結局、私情や欲望によって自分と万物を分け隔てしてしまい、心が小さくなって、その心もバラバラになり、親子兄弟でも敵同士になってしまうと**王陽明**は嘆きます。聖人は「万物一體の仁」の精神を人民に教え、「仁」の政治を実現したと言います。**舜**は**契**に教育を命じましたが、そのときの徳目は**孟子**で示されているように、「父子に親あり、君臣に義あり、夫婦に別あり、長幼に序あり、朋友に信あり」でした。教える者はこれだけを教え、勉強する者はこれだけを勉強したといいます。このような教育が行われたのが**舜**の時代の統治であったわけです。「人に異見なく、家に異習なし」とその時の状況を示し、「之に安んずる者之を聖といい、之を努る者之を賢という」と、聖人、賢人はこの五つの徳目に従う者であることを示します。上記の「夫婦の別」というのがあります。夫婦になるには別の「姓」でなければならないという意味です。ただ、筆者は別の「姓」を言うだけでは、徳目としては不十分なので「夫婦といえども別々の人格があり大切にしなければならない」と理解しています。日本人には理解の難しいものです。五つの徳目は全て「万物一體の仁」の実践であるといいます。そして、「聞見の雑、記誦の煩、辞章の靡濫、功利の馳逐（雑然とした見聞、煩雑な文章の暗誦、華美な文章、功利を競いあうこと）」を嫌う王陽明は「心」の中心だけを考えればよいと言います。余分なことは「心」を惑わすだけだと言います。

故岡本道夫元京都大学総長を中心とした教育再生委員会という教育に関する研究会に参加したとき、岡本先生が哲学者の故田中美知太郎先生の言葉として「教育の要は親への孝と愛国心である」と言っておられましたが、教育の基本について通じるところがあります。いずれにしても、このような人格教育を行えば、その上に、いろいろな能力を実現して、一生変えることのない仕事に専念できるといいます。また、「徳」に従う人格教育を行えば、激務であっても苦労と思わないし、低い地位にあってもこれを卑下することはありません。そして、高い地位をねらったり、外部の地位をうらやましがったりはしないとするのが**王陽明**の教えです。

我々が陥りやすい過ちは、仕事ではなく「イス（ポストのこと）」に関心を持つことです。会社員になれば重役になりたい、公務員になれば局長になりたいというのは自然なことかもしれません。しかし、そういった「イス」が重要なのではなく、そういった「イス」に座っている人が尊敬されるのは「イス」に座っているからではなく、仕事をして「万物一體の仁」を実践するから人々から尊敬されるのです。**王陽明**にあっては、「地道に努力したり、苦労をいとわず仕事をするのは、それがやがて自分にとっても良い結果を生むから努力すべし」と言っているのではなく、「万物が一體」だから「仁」を及ぼすのだというところが重要です。日本では、江戸期以降、儒学を「漢文」として導入し道徳教育の手段として使うことになりますが、精神の涵養であったことを理解してほしいと思います。

16　万物一體と自らの役割

王陽明はさらに続けます。当時の学校（辟雍・泮宮）の中ではただ「徳」を形成することを目的としていました。従って、それぞれ異なった才能を持っていて、礼楽に熟達している者、政治や教育に優れている者、あるいは水利や農事に優れている者などがいたのですが、「成徳（徳を作ること）」に努力して、それによってますますそれぞれの能力を学校の中で高めていました。「徳」を完成して役職に任命されると、これを終身、その仕事に就いて変わらないでいました。これを使う人は、その人とただ「心」を同じくして「徳」を「一」にして、それで天下の民が安寧であることに心がけ、その才能が適当かどうかは観察するものの、志が高いかどうかで重く用いるかどうかを決め、仕事の労逸（閑か忙しいか）で善し悪しを判断しないものです。働く側も使う人とただ「心」を同じくして「徳」を「一」にして、天下の民の安寧だけを考え、その才能がその仕事に適しているのであれば、終身忙しい激職であってもこれを「労」となさず、低い地位でもそれを安んじて「卑」しい立場だと考えません。このようにして、すべての人が和らぎ輝いて、一つの家族のように親しんでいました。その才能が低い者は、その農工商売の分をわきまえて安んじ、おのおのその職業に勤めて、もってお互いに助け合って生活し、お互いに養いあって、高い地位を望んだり他人を羨んだりする心はありませんでした。その才能が異なる**皐**（こう）・**夔**（き）・**稷**（しょく）・**契**のような人々（彼らは**舜**の臣下）は、学校を出て各人の才能を発揮することは一つの家の中で各人が努めるようでした。ある者はその衣食を作ることに励み、ある者は物資の過不足を商売で通じ合い、またある者はそのための道具を作る、皆で相談して力を合わせ、親に仰事俯育（ぎょうじふいく）（親を仰いでこれに仕え、妻子を慈しんでこれを養うこと）の願いを遂げることを求めていました。自分が担当している仕事を怠ったことが、他人に及ばないかを心配しただけでした。故に、**稷**は農事に努力して教育を知らなかったことを恥とはしませんでした。**契**がよく教育をしていたのを見て、自分がよく教えているように思っていました。**夔**（き）は「楽」を担当して、「礼」に関してはよく知らないことを恥じず、**夷**（い）が「礼」に通じているのを見て、自分が「礼」に通じているかのようでした。それは、その心学純明（心と学問が純粋で明白）であり、その「万物一體の仁」を全うしていたからです。それ故、その精神は流れ貫き、「志」やその「気」は皆に通じ達していました。このことは他人と自分を分けることがなく、客體と主體の区分がないためです。これを一人の人間にたとえれば、目は見、耳は聞き、手は持ち、足は歩く、これで一身の用事を達成できるのです。目がその聞く力がないことを恥じず、耳が向かおうとするところを目が必ずやってくれます。足は持ち上げることを恥じず、手が探っているところに足も必ず進みます。このようにすることで、體に元気が満ちあふれ、血脈が循環します。これはかゆみ・痛みや呼吸も考えなくとも感応して、言わなくても悟る妙（人間の能力以上の働き）があります。「聖人の学問」は「至易至簡」（至って易しく至って簡単）なものであり、知りやすく従いやすいものです。学べばこれは才能の完成に容易につながるものです。まさに大端（根本）はただ「心の本體」が同じ状態に帰ることであって、知識や才能は皆で議論するところではないのです。

（答顧東橋書　12―V）

読解

次は「辟雍・泮宮」という学校の話から始めます。これらの学校では個人の学問を学ばせることとし、それぞれ得意な技術的なものを学ぶことだけでなく「徳」を勉強することになります。「徳」を学んで科挙試験に通って役人になれば、民のために働きます。民のためになるかどうか、また、技術的なものが適当かどうかで判断して、適切な地位に就けます。忙しいポストもあれば、暇な地位の低いものもあります。才能が異なる場合でも**舜**の家臣たちは自らの専門の仕事に励み、家族のように和気藹々として働いたといいます。彼らは心学純明であったので、その「志」や「気」は同じであり、それぞれの役割を果たしていたのです。言わなくても通じるのが「聖人の学問」でした。「心の本體」が同じであれば、知識や才能は議論すべきものではないとします。**舜**の重臣達も「心」が通じていたので、それぞれの仕事を入れ替えても問題なく政治を達成できたのです。

ここでは、**王陽明**は、君子は「万物を一體」と見なす故に「仁」である、すなわち、「心」を広く及ぼすのだという考えを示します。「己（私意）に勝つ」という儒学の修養の基本を通じて徳治政治を実現できるので、万人が聖人と同じ心境に入ることができるというのが**王陽明**の主張です。かつての時代は真理だけを追究していたのに、それが今ではこざかしい議論になってしまったと、当時の時代に対する批判、また、**朱子**に対する批判を行います。「万物一體の仁」を第一と見て、かみしめると言います。筆者も、大学で教えていた講義では「見聞の雑、記誦の煩、辞章の靡濫」に似たようなことばかりでしたが、同時に学生を指導するのには「学問の本質」を見失わないようにさせたいと思ってやってきました。

『陽明学』が日本社会で重要視されるべき所以の部分です。ここでの議論を今日の会社に当てはめれば、会社の理念に関する「心」が重要で、これが正しいもので社員が全て共有するものであれば、個人の才能はいくらでも高くなり、また、他の人と協力ができてそれぞれの能力を発揮できることにあります。ここでの話は、自分のポストの仕事を自分のためだけでなく、会社全体の役に立つという理念を共有するということが日本型経営システムの神髄です。今日、日本型経営システムが崩壊し始めているのも、終身雇用や年功序列が持続可能でなくなっているため、というよりも「心」がなくなってきたためなのでしょう。会社が「志」を同じくするための集団であったことが日本型経営システムを形成する要因であったのでしょう。技術的理由による業務の分割は、専門家を育てて個人の能力を発揮するためには必要なことですが、同時に会社の全体のことを理解するための方途を探ることも重要です。

筆者はある時、京セラの社外監査役をしていましたが、本社に行って驚きました。各課単位で**稲盛和夫**氏の経営哲学を業務を始める前に朗読していました。**稲盛**氏は卓抜した経営能力によって一世代で一兆円を超える大企業に発展させましたが、**稲盛**氏の経営哲学が従業員全体に共有されていることも大きな要因だったのでしょう。これも「万物一體」の考えが実現されていたように思いました。

17　覇　術

しかし、夏・殷・周の三代の王朝が衰えてから「王道」は滅んで「覇術」が盛んになっています。**孔子**や**孟子**はすでに亡くなっており、「聖学」は姿を消し、邪説が横行しています。教える者は「聖学」をもって教えとしないで、教わる者は「聖学」をもって教えとしません。「覇者の徒」は先王の行ったことに近いものをひそかに採用し、これらを「外」に借り物として、「内」にあってはこれをもって自分の欲望を満たすためにしています。天下はこのようなことを大本としてなびいて、聖人の

「道」を草むらとして塞いでしまっています。この風潮をお互いに学びあって、日々に富強になるための説をもとめ、策略のはかりごとや攻撃の計画によって、いっさいの天を欺いて人々をくらまし、一時的な効果をかりそめにして、以て名声や利益を獲得するための術を説く、**管・商・蘇・張**（管仲、**商鞅**、**蘇秦**、**張儀**のこと）といった類の人たちは数限りなくいました。すでに、そのような状況になって久しく、闘争や強奪をして、その禍が絶えませんでした。

　このような人々は禽獣夷狄に陥り、そうして「覇術」をも行えないほどでした。世の中の儒学者は情けないと悲しみ、聖人や先王の書物や法令を集めたり、焚書で焼け残ったものを拾って補ったのです。しかし、その「心」は本当に先王の「道」を挽回しようとしているのでしょうが、「聖学」はすでに遠いものになっており、「覇術」が伝わることですでにその影響は深いものになっています。「賢知」の人といえども、皆この影響を免れていなかったのです。彼らが講義で明らかにして飾り立て、世の中に宣伝し広めて、光を回復することを求める者でもわずかに「覇者」の垣根を増加させるのに役立つだけで、「聖学」の入り口すら見ることができませんでした。ここで「訓古の学問」がありこれを伝えることで名声を得て、「記誦（暗誦する）の学」があってこれを博識とし、「詞章（文章のこと）の学」があってこれを多くを書いて華麗とします。このようなものが雑然として、天下に群がり飛び出てきて、そのいくら多いか分からないほどの学派ができています。万もの道や千ほどの谷があって行くところが分かっていません。百もの遊技場に入るように、さわぎ、おどけ、飛び跳ねるようで、奇に走り巧みな弁舌を戦わせ、笑いを取り、美しさを争う者たちが、四面から競って出てきて、前に見、後ろに見て、それに対する対応に忙しく、耳も目も眩み呆然として、精神も混乱して、日夜に遊び続けておれば、精神も狂い心を失った者のように、自分の家斉の仕事がどこに戻るべきなのかを知ることもできないでいます。時君世主（「魏」や「晋」の君主）もそのように混迷し、傾倒して一生、無用の虚文作りに関わって、自分の言っている事も分かっていないでいます。たまにはその空疎で間違ってみだれ、支離滅裂で停滞に落ち込ませることを覚って、高く抜け出るように自ら奮い立ち、これをもって行いや仕事の実をあげようと欲する者もありましたが、その至ったところは、また富裕、強権、功名、利益を求めた五覇（「斉」の**桓公**、「晋」の**文公**、「秦」の**穆公**、「宋」の**襄公**、「楚」の**荘王**）の事業と同じ事をしたにすぎません。

（答顧東橋書　12―Ⅵ）

読解

「覇術」を説いた学者達への批判です。「覇」は「霸」の俗字で、三日月の白い光の意味です。それが「伯」に通じて、「頭」の意味となったのです。一般に悪いイメージで、「徳治」を基本とする「王道」に対して、権力の政治を基本とする「覇道」は「仁義」を無視し、権力を重視するとして批判の的です。「五覇」、「五伯」と言われた為政者は「道」からはずれた権力者の代表的なものです。「覇者」の政治になると学者は「訓詁」や「詞章」の美しさを競うことになるのです。弁舌がいくら優れていても「覇者」の議論になるのです。この様に「五覇」の政治を批判します。ただ、「覇術」は勝つための方法ですが、勝つこと自体が悪いわけではなく、勝つためだけの術であることに問題があるように思います。はたして「心」を持った「覇術」は「王道」になるのでしょうか。「覇者」に「心」が加わればそれは「王道」になると考えてもいいのではないでしょうか。

しかし、この文章の批判の対象は、この「覇術」を説いた学者達です。すなわち、**管仲**は「斉」の五覇の一人の**桓公**の宰相、**商鞅**は「秦」の**孝公**の臣下、**蘇秦**は戦国時代に六つの国の臣になった政治家で学者でした。**張儀**も同様です。いずれにしても、春秋戦国時代などを戦い抜いてゆくための政治論を戦わした人たちです。要するに彼らにも「心」があったかもしれないが、結局は策略を説いて、「五覇」に「利」を与えたというのが**王陽明**の批判です。

今日のマスコミでの議論にも混乱したものがあります。さすがに共産主義国のように武力で従えさせようというものはありませんが、政治家が権謀術策の「覇術」で政治を支配しようとすることには十分注意が必要です。さらに、「王道」に従った議論をもっと活発にすることが求められるのは今も同じです。北朝鮮やイランのように国力を高めるために核武装を始めるなど手段を選ばない国があることは厳禁です。また、情報化社会の進展で多くの人が直接的に国論に参加できるようになっていきます。情報が広く国民に開かれることは望ましいことですが、それだけにネットを通じて権謀術策の「覇術」を盛んにすることには注意すべきことにもなります。是非とも「王道」を論じる人の活躍に期待するものです。

18　学問のあり方

「聖人の学」は日に日に遠くなり、「功利」を求める風習はいよいよ激しくなり、その間に仏教や道教に惑わされるが、仏教や道教の説もついには、その「功利の心」に勝てませんでした。また宋代の多くの儒者に折衷されたといえども、多くの儒者の論も「功利」の意見に勝つことができず、そして、今日に至っても「功利」の意見を見破ることができないでいます。「功利の説」の害毒は人々の心臓骨髄まで染みわたり習慣となって本性のようになってしまって千年にもなります。傲（おご）りたかぶって知識を競り合うことが勢いを増して、「利」をもって争い、「技能」をもって名声を得ようとしています。

出仕して役人になった人でも、銭穀（財務）を司る者は軍事・司法を兼ねようとし、礼楽を司る者は官僚の任用人事の重要な位置を占めようとし、郡や県の地方官吏は藩司や臬（げつ）（法のこと）司の位を狙い、中央官庁を諫める役割の者が宰相や執行の役割を得ようとします。しかし仕事ができなければ、官位につくことはできません。その説が説得できなければ、その誉れを得られません。記誦が広いことは、たまたまそれを知っているだけであり、おごりを生むものでしかありません。知識が多くなってもそれを使って悪いことをするだけです。見聞の広いことはたまたまその弁舌を自由に使えるだけのものです。辞章が多いことは、その偽りのものを飾り立てているだけです。昔、**皐**（こう）・**夔**（き）・**稷**（しょく）・**契**（せつ）でさえ兼ねることができないような難しい仕事について、今の初学者がその説に通じてその技術を究めようとします。その「名」を名乗り、「名」をおごるのは、自分が天下の努めを欲しているのかといえばそうではないでしょう。彼らが誠心実意と言っているところは、そのようにして「私意」を実現しその欲望を満たすことがないというのでしょうか。ああ、かくのごとく積もり染まってきて、かくのごとくの「心」の志で、しかも講義をするために、このような学術研究を行っているとなれば、私の「聖人の教え」を聞いて「こぶやいぼやあわない栓と穴（要するにいらないもの）」のような無用で現代にあわないものと言う者ももっともなことです。私の「良知の説」をもってまだ不十分であると言い、「聖人の学」を使いものにならないという考えは、その勢いを持つ所に至ることがあるのです。「志」を求める人としてこのような世に生まれて、しかも何のために「聖人の学」を求めようとしているのでしょうか。また、何のために「聖人の学」を論じようとしているのでしょうか。人がこのような世の中に生まれて、しかもなお「学」をなそうと欲する者は労苦は多く繁難なことだけでしょう。しかも、不自由なまま滞って危険で艱難なことです。ああ、悲しむべきことだけです。幸いなのは「天理」は人の「心」にあります。最終的に滅ぼすことのできない所にあって、「良知」が明らかなことは、昔からのことも一日のように変わらないものあるので、私の「抜本塞源論」を聞けば、必ず惻然（あわれむ）として悲しみ、「戚念（うれえる）の情」を示して痛み、「憤然（いきどおる）」として立ち上がり、沛（水の意味）然として大河が決裂するように流れ出して防ぐ方法もない様な者がきっといるでしょう。豪傑の士がただちに興起する者でなければ、私は誰と共に望むことができるのでしょうか（できないのは残念です）。

（答顧東橋　12―Ⅶ）

読解

「聖人の学」が廃れて、儒学を学ぶ人が「功利」にばかり走っていることに対する**王陽明**の批判、嘆きを表しています。そして、功利を求める風潮ばかりがいよいよ流行り、いよいよいやしくなっているとします。**孔子**・**孟子**の行った「聖人」の学問は日々に遠くなり、日々に忘れさられていると嘆きます。仏教や道教もついに「功利の心」に克つものではないと言います。また、かつて群れなす多くの儒学者の意見も、あれこれを採用していましたが、彼らの議論も結局はいまだその「功利」の考えを破ることをできないでいるとします。しかし、今に至っては、「功利の毒」は人々の「心髄」にしみわたり、そのような習いを本性とすることがほとんど千年にいたっているようです。ここでは、お互いに「智」を誇りあい、お互いに勢力を張りあい、お互いに「利」を争って、お互いに高ぶるのに技能を使い、お互いに「名声」や「名誉」を取りあっています。

これは当時の儒学者、弟子達の中にそのように「功利」に走り学問の本質を忘れている者がいることを警告していて、「功利」を求める風潮全體を批判し、「心」を取り戻す「豪傑の士」を待望している心境を打ち出したものです。まず、彼らに対する批判は「聖人の学」が廃れていることに対するもので、結局、**王陽明**も仏教や道教に溺れたこともあり、「朱子学」をはじめとして、多くの儒学を勉強したが、結局、あまり役に立たなかったことを示します。次に、役人に対する批判で自分の仕事を完全にやろうともしないで権力の拡張を望んでいることに対する批判です。「兼」とは片手で「禾（稲）」を二束持つという意味で、縄張りの拡大を望んでばかりいるという批判です。**皐**・**稷**・**契**などは『伝習録』でも幾度も出てくる**舜**の臣下で、それぞれが行政を分担していましたが、「心」が分かっていたので、仮にその仕事を取り替えても十分に仕事ができ、他の人がよい仕事をしているのを見て、自分が行っているように喜んでいたと役人のあり方として賛辞を与えています。ところが人々はこのような優れた人でもできないようなことを望んで、権力を強めようとしていることを厳しく批判します。記誦・知識・見聞・辞章といったものは「心」がなければ役に立たないもので、かえって悪くするものと言います。このような状況では**王陽明**の主張する「聖人の学」の本質である「良知説」や「抜本塞源論」は理解されないと嘆くのです。「抜本塞源論」は先に述べたように、木を根っこから抜き取り水源を塞ぐことのような根本的な改革を行うことであり、これを実行できなければ何にもならないと主張します。皆がそれぞれの役割を果たせば「万物一體の仁」が生まれるのです。「士」は男の象形文字ですが、男子の美称であると共に、役人、学問・人格のある人、軍人の意味になります。現実には、このような志を持った人（自分も含めて）には難儀だけしか生まれないと嘆きます。

ただ、幸いなことに「天理」は「心」にあるので、これは滅亡することはないと、楽観論に転じます。この「抜本塞源論」を聞いて心を大きく動かされ、自覚して立ち上がり、実践を行っていく「豪傑の士」の登場を期待していますが、現実には難しいと嘆きます。今日でも混乱する社会の中で「功利」に走る者が大半であり、「志」をもった政治家、実業家、学者などで社会を「抜本塞源」する社会的リーダーの出現を期待したいものです。

第三章　道通に啓問する書

この章は**王陽明**が弟子の**周道通**・**陸清伯**の手紙に答えたもの（啓問のこと）です。前振りとして以下の文章があります。

呉と**曾**の両君がきて、あなた（**周道通**）が懇切に「道」を学んでいることについて、つぶさにその意思を聞きました。まことにあなたのことを思って心が慰められました。あなたこそは真に『論語』に言う「篤く道を信じて、学を好む」という者と思います。憂病の中（**王陽明**の父が死んで喪中の最中）で、両君とは十分な話ができませんでした。しかし、両君は「志」をしっかり持ち、進んで修養を行おうとする者で、会う度に進歩があることが分かります。私（**王陽明**）自身は両君がわざわざ遠くから来てくれたことの意味にはそむかなかったが、両君にとっては期待はずれであったかもしれません。別れるとき、あなたの望みだとして、この冊子に何か言葉を書くように言われましたが、「心」が乱れていて言葉を新たにして話すことはありませんでした。そこで、あなたからの手紙での質問にいくつかの簡単な答を書いて、差し上げることにしました。両君が自ら口頭で伝えてくれることと思います（というように、遠来の弟子に謝意を述べます）。

1 立志

周道通からの手紙には次のような質問があります。「日用の工夫（修養）は、ただこれ立志なり」とされています。最近、先生のこの教えは日々、体験してますます明白になっています。しかし、共に勉強する友人と一時でも離れると駄目ですね。もし友人と一緒に勉強すれば、「志」はわずかでも精力的になり、健全で、闊達になり、大きくなっていくものです。わずかでも「生意」が生まれます。ところが、三、五日でもお互いに研鑽できなければ、微弱になってくるような気がします。なにか「事」に遭遇したときには困難に直面することになり、真剣な修養も忘れることになります。すなわち、今、友人と互いに研鑽しあう日がないので、ただ、静坐して、あるいは書を読み、あるいは散歩したりうろうろするだけです。目に付くものや身近に感じるものをことごとく取り入れて、この「志」を培養し、意思がすこしでも和らぎ適切になるような感じを得ようとしています。しかし、ついに友人と集まって研鑽しあうと、精神は動き出して、「生意」はますます高まるのです。このような研究者の仲間とはなれて一人で暮らしている者にとっては何かの方法があるのでしょうか、何をもってこれに対処すればよいのでしょうか。

王陽明は次のように答えます。このことについては、まさにあなたの言う「日用の工夫」で得るところだけで十分でしょう。修養の大略はただこれを日用のこととして行うことです。途中でやめないことが必要です。順次、純粋に成熟して行った段階では、「意思」は自ずから違ったものになるでしょう。私の学問を行うために喫緊で肝要で大きな根本は、ただこの「立志」だけです。いわゆる「志」を持ち続けるのが困難になったり、修養をするのを忘れたりする病も、「志」に真剣さの「切実」なものを欠いているからです。今、「色」を好む人で、いまだかつて「色」について考え続けることに困り、「色」を求めることを忘れるという病になる人がいないのは、これが真剣で「切実」なものだからでしょう。自分の痛みやかゆみは、自分自身は必ず知っているものです。そして、必ず自分で掻いたり、さすったりします。既に自分が痛みやかゆみを知っておれば、自分で掻いたりさすったりせざるをえないものです。仏教ではこれを「方便」の法門（修養）としています。すべて、これは自分で調整して斟酌して行うべきもので、他人の力に頼ろうとしても無理であり、さらに別の方法も選ぶことができないのです。

（啓問道通書　1）

読解

『論語』の「朋あり遠方より来るまた楽しからずや」という言葉を思い出します。**周道通**への手紙も弟子への思いやりでいっぱいです。『論語』にある「篤信好学」は有名な言葉ですが、それに続けて「死を守りて道を善くす」とあり、「陽明学」そのものの話が続きます。そのような期待を持っていた弟子だったのでしょう。この返書が書かれたのは、**王陽明**が五三才の頃で父が亡くなったことによる喪中であったようです。喪中で講義も開けず弟子達とも十分に会うことのできない時期であり、弟子の訪問、弟子への手紙に「心」が慰められたのでしょう。「朋」という字は貝が連なっているという意味です。貝は宝という意味や連なっているという意味から仲間という意味になります。「友は宝」という意味があるのかもしれません。

弟子の**周道通**は、**王陽明**が言う「日用の工夫」の重要性は分かりますが、仲間と離れて孤独に修養を続けるのは、難しいと愚痴をこぼしたのに対して、**王陽明**は「立志」が「真にして切実なるもの」であればよいのであって、それは自分でやる以外に方法がないと厳しくいさめたのです。「日用の工夫」は**王陽明**が常に教えているところです。これと同じような言葉の「事上磨錬」が「陽明学」のキーワードですが、ここでも弟子に対して、常に「立志」をもって自分の仕事を行うことを通じて自らを磨き鍛えよという姿勢を求めます。

筆者も役所に入ってからも経済学を勉強し続けたことが、よかったと思います。大蔵省は官庁の中でも激しい勤務で有名です。午前一時・二時に帰るのはごく普通の状況でした。激務の仕事の中でも、多くの本や論文を書いていました。経済学（財政金融政策）と工学（応用数学）の博士論文も書きました。これは現実を毎日の観察対象として、現実の行政と経済学と併せて考えていたからできたものでした。大蔵省に入ってからの勉強も先端の経済学に遅れないように思う「真切」があったためにできたのでしょう。経済学以外にも数学、国際政治や中国古典も勉強していましたが、これも「学問を現実の日本社会で役に立てたい」という「真切な志」を持っていました。

色を好むものは、色に「困忘」がないというのもおもしろい話です。色を好むのに「真切」であるから「困忘」がないというのは、「志が真切」であるから「困忘」がないと言うわけです。「仕事が忙しくて勉強する時間がない」という話をよく聞きます。しかし、誰にも土日があり、昼食時間があり、通勤中の時間もあります。残業が多いと言っても、大蔵省ほどひどいところはありませんでした。無理な残業は労働基準法で労働基準監督署が行う査察の対象になります。今後、さらに残業規制が強化されることになっています。しかし、公務員はその対象になっていないので「ブラック」職場そのものでした。勉強する時間がないと言うのは要するに、勉強に対する「真切」がないのでしょう。色を好む程、勉強すれば、一生に一冊の本が書けるほどの時間がないわけではありません。もちろん、仕事のうえで「事上磨錬」が大事で、これに対する「真切」を忘れてはいけないといっているようです。

2　何をか思い何をか慮らん

周道通からの手紙に次のような質問がありました。むかし、**謝上蔡**（**程伊川**の弟子）が彼の先生の**程伊川**に、「天下、何をか思いなにをか慮（おもんぱか）らん（『易』の「繫辞下伝」の「何思何慮」という一文で、ここでは「何も思うものはない」という否定的な解釈）」について問いました。**程伊川**は「これには道理があります。ただ、君がこれを発言するのには早すぎる」と、修養の段階では議論するには、まだ早いと言いました。学者の修養は、もとより必ず大事な「事」とするためのものであって、忘れるべきものではありません。しかしながら、また「何かを思い何かを慮らん」の境地を體得することと修養することとの両方を見ることが正しいのではないかと思います。もし、この境地を知らなかったら、**孟子**が言うように、「助けて長ずる（宋の国の人が田の苗がなかなか生長しないので、ひっぱって伸ばしたところ、皆枯れてしまったという諌めです）」という馬鹿なことをする弊害を生むことになります。もし、「何をか思い何か慮らん」を認めて、「必ず事」するための修養を忘れるのであれば、これはおそらくまた「無」に堕ることになるでしょう。それだから、これを「有」に滞らず、「無」に堕らないようにすべきです。先生のお考えはいかがでしょうか。

王陽明は次のように答えます。あなたの議論しているところは大きくは間違っていません。しかし、これを十分に「契悟（事実になって悟る）」することが尽くされていません。**謝上蔡**の質問と**程伊川**の答えは、まだ**謝上蔡**・**程伊川**の「意」であって、**孔子**が「繋辞下伝」で言っていることとは、元々の趣旨がやや違っています。「繋辞下伝」での「何をか思い何をか慮らん」というのは、思う所、慮る所はただ一個の「天理」にして、さらに別に思うものはなく、慮るものもないという意味なのです。何も思うこともなく、慮ることもないという意味ではありません。故に、**謝上蔡**・**程伊川**の両者と**孔子**の作った「繋辞下伝」で言っていることは、帰るところを同じとするが、「道」は異なります。最終的に一致することでも、考えかたには百の違いがあります。天下について「何かを思い何かを慮らん」というのでしょうか。「道」を異にすると言い、考え方は百もあると言えば、どうして「思うことはなく、慮ることもない」というのでしょうか。「心の本體」は「天理」です。「天理」はただ「一つ」のものです。従って、これ以上さらに「何かを思慮すべきものがない」のです。「天理」

はもともと寂然として動かないものであり、もともと自ら感じてついに通じるものです。学者が修養をするのに、千思万慮するというのも、これは本来の「心の體用」に戻ろうとすることを求めているだけです。これを私意によって「按排思索（勝手な考えで処理して思索を巡らすこと）」して出てくるものではありません。故に、**程明道**が言ったように、「君子の学問は廓然として大公（老人の敬称）のようであり、物が来たときに従順に対応することにかなうものではありません」。もし、私意をもって「按排思索」するようであれば、これは「智」を用いて自ら「私」する事になります。「何をか思い何をか慮らん」とは、まさに修養そのものであって、聖人の位置にあっては、これは自然なことですが、学者の位置にあっては、これは勉強に励むものになります。**程伊川**はこれを修養の「効験（効果・験証）」と見なしていました。そこで「それを発言するには、はなはだ早い」という議論になったのです。そして、よく修養しなさいと言っているのも、**程伊川**の発言の前半が未だ尽くされていないことに、自ら気が付いたからでしょう。**周濂渓**（**周敦頤**ともいう北宋の儒学者）が「静」を主とする論もこの意味なのです。今、**周道通**の話は見識がないといわないけれども、しかし「何をか思い何をか慮らん」という境地と修養の両者が別のものであるというのは、間違いであることを免れないでしょう。（啓問道通書 2）

読解

ここでは「何をか思い何をか慮らん」に関する解釈の論争です。**程伊川**の「何をか思い何をか慮らん」の前に、修養をするようにといった議論に**謝上蔡**が反発して、これは同時のことではないかと**王陽明**に聞いたのです。しかし、**王陽明**は「何をか思い何をか慮らん」とは「思慮」の究極点で、「天理」であるといいます。従って、「天理」以上に何も考える、何も慮る必要がないということになります。究極点までは、いろいろ修養が必要であり、いろいろな「思慮」が必要になりますが、「私意」で「按排思索」するのはだめですと念を押します。

「思」と「慮」はともに考えるという意味ですが若干違うように思います。「思」は字義として田と心よりなり、頭脳と「心」で思うことであり、「慮」は「心」を巡らせて深く考えることでしょう。天下に関してこれ以上、思うことはないというのが「何をか思い何をか慮らん」ですが、それ以上、何も考える必要がないところまで考えろという意味でしょう。これは会社や社会でも同じでしょう。会社のことでの仕事のことも「天理」にあたるもの以上を考える必要がないと考えておけば間違いがありません。そして、**王陽明**流に言えば、会社でも役員から従業員まで「天理」に従って考えればいいのではないかというのでしょう。会社は利潤追求のための組織であり、従業員にとっても賃金を貰うための存在です。しかし、現実にそうであるように利潤追求だけで、会社は動きませんし、労働者も賃金だけでは働きません。多くの会社の「社是」にあるように、当社の事業によって社会のためになるという理想を求めることが第一で、経営も「天理」に従うことで結果として利益に通じるのでしょう。

孟子の「助長」とは先にも述べたように、稲の生育を助けようと苗をひっぱたら、みな枯れてしまったというおもしろい話です。ここは**孟子**の議論で重要な言葉です「浩然の気」をどうすれば養えるかを記したところです。「浩然の気」とは、自然発生的に人間の持つ生命力やエネルギーであり、これに「仁義」など「徳目」が生まれついて根源的に備わっているもので、この「気」を正しい道で実践することをいいます。「助長」は無理にのばそうとしても枯らすだけだという話であり、大学で教えていた筆者自身も反省をしなければならない話です。「浩然の気」は自らの実践によるものですが、これを学生が高める環境を作る努力をしてきました。しかし、学生に無理に背伸びさせて難しい本を読ませてきましたが、これが学問に対する情熱とか意欲を枯れさせてしまえばなんにもなりません。教育にも社会で生きていくために、「浩然の気」を高めていくことが重要で、常に天地一杯に自ずからの生き方を「正義」や「仁義」に沿って「気」を育てていくことが求められるのです。

また、この議論は**周濂渓**の主静論（「静」を主とする説）と同じだといいます。**周濂渓**は『太極図説』を著してますが、複雑な哲学的な議論ですので省略して簡単に要所を示しておきます。太極は無極であるとの説で、「太極動きて陽を生じ、動極まりて静となり。静にして陰を生じ、静極まりてまた動なり」として、「一動一静、互いにその根をなし、陰に分かれ陽に分かれて両儀立つ」として、宇宙の生成に関して論じ、「乾道（天）と坤道（地）が男女の気となり、この二気が交感して万物が生成する」としています。北宋の儒学における宇宙構造の動態に関する基本概念を示します。そして、万物が生成され、人間が生まれる。聖人はこれを定めるのに、「中正仁義」をもって「静」を主として人極を立つといいます。「静」を主とすることで人極は太極に帰するという考えです。主静論はこののです。

「静」の状況が宇宙の求める理想の状態であるといいます。**王陽明**はこの「何かを思い何かを慮らん」と主静論との考えは同じだといっています。「良知」に従ってものを突き詰めていけば太極に達するのです。

3　聖人の気象

周道通は手紙で次の質問をします。およそ学問に志す者はある程度の修養を行う方法を覚えれば、次第に「聖人の気象（輪郭、様子のこと）」を認識することになります。そして、聖人の「気象」を確かめて、それを基準にして、実地について修養を行ってゆけば、ほとんど間違いは起こらないでしょう。すこしでも、聖人に近づくための修養となるのではないでしょうか。この考えが正しいかどうかをお教えください。

王陽明の答えは次のようなものです。まず「聖人の気象」を求めるというのは、古人にもこの言葉がありました（『近思録』致知編にある**程伊川**の言葉に「これを学ばんと欲せば、須く聖人の気象を吟味すべし」とあります。ここでは、「聖人の気象」を考えないで勉強するだけだとただの文章だけの理解になってしまうといっています）。しかしながら、それだけでは肝心の頭脳（中心という意味）が抜けています。「聖人の気象」は聖人の独自のものです。聖人でない我々に、どうやって認識できるのでしょうか。もし自らの「良知」の上で真実に「切実」に「體認」しなければ、目盛りのない秤で重さを量り、未だ開かれていない鏡で美醜を写すことになります。いわゆる小人の腹によって君子の心を推し量るようなものです。では、「聖人の気象」は何によって認めればよいのでしょうか。自分の「良知」は元々は聖人と同じものなのです。もし、自己の「良知」を「體認」して明白にすれば、「聖人の気象」は、聖人のものだけではなくて、自分に存在することになります。**程子**がかつて言ったように、「**堯**を見て、それの行いを学ぼうとしても、彼のたくさんの聡明叡智（そうめいえいち）がなければ、どうしてよく彼の動容周旋（起居動作のこと）を実行して、「礼」に中るようにできるのですか」。また、「心が道を通じてその後によく是非を議論できる」と言っています。今、説明してみなさい。「道」が通じているというのはどこにあるのですか、「聡明叡智」はどこから生まれてきているのですか（結局は自己の良知からしかないでしょう）。（啓問道通書 3）

読解

周導通の質問は、四書五経を読むときには、それに書かれた「聖人の気象」を求めなければならないとしているのに対して、**王陽明**は、これを実践に結びつければよいという持論を展開しています。そして、**王陽明**は凡人が「聖人の気象」を分かるはずはないとあっさり退けて、「自分の中の良知」を見なさいと言います。「人欲を排し天理に従って」いる人は「良知」を持っているのであるから、それに準拠して実践を行えばよいと主張します。

そして、「聖人の気象」を直接探ろうとしても無駄なことであり、自分自身が持っている「良知」

を認識しなさいと助け船を出します。これまで見てきたように、**王陽明**にとって聖人も凡人も同じであり、その重みが違うだけだと言ってきているように、「聖人の気象」を知りたければ、自分の「良知」を見直せばよいと言います。立派な人になるのは、その姿を探るのではなく、自分の「良知」を見直すことなのです。「心」を高めようとするならば「立派な人の気象」を探るのではなく、自分の「良知」を見直して、「人欲を排して天理に従う」姿勢を持つことが基本ではないかと言います。**堯・舜・孔子**などの偉人の姿を見ながら、自分もそのようになりたいと思うのは人情です。しかし、自分がすでにもっている「良知」をもっと見直して、学問の修養を行うのが肝心であるというのは、日頃の勉強における姿勢として重要です。偉人のまねをすれば、偉くなると思うのは人情ですが、すでに自分が偉人と同じ「良知」をもっていることを考えなさいというのは、我々にも勇気を与えるものです。

4　事上磨錬は良知を致すこと

周道通の手紙には次の質問がありました。「事上に磨錬する（仕事をしながら心を磨き鍛錬すること）」とは、一日の内に、「事」ある時と「事」なき時にかかわらず、ただ一心に根本を培養することです。もし「事」が来たと感じたり、あるいは自己の方から感じるところに出会えば、「心」の上に「事」があることは、すでに覚っているので、「事」がないとはいえないでしょう。「事」が定まり「心」が統一したときには、「事」の「理」はおおむねかくなるものと覚ることができるのでしょう。従って、常に「事」がない時のように処し、自分の「心を尽くす」だけのことです。しかし、「事」を処して「善」になる場合もあり、「善」にならない場合もあるのはどうしてなのですか。あるいは一度に多くの「事」が来ると順次、対処してゆくことに努力するのですが、常に才力が足りないことにより、苦しめられます。極力、自分を奮い立たせますが、精神がすでに衰弱しているのを感じます。このようなことにあえば一旦、退いて十分な休息を余儀なくされます。むしろ、「事」を終わらせなくても「培養」して力を蓄えなければならないのでしょうか。

王陽明の答えは次のようなものです。おっしゃるところの修養は、**周道通**の力の範囲であれば、そのように使うのがよいのでしょう。しかしながら、まだ出入（ずれている点）があることを、見落としてはいないでしょうか。およそ人が学ぶことがあるとすれば、「終身」で、ただ一つの「事」だけをなすのです。年少より老成に至るまで、朝から夕方にいたるまで、「事」があるとか「事」がないとかを議論するのではなく、ただ、この一件だけをなすべきです。**孟子**の言う「必ず事とする有り」とするものがあります。もし、「事」を終えて、（精神の）「培養」を加えるべきであるとすれば、これはかえって「事」と「培養」を両事としてしまうことになります。いつも修養に努め、修養を忘れることがなく、強いて助けるわけでもなく、「事物」が来たときには、ただ自分の「心の良知を尽くして」これに応じることは、いわゆる「忠恕の道（真心と思いやりの道）」から遠くはずれることもなくなります。確かに、「事」に処して「善」になることもあり、未だ「善」にならないこともあります。「事」

が混沌として次に何を行うべき「事」なのかを見失う弊害もあります。これらは皆、「毀誉得喪（そしられたりほめられたり、得たり失ったりすること）」に引かれて、真実に「良知を致す」ことができないでいるためです。もし、実際に「良知を致す」ようにしておれば、その後には日頃いわゆる「善」なる者は、未だ必ずしも「善」でなく、いわゆる「善」でない者もかえって正しかった事を見いだすことになるでしょう。これは「毀誉得喪」に引かれれば、自分の「良知」を失うのです。

（啓問道通書　4）

読解

「事上磨錬」は「陽明学」の一つの柱ですが、「事」のあるなしにかかわらず「本源を培養」する、すなわち「心を尽くせ」ばよいとの考えを正しいものとしています。**周道通**は、「心を尽くして」行ってもうまくいくときもいかないときもあり、また、仕事が増えて疲れてきたら仕事を休んで「培養」しなければならないのではないかと、疑問を投げかけていましたが、**王陽明**は「事」と「本源の培養」は別のものではないと言い切ります。常に「心の良知を尽くせ」ばよいのであって、**周導通**の問題点は毀誉得喪を考えるから起こる問題であって、ほめられたいという「人欲」から解放されることで、「事上磨錬」ができることになります。

筆者も現役の時は大学での授業などの他に外部の研究会や学会の理事・審議会の委員などを頼まれましたがほとんど到着順序で決めており、頼まれた仕事は断らず、その「事」に関しての問題意識を持った研究を土日もなしに行ってきました。定年になり、頼まれる仕事はなくなっていますが、もともと「毀誉得喪」で仕事をしてきたつもりはありませんでした。おかげで非常に広範囲な仕事をすることができました。**王陽明**の言うように、今なすべき事は何かを常に自らの「良知」に問いかけることで、仕事のできる人になると思います。頼まれた仕事は、どのような「事」でも断らず、新しい仕事も避けませんでした。ある仕事ができると、さらに自分の能力が上がり、より多くの仕事が舞い込んできます。実際の仕事で、自らを磨錬することが自分の力を高めていくことになります。これも「良知」を発揮することにもなります。おかげで数多くの仕事をこなしてきました。もちろん、収入になるよい仕事はいいに決まっていますが、「良知」に合致しないで、収入の高さだけで仕事を選べば意味がありません。「事」に当たって、「良知」がするようにと命じる仕事をがんばることが重要です。

5　致知は簡易なこと

周道通からの手紙に次のような質問がありました。「致知の説」はこの春、二度にわたりお教えを賜り、すでに相当程度、力の入れ方が分かり、旧説（**朱子**の説）に比べてもっとも「簡易な説」であることが分かりました。ただ、私が「心」に思うのは、初学者のためにこれを言うときには、元に戻って、すべからく「格物」の意思をそえて、この修養に着手すべきところを知らせた方がいいでしょう。本来、「格物」と「致知」は一緒に行うものですが、初学者にあっては、まだ着手して修養を行う方法を知りません。かえって、「格物」を説いて与えれば、そこで「致知」を覚えることになるでしょう。

王陽明の答えは次のようなものです。「格物」は「致知」の修養です。「致知」を知っておれば、すでに「格物」を知っていることになります。もし、これが未だ「格物」を知らなければ、これは「致知」の修養もまだ分からないでしょう。近頃、一本の手紙を書いて友人に与えましたが、ここで論じ尽くしています。今、あなたにも一通を送りますので、細かなところはその書を見れば自ずから分かるでしょう。

（啓問道通書　5）

読解

『大学』にある「致知格物」は、この読み方に関して**朱子**と**王陽明**では対照的なものになります。**朱子**が「物に至りて知に至る」と読むのに対して、**王陽明**は「物を正して知を致す」と読むことになります。そこで、**周道通**は、**王陽明**の思想の心髄である「良知を致す」という考えを初学者に理解させるためには、まず「格物」を教えれば「良知の説」も容易に理解してもらえる、すなわち、「物を格す」ことが「良知を致すこと」につながると説明をすべきでないかと言います。これに対して、**王陽明**は必ずしもその並びにこだわることはないと言います。そして、「良知」が分かることは、すでに「格物」が分かっていることだと言います。すなわち、「良知を致す」ことは、すでに「物を正す」

ことを行っているはずだというのです。これは「知行合一」においても「知っているといって行っていないわけはない」、「行っていないのに知っているわけではない」という論理と同じです。

ここでは、「致知」と「格物」という儒学の修養方法に関する議論ですが、「工夫」はよく出てくる修行や修養を意味する言葉です。「工」は斧の象形文字で、ものを作る人という意味であり、「夫」は大人を意味します。そこで、「工夫」は仕事や志向に努力することであり、修養を意味することになります。本書では「徳」を高める「修行」なのでできるだけ「修養」としています。

『大学』での「物を正す」「知を致す」ことは「致良知（良知を致す）」であり実践的な教えになるのです。正しくする学問修養は実践を含めて「良知を致す」ことなのです。**王陽明**は五〇才の頃に「致良知」という考えを確立しますが、「格物致知」の修養を含めて「良知を致す」ことを強調します。

6　論争よりも立志を

周道通の手紙に次のような質問がありました。今も「陸朱論争」がまだまだ続いています。いつもこのような議論をする友人には次のように話しています。正学が明らかになっていないことは、すでに久しいことです。しばらく、心力を使って「朱陸の是非」を争わないでおくべきです。ただ、先生の言われる「立志」の二字によって人を教化すべきです。もし、その人が果たしてよくこの「志」を議論して、「意」を決してこの学問を知りたいと求めてくれれば、すでにこれはおおよそ明白になって、

「**朱陸の議論**」をしなくとも、彼らのことは自ずからよく分かるでしょう。また、かつて友人のなかに先生の言葉を議論するものを見ると、そのために「気」を動かすものを見ます。昔、「**朱陸**」の二人の先生について後世に紛々と議論が残った理由は、二人の先生の修養が未だ熟成していない所があり、感情に「氣」を動かす欠点があったように思います。しかし、**程明道**には、このようなものはありません。**程明道**が弟子である**呉渉礼**に、**介甫**（北宋の政治家であった**王安石**のこと）の学を議論しているのを見ると、**程明道**のために**王安石**へことごとくこの議論を伝えよと言っています。**王安石**に利益がなければ、必ず私の利益になると言っています。**程明道**の「気象」はなんとおちついたものでしょう。かつて先生が人に与えた書の中にも、この言葉を引いているのを見ています。友人もこのようになることを望んでいます。いかがでしょうか。

王陽明は次のように答えます。**周道通**の説は極めて妥当なものです。願わくは**周道通**はあまねく同志に伝えて、各自がしばらく自己の「是非」を論じて、「朱陸」の「是非」を論じることを止めさせなさい。言葉だけで人を非難するのは、その罪の程度は軽いが、もし、自らの身体で実行できないのに、いたずらに耳から入って口から出すことをして、口やかましく日々を暮らすのであれば、これは身をもって非難するもので、その誹謗の罪は重いものです。およそ、今、世間で私を批判するものの中で、いやしくもよく取り上げて私を「善」とすることのできるものがあれば、皆これは私を研ぎ磨いているのです。すなわち、私にとっては、警惕修省《けいてきしゅうせい》（いましめつつしんで身を修める）し「徳」に進めさせる素地にならないものはありません。昔の人が言ったように、自分の短所を責める者は自分の師匠です（これは**荀子**の言葉）。この師匠を憎めないでしょう。

（啓問道通書 6）

読解

「**陸朱**論争」とは**朱子**と**陸象山**の間で行われた論争です。**朱子**と**王陽明**は時代が違いますので論争はできませんが、**陸象山**は**朱子**の七歳下ですので、実際に対面して論争を行っています。**朱子**が主知主義、客観主義であるのに対して、**陸象山**は心学的で主観主義的です。**王陽明**はこの**陸象山**の「心学」を引き継いでいるのです。しかし、ここでは「**陸朱**論争」を繰り返すのは余り意味のあるものとは見ていません。いずれにしても「口耳の学」をいくらやっても意味がないというのが**王陽明**の主張です。

ここで、「朱陸」という理屈上の論争ではなく、自分自身を反省して、**王陽明**の言う「立志」を軸にせよというのが**周道通**の意見です。「立志」に関しては**周道通**との書簡の往復の最初に出てきています。**周道通**は、**王陽明**の「日用の工夫は、ただこれ立志なり」という言葉を引いて、議論しています。修養を途中でやめないこと、そして順次、純粋に成熟して行った段階では、「志」は自ずから違ったものになるというのが**王陽明**の注意でした。ここでは、「志」を立てて修養に励むのがよいと言っています。**王陽明**は「念念天理の存することを要むるは、すなわちこれ立志なり」と言います。よく一般には、「志を立てる」というと、一流大学の入学試験に合格するとか、一流会社に入って主要なポストに出世することの意味にとらえられることが少なくありません。しかし、これは**王陽明**の最も嫌うところです。**王陽明**はありとあらゆる場で「天理」を求めることが「立志」なのだと言います。通常人の考える「立志」は「私欲」によるものになりがちですが、**王陽明**にあっては「人欲を排した」ところにある「天理」を求めるものです。

この「天理」を考えれば、「志」は自然と形成されるもので、道家に言う「聖胎を結ぶ（腹の中に聖人がやどる）」や**孟子**の言う「美大聖神」に当たることになります。「美大聖神」とは人格が向上していく段階であり、弟子の「何をか善と謂い、何をか信と謂うか」との質問に対して「欲すべき之（人が皆こうありたいと望むこと）」を「善」といい、諸を己に有する之を「信」と謂い、充実すること之を「美」と言い、充実して光輝ある之を「大」と言い、大にして之を化する之を「聖」と言い、「聖にして之を知る可らざる之を「神」と謂う」と言っている言葉からきています。このように、善、信、美、大、聖、神の各段階を経て向上していくことを示しています。「立志」とは、このような順序を踏んで行くものの、一念一念を「天理」におくことが「心」を修養し、人格を向上させていくのだと言います。「立志」をもって日々の生活を送れというのが**王陽明**の教えです。

そして、「氣を動かす」という点を強調します。すなわち、先にも述べたように「氣」とは、意味を表す「米」と音を表す「气」からなり、宇宙の根元にこの「氣」のエネルギーがあることを言います。しかし、ここでは「心もち」や「気持ち」といった、感情的なものを指しています。感情をあらわにするというマイナスイメージの意味で言ってます。ここで、「朱陸」の論争をやめ、自己の是非を論じなさいと言います。自ら実行できないのに口やかましく暮すのは罪は重いと言います。同志に、そのまま伝えよと堂々とした風を見習うように言います。

さらに、「性悪説」の**荀子**の「わが短所を攻撃する人は、わが師である」という言葉を引いて、私を批判するものでも、私を善くするものは自分を礪ぎ磨くものであると歓迎するものであると言って、その「心」の大きさを示します。**王陽明**は**朱子**を批判しますので、当時から主流派批判者として常に議論の対象になっていたことは、『伝習録』の中によく出てきます。この批判をもっとやって勉強させてくれと言うのは、まさに「陽明学」の態度です。これを常に考えて、他人の批判に神経質になるよりも、それを自らの反省材料にしてゆく必要があります。難しいことでしょうががんばりましょう。

7　性は気なり

周道通からの手紙に次の質問があります。ある書物の中で**程子**が言ったことについての質問がありました。**程子**は、人は生まれて「静」である以上のことは説くことができないと言います。また、これ以後を「性」を説けば、それは既に「性」ではなくなっているとしています。なぜ、「性」について説いてはいけないのでしょうか、なぜ、それが「性」でないのでしょうか。これに対して、**朱子**は、説くべからずとは未だ「性」について言うべきことがないからだと言います。「性」でないとは、「氣質」を交えないことができないからです、と述べます。二人の先生の意見を理解することが未だできません。書籍を読んでもこのことに至るたびに、惑う所です。先生のご意見をお伺いしたい。

王陽明は次のように答えます。「生」を「性」と言います。「生」の字は「氣」の字と同じなのです。「氣」はこれも「性」というものでしょう。すなわち、「氣」は「性」であるので、人は生まれてくる前の「静」以前のものを説くべきでないのです。「氣」は「性」であると説いたとたん、これは既に一辺に偏った所に陥って、これも「性」の本源ではなくなってしまいます。**孟子**の「性善説」は「性」を本源から説いています。しかし、「性」が「善」であることは、必ず「氣」の上にあって初めて分かることです。もし「氣」がなければこれを見ることができません。惻隠・羞悪（しゅうお）・辞譲・是非といった「善」の要素はこれも「氣」です。**程子**は、「性」を論じて「氣」を論じざれば十分ではなく、「氣」を論じて「性」を論じなければ明白でなくなると言っています。これも学者が「性」と「氣」のそれぞれ一辺しか認めないために、やむなくこのように説いたのです。もし、自己の本性を見て、この問題が明白となることとは、「氣」はすなわち「性」であり、「性」はすなわち「氣」であって、もともと「性」と「氣」を分けるべきものではありません。

（啓問道通書　7）

読解

程子が行った議論とは、『近思録』にある「けだし生まれしままをこれ「性」という。人生まれて「静」なる以上は説くべからず。わづかに「性」を説くときは、すなわち、すでにこれ「性」にあらず。およそ人の「性」を説く、ただこれに継ぐ者の「善」なるを説くなり。ここで、**孟子**の「性善」

を言うはこれなり」というものです。すなわち、人間は生まれたままが「天」から与えられた「性」であるというのが基本です。ここでは、まず**告子**の言っている、生まれたままを「性」、すなわち、「天」から与えられたものが「性」であるという議論から始めます。従って、**告子**は「天」から与えられる「性」は「悪」とも「善」とも判断できないということになります。ここからさらに「性善説・性悪説」の議論が始まります。

ここで、**程子**は、**告子**の言った「生まれしままをこれを性という」を引き継いで、「氣」との関係を示しています。「氣」とは、万物を生成する宇宙の根元の力を意味しています。生まれることは「氣」であるので、「氣」は「性」であり、「性」は「氣」であるといいます。人間が生まれてくること自身、「天」の持つエネルギーである「氣」ですので、これが影響しているので生まれた時から「善」でもありえ、「悪」でもありえることになります。**程子**は「性善説」ではあるものの「性悪説」も認めています。すなわち、生まれたままの「性」については「善悪」を議論できないのです。

そして、生まれたままが「性」であるならば、生まれる以前からある天然・自然の「静」に関する部分だけの議論になり、従って、問題となるのは、表に出てきていない「未発」の部分だけの話になります。そのために、それ以降の「性」については議論できないことを主張することになります。そこで、**程子**は、「一陰一陽を「道」という。これを次ぐ者は「善」なり。これをなす者は「性」なり」という『易経』の議論をつかって、我々の議論すべき「性」は生まれながらにして持つ「性」ではなく、「道」をなす者としての「性」を理解しようというのです。

ここで、中心的課題は「性」と「氣」の関係ですが、両者は中国の思想を理解する上で重要なキーワードになります。「性」という字義はいうまでもなく、心と生まれながらという文字が組み合わさったもので、「生」は意味と音を示しています。「天」から与えられたものということで、重要な位置にあります。**朱子**の「性即理」は、ここからは容易に理解される所です。一方、「氣」とは、先に述べたように、自然現象のエネルギーのような意味に使われて、万物を生成する根元の力を意味します。生命の「生」の字と「氣」の字は同じである所から始まり、「氣」は自然界における生命力の意味なので、「天」が与えたものとしての「性」と強く関連します。しかし、「氣」と「性」は同じでないというのは多くの指摘があります。この議論は、先に述べた**周濂渓**の「太極図」で示されるように、そして、「万物」は生成して変化きわまりなしとするのが、陰陽道として中国思想の一つの基礎を形成しています。また、『近思録』には「性は天より出で、才は氣より出づ」として、「性」は「善」でないことはないが、「氣」が濁れば「才」も濁るという言葉から見ても、「氣」の役割を理解できるでしょう。「氣」はよきにつけ悪しきにつけ万物を動かす源であり、「性」が「善」であることと、「氣」が「善」に導くこととは一致するとは限らないことに留意が必要です。**孟子**の言っているような「氣」に至るには「浩然の氣」が求められることになります。**孟子**の「浩然の氣」は「至大至剛、直をもって養うて害することなければ、すなわち天地の間に塞がる。その来たるや、義と道とに配する」といって「氣」が「義」と「道」を生み出すことをいっています。

このような議論を背景に、**王陽明**は氣性の議論を説明します。**程子**の言うように、「氣」を「性」

と説けば、「性」の一部しか理解しないことになり「性」の本質とはかけ離れることになり、本源からはずれるのでしょうと、一応の賛意を示しながらも違いを指摘します。**孟子**の「性善説」の考えは、「性善」は「本源」の上にあると考えます。そして、「性善」は「氣」を端緒としており、「氣」がなければ「性善」は考えられないと言います。「惻隠の情」などの人間の本来の姿も「氣」の産物なのですから、別のものと見ることは間違いであると指摘します。**程子**がそのように言ったのも、両者を別物としてそれぞれの側面だけを見る学者の議論があるために言っただけとします。そして、自らの「性」を顧みれば、「性」と「氣」が区別できないことが分かるでしょうと説きます。

「易」や「礼」といった中国思想は日本人には理解が難しい側面があり、日本では儒学も宇宙の生成などを説く宗教的な話ではなく、実践的な道徳の教科書として理解してきた側面があるように思います。しかし、ヨーロッパの宗教・哲学も同様に、存在論と倫理観は直結したものですので、この点も儒学を勉強する上で理解が必要になる所以です。ただ、我々は大きくこだわる必要はないように思います。

第四章　陸原静に答える書

この章は弟子の**陸原静**からの書簡に**王陽明**が答えたものです。**陸原静**は静坐を好んで、仏教や道教にも通じた弟子でした。**王陽明**が五三歳の一五二四年に書かれたものです。**王陽明**は喪中でしたが、「陽明学」の最も盛んになるときでした。**王陽明**を慕って故郷に、たくさんの弟子が集まってきたときでした。

1　妄心と照心

陸原静からの手紙に、次のような質問がありました。修養を始めたばかりで、「心」が時として「寧静(ねいせい)（寧静とは心が平静であることです）」になることがありません。「妄心（道理が分からなくなる意味で、人間が持つ乱れる心を言います）」はもとより動いて、「照心（照は火でてらして明るくするという意味で、物の本質を照らす「心」の意味です）」もまた動くことになります。「心」が「恒(つね)（心と亘の組み合わせですが、旁(つくり)は「つね」の意味です）」に動いているようで、一刻として一時的にも留まることがありません。

王陽明の答えは次のようなものです。これは君が「寧静」を求めようとするところに「意」があるためです。これではますます「寧静」にはならないのです。「妄心」は動くのでしょうが、「照心」は動くものではありません。「照心」が恒に照らせば、恒に動くことになり、恒に静かになります。天地は恒久で、止まる所がありません。「照心」はもとから照らすものです。「妄心」も照らすのです。「その物たること貳ならざれば、すなわちその「物」を生ずることは止まりません（『中庸』の言葉であり、「天地の「道」は一つであって恒に動くので、「物」を発生させ育成す」と言います）」。この天地の道が一刻として止まること、すなわち、やすむことになれば、一貫して変わらない「至誠」という「聖学」とは違ったものになるでしょう。

（答陸原静書 1）

読解

弟子の**陸原静**が心が乱れているのは、「妄心」だけでなく「照心」も乱れているのでしょうかと質問したことに対して、王陽明はそれは「意」があるためですと諭します。「意」は音を表す「音」と意味を表す「心」からできていて、抑えられていて充満している「心」を示しています。この「意」を排除することが、「心」を「寧静」にするのです。「寧」とはウ冠に心、皿、示の字からできています。屋内に水を張った皿をおいて神に願い事をして「心」を休めることを意味しています。心穏やかに安らかにある状態を意味しています。そして、「寧静」についての誤解を解こうとします。すなわち、「照心」は動かないものですが、それに照らされている「天地」の「道理」は恒に動き、動くから万物を生成するという『中庸』の考えを示します。もともとの**周濂渓**の宇宙観は「静動」の議論を明解に示したものです。先に述べた**周濂渓**の「太極図」です。重複しますが簡単に述べておけば、「太極動きて陽を生じ、動極まりて静となり。静にして陰を生じ、静極まりてまた動なり」と、宇宙構造に関する基本概念が示されます。そして、「一動一静、互いにその根をなし、陰に分かれ陽に分かれて両儀立つ」となり、「乾道（天）と坤道（地）が男女の「氣」となり、この二氣が交感して万物が生成する」という「万物生成」の考えが基本にあります。そして、「万物」は生成として変化きわまりなしとするのが「太極図」です。「動」と「静」が循環することで「万物生成」の原理とされるわけです。ここで**周濂渓**は「静」に重きを置いており、「動」は**陸原静**の心配するように、「心」を乱れさせるものになります。これに対して、**王陽明**は「動くこと」を心配すべきではなく、むしろ「動かない」ということに「意」を使うことの方が間違いだと指摘します。「照心」は動くものではありませんので、これに照らされておれば、「天地の常」として動いていても「心」は動きませんと教えます。

今日の社会の問題として考えても、「心」を動かさない安定な状態にすることはきわめて重要なことです。動けば「物」がよく見えないというのはよく言われることです。多くの判断をしなければならない各界のリーダーにとって、「心」がどっしりと落ち着いていることは重要です。しかし、そのために、無理に冷静を求めても、それは間違えば、また「妄心」に陥ります。「照心」に従って「動く」ことを心がけることが判断を誤らせないことなのです。要は「至誠」として、「誠」を求め続けることなのです。世の社会のリーダー達の持つ危険は、自らが「ハイ」になって「心」を失う可能性があることを自覚するべきことです。ただ「心」を落ち着かせればよいと言うのではなく、仮に「心」が動いていても「誠」を求める動きであれば、それは「照心」であり、「誠」によって「心」が動かされることでなければなりません。

2　心を照らす良知

また、**陸原静**は続けて「良知も起こる所があるのでしょうか」と質問します。

これに対して、**王陽明**は次のように答えます。私の「良知の説」を十分に聞いていないのでしょうと言います。「良知」は「心の本體」であり、前に言ったいわゆる「恒に照らすもの」なのです。「心の本體」といえば起こるとか、起こらないかといった話ではありません。「妄念」が生まれたといっても、「良知」がいまだかつてなくなったことはありません。ただ、人が「良知」の存在を忘れてしまっていると、「良知」は時に抜け出すことがあるだけのことです。昏塞（混迷で閉塞しているような状況）の極致に陥っている人でも、「良知」は必ずあるものです。ただ、人はそれを察する方法を知らないので、時によっては蔽われているだけにすぎません。時には、その「良知」が外に放たれるとしても、その実体がなくなったことはいまだかつてありません。これを保持するように努めなければなりません。時には蔽われているといっても、その実体がまだ明らかにならないことはありません。これを察することに努めなければなりません。もし、君の言うように「良知が起こる所があるのか」というのであれば、「良知」が全くないこともあるということになってしまいます。君の議論はその本體の意味ではありません。

（答陸原静書 2）

読解

「良知の説」は**王陽明**の基本的なコンセプトです。前章まででも多く議論がありました。この考えの基にある**孟子**の良知良能説では「人の学ばずしてよくする所のものは、その良能なり、慮らずして知るところのものは、その良知なり」としています。あらゆる人には「良知」があり、「良知」を持たない人は存在しないという確信こそ陽明学の基本になります。「良知」は存在するのに、知られないでいることや覆われていることがあるので、それを保持して、察していかなければなりません。**陸原静**は「良知」は修養をしておれば、いずれ生まれてくるのでしょうかと不安げな質問していますが、**王陽明**は「良知」は生得のものですから、そのような議論をする必要はないと諭します。ただ、注意をしないと抜け出してしまうので、注意して保持しないといけないと言います。時には「良知」が蔽われることがあると警告します。「人欲」が大きな障害です。人欲を排除する事は常に念頭に置かなければなりません。「良知」は必ず誰にでもあるという信念が「陽明学」の基礎です。「人欲」などによって蔽われて機能しないという警告には十分に心すべき所です。我々も日頃から十分に心がけなければなりません。

3　精一論

次に、**陸原静**の質問に「先日にお話を承った「精一の論」は、聖人を作るための修養なのですか」とありました。

これに対して、**王陽明**は次のように答えます。「精一」の「精」は「理」のことです。精神の「精」は「氣」のことです。そして、「理」は「氣」の条理であって、「気」は「理」の運用です。「条理」がなければ運用もできません。運用がなければいわゆる「条理」を見ることもできません。「理」に「精」であれば、「氣」も「精」です。「精」であれば「明」になります。「一」であれば「道理」は明らかになります。「精」であれば「一」です。「一」であれば「精」です。「一」であれば「道理」は明らかです。「一」であれば「神」になります。「一」であれば「誠」になります。もともと二つの事があるわけでなく分けるべきではありません。ただ、後世の儒学者の説と「養生の説」とは一辺に偏るに止まっています。これをあわせて作用させてはいけません。先日の「精一」の議論は、**陸原静**の「精神」を愛し、養育しようとしているために話しましたが、これは聖人となるための修養のことの他ではありません。

（答陸原静書　3）

読解

「精」とは先にも述べたように、米が青いという文字であり、よく精米されて純粋になった米という意味です。一方、「理」は瑪瑙（めのう）の縞目が正しく整っているという意味で、筋目がきっちり分かるという意味です。「精」の意味である「純粋」というのは、「理」にかなっていて、「筋目」が立っているということを言います。また、「氣」は先に述べたように自然現象や生命の基になるもので、人間の心身の活気の基です。「精」が「純粋」であることは「理」にかなっていることで、これは「氣」によって運用されるというのが**王陽明**の理論です。「朱子学」はいわゆる「理氣二元論」です。「理」は太極として天から与えられて存在するもので、「気」がそれを陰陽の動きによって万物を生成し、様々な現象に導いてゆくことになります。**王陽明**は「理」は万物を生成する「氣」の条理であり、逆に「氣」の働きは「理」の運用であるとして、二元論を排除します。純粋なものは「筋目」が通っていて、それは人々を動かしていくものであるとします。

「精一」とは、先にも述べたように『書経』の「大禹謨」にある「惟れ精、惟れ一、允（まこと）に其の中を執れ」という言葉です。これを**朱子**は『中庸章句』において「精とは夫（か）の二者（道心・人心）の間を察して雑（まじ）へざるなり」として、「精」を「精密の精」と理解して、慎重に反省することで「道心」が「人心」によって妨げられないことを言います。**王陽明**はそうではなく、「精」は純粋なものという意味で、純粋なものは全て「一」であり、別物ではないと強調するのです。「精一」は「人欲」を去って「天理」に純一になる修養を意味します。

「一」も**王陽明**の議論ではよく出てくる言葉です。「物」を分けるところに誤りがあると言います。**孔子**にも「一を以て貫く」という言葉にも見られるように「一」というのは「陽明学」の基本です。

陸原静は**王陽明**の弟子ですが、病身で、しかも仏・道にも親しんだ人のようで、質問も純粋な感じがします。**王陽明**の答えも**顧東橋**への答えと違って、子供に諭すように優しい感じがします。

4 元神・元氣・元精

陸原静の手紙に次の質問がありました。元神・元氣・元精はそれぞれよって立つ場所があり、発生する場所があるのでしょうか。また、真陰の「精」、真陽の「氣」といったものもあるのでしょうか。

これに対して、**王陽明**は次のように答えます。「良知」は一つです。その不思議な作用について言えば、あるいは、これを「神」といい、大きく広がってゆくことについて言えば、これを「氣」といい、その「凝聚（ぎょうしゅう）（聚という字は「取」という字と「人」が三人いるという字からなっています。取は敵の耳を取って集めることであり、下の部分は三人を意味していて、多くの人が集まることを意味しています）」をもって言えば、それを「精」と言います。あなたは、これらが一つのものであるのに、どうして形象方所（形、現象、方向、場所）を求めるのですか。また、「真陰の精」は「真陽の氣」の母です。「真陽の氣」は「真陰の精」の父です。「陰」は「陽」に根ざし、「陽」は「陰」に根ざしています。これもまた二つのものではありません。いやしくも私の「良知の説」をわかっているのなら、このような類のものは言わなくとも分かるべきです。そうでなければ、あなたの手紙の言うところのものは三関（口を天関となし、手を人関となし、足を地関となすということ）、七返、九還（共に金属を精錬するために練り返す様子）のごときであって、疑うべきものでありません。

読解

この節は元神・元氣・元精といった「道教」の概念と「良知」の関係を示すものであり、分かりにくいところです。「元」とは「丸い頭」の意味で、「はじめ」の意味です。「神」は「天」のものであり、「氣」はよく出てくる「万物の生成」の原理であり、「精」は「純粋」を意味しますので、元神・元氣・元精はこの世を形成している基本を示しています。そこで、根本の「神」、根本の「氣」、根本の「精」が出るべき所から現実に出てきて「道」を示すことになります。

それがどのようなもので、どこから出てくるかについて十分に留意が必要ではないかという**陸原静**の質問です。また、「真陰の精」、「真陽の氣」も、陰陽で本質が異なるのでしょうという質問です。これに対して、**王陽明**は神、気、精は一つであり、また、「真陰の精」は「真陽の気」の母であり、「真陽の気」は「真陰の精」の父であるといってすべては「一」であることを主張します。すなわち、それは「良知」であって全てを貫いているものだと説明します。日本人には神・氣・精といった概念や陰陽という中国伝来、特に道家の思想を理解するのは難しいでしょう。自然をあるがままそのまま受け止めようとする日本の伝統に対して、中国の伝統的思想では何か霊的なものが自然を生み出してきて、それが「善」であることを示そうとするようです。

第五章　又

この章は**陸原静**の別の手紙のやりとりになります。「陽明学」の中心問題を示しています。

1　廓然大公・寂然不動

また、**陸原静**からの手紙に次のような質問がありました。「良知」は「心の本體」にして、すなわち、いわゆる「性善」です。また、「未発の中」です、「寂然（ひっそりとして静かなもの）」として「不動の體」であり、「廓然大公（廓然大公とは『易』の「繋辞伝」にある言葉で、心が広く、大公は老人のことであり、全てについてこだわりのない公平なことで、からっと開けていて私意、偏見のない状態を言います）」です、とおっしゃっていますが、どうしてふつうの人は皆できないでいて、必ず「学」に頼らなければならないのでしょうか。「中」や「寂」や「大公」はすでに「心の體」に属しているので、「良知」に当たります。今、これらを「心」の「中」を調べてみれば、「知」は「良」でないことはありえないとしても、「中」・「寂」・「大公」も実体は未だありません。「良知」は「體用の外」に超然としてあるのではないですか。

これに対して**王陽明**は次のように答えます。「性」が「善」でないわけはないでしょう。従って、「知」は「良」でないはずはありません。「良知」は（**孟子**の言う）「未発の中」で、「廓然大公」・「寂然不動（寂然不動とは煩悩を脱して「心」が不動になっていること）」の本體であって、人々が同じように持っているものです。ただ、物欲に「昏蔽（暗く覆い被せている状態）」されて力を発揮できないでいるのです。従って、学問をしてこの「昏蔽」を取り去らなければなりません。しかし、「良知の本體」については、はじめからあるものに、ほんの少しでも加えたり、欠けさせたりすることのできるものではありません。「知」は「良」なくしてあるものではなく、「中」・「寂」・「大公」が実際に未だ実現していないのは、「昏蔽」を未だことごとく去ることができないでいて、これらが存在するところが未だ純粋でないことによるのです。「體」は「良知の體」、「用（この字は長方形の板を棒で貫くという意味で活用することです）」は「良知の用」であるのに、どうして「良知」が「體用の外」に超然としていることなどどうしてありましょうか。（文 1）

読解

體とは豊（きちんと並べること）と骨が合わさった意味で、「本體」とは本来あるべき整った形のものです。すなわち、「心の本體」が備わっておれば、人は皆、「未発の中（喜怒哀楽の動く以前の心が静かで偏っていない「中」の状態にあることで、**王陽明**の議論はこの後に出てきます）」であり、「寂然不動」・「廓然大公」の状態にあるはずなのに、現実には学問を修めないとそれが得られないというのは、先生の主張に反しているのではないかとの批判です。さらに、「良知」も現実からは超然としてあるにすぎないのではないかとの**陸原静**の質問に**王陽明**が答えます。「良知」を「心の本體」と規定している**王陽明**にとっては、「良知」は本来、人間全てが持っていることを強調するものですが、「人欲」がじゃまをしているだけで、すでに備わっているものだという主張を再度確認します。学問はこの「人欲」を取り除くために行うもので、「良知」自身はあたえられたもので増えたり減ったりしないという反論を行います。この「人欲を排す」というのが難しいだけでなく、講演などでこれを話せば「欲がなければ仕事はできない」と大反発されることはたびたびです。

「心」を静かに「良知」を考えることは、今日でも重要な事です。大人はギャンブルに、子供はゲームに（最近は大人もゲームに没頭するようですが）走り、心を乱すことに快感を得ている場合が少なくないようです。もっとも例えば仏教では参禅する者やキリスト教でも日曜礼拝を行う人も少なくないようですが、ギャンブル、ゲームに没頭し、心を乱して、すり減らしている人が多いのが事実です。筆者も学生時代に、ほんのわずかですが日曜礼拝や禅寺での参禅の経験がありますが、実に心が清められるものです。就職してからは、宗教とは全く無縁となり、種々の仕事と研究・教育に没頭し、「心」を育てるのに時間を削ることはなくなりました。中国古典の勉強の一環として「陽明学」を始めましたが、「良知」の体得はもちろん、「廓然大公」・「寂然不動」にはなかなか至りません。七〇才を超えましたが、『論語』の「七〇にして心の欲するところに従いて、矩を踰えず」という境地にも至っていません。現実の経済社会を「格す」ための経済学や数学などの勉強から解放されて、「槁木死灰（枯れ木や死んだ灰）」にならないために、中国古典や西欧哲学の勉強に励んでいますが、なかなか「廓然大公」・「寂然不動」の境地には至りません。**王陽明**の言う「良知」を見直すつもりで、桜下塾で始めた『伝習録』の勉強会をしています。佐藤一斎の言う様に「老にして学べば死して朽ちず」を頼りに学んでいます。全ての人が「心の涵養」に努めなければならないとは思いませんが、今日のギャンブルやゲームの広がりには、大きな憂いを持っています。

2　「動」にも「定」あり

陸原静からの手紙には次の質問がありました、**周濂渓**は「静を主とする」と言っています。**程子**は「動」にも「心」の定まりがあり、「静」にも「心」の定まりがあると言っています。**王陽明**先生は、「定」は「心の本體」と言っておられます。この静かで定まった状態というのは、見ないことではなく、聞かないことでもなく、思うこともなく、なす事もないといった虚無の状況を意味するものでは決してありません。必ず「理」を常に知り、「理」を常に存在し、「理」を常に主人とすることの意味なのです。その「理」を常知し、常存し、常主することは、明らかに「動」であって、「已発」に当たります。どうして、これを「静」というのでしょうか。何を以てそれを「本體」というのでしょうか。「静」にして定まるものは、また別に「心」の動静を貫くものがあるのでしょうか。

王陽明は次のように答えます。「理」は動くものではありません。おっしゃるように、「理」を常に知り、常に存し、常に主とすることは、見ないことではなく、聞かないことでもありません。思うこともなく、なす事もなく、なす事もないという意味ではありません。私の言う（「静」や「定」のように）見ない、聞かない、思わない、なす事もないというのは（道・仏のような）「槁木死灰」になることではありません。見ること、聞くこと、思うこと、行うことが「理」と一つになれば、それ以上、見ること、聞くこと、思うこと、行うことがなくなることなのです。すなわち、これは動いて未だかつて動かないのです。「動」にもまた「定」があり、「静」にもまた「定」があって、**程伊川**の言う「體用一原（実体と作用は一つの源泉から出ている）」なのです。（又２）

読解

周濂渓は先にも述べたように、儒学の宇宙論の基本になる「太極図」を提唱して、聖人は「静」が主になるべきという「主静論」を唱えていました。ここでは、「動」が「静」になり、「静」は「動」を生むという宇宙の動態の中で「静」を主として、「心」を定めることを説いている**周濂渓**の議論に関する質問です。儒学では「慎独（独り慎む）」して「心」を落ち着かせて、一人で反省することが修養の一つです。**王陽明**はここで「静」と言っているのは、見ず、聞かず、思わずといった行動をしないというようなことではないと言います。仏教や道教で求めているような「静」や「定」は「槁木死灰」のようなものだと言います。「静」とは見聞・思考・行動を「理」に一致させることであり、

「定」というのだと言い切ります。従って、**程子**の「「動」にも心の定まりがあり、「静かな」ときも定まりがある」という主張も行動が動でも「理」に一致している時には、「定」である事を意味しているのです。動いているように見えても「理」に一致しておれば、それは動いていないのだといいます。これは**程伊川**の言う実體と作用の元は一つという考えと同じだとします。「良知」によって動かされることは「動」ではなく、「静」であり「定」なのだと言います。**周濂渓**のいう「主静論」でも、何もしないでただ「槁木死灰」になってしまうことではないと言います。良知に従って「動」き、「理」と一致すればそれは「定」であり、**周濂渓**のいう望ましい状態なのだといって、「動く」ことに躊躇すべきでないことを主張します。**王陽明**の行動主義であり、「良知」すなわち「天理」に従うことこそ肝要であるとします。「心」は「静」に置くべきであるが、じっとしていることは「静」という望ましい状態ではなく、「良知」に動かされて「理」に従って実践していくことが「定」だと言って、「陽明学」の行動主義を示しています。実践を重視する「陽明学」においては、むしろ「動」を重視し、「良知」に従った「動」は「主静論」によるより「至善」となることが求められるべき道なのです。

これについて筆者が思い起こすのは、「非平衡安定系」の議論と見ることもできましょう。例えば生きている人間は、それを構成する細胞はどんどん死んでいくのですが、それと同じ数以上の細胞が新たに生まれ「状態として安定して」存在していて生きているのです。食物を取り入れ、成長させ、一方でエネルギーとして発散し排泄しています。静かにしている人も血液は循環しているのです。あるいは、あるタンクに水がたまっているとするとき、入ってくる水と出て行く水が同じであれば、確かに水は動いていますが、タンクの水の状態は止まっているように見えます。閉鎖された孤立系は、必ずエントロピーが増加し、秩序は崩壊の方向に動きます。しかし、生命が生き続けれられるのは体系が閉鎖されているのでなく、一方ではエネルギーを放出しながら、他方では食物やエネルギーを取り入れて動いているからなのです。

3　「未発の中」は良知なり

陸原静の手紙には、次のような質問がありました。「心」の「未発の體」は、その「已発」の前にあるのですか。それとも「已発の中（うち）」にあって、これが主になるのですか。それとも前後内外の差異はなく、渾然一体としたものなのでしょうか。今、「心」の動静というのは、「事のある」ことと「事のなき」ことを主として言うのでしょうか。それとも「寂然」としていることと感じて通じることを言うのでしょうか。それとも「理」に従うかどうかと「欲」に従うのを主として言うのでしょうか。もし「理」に従うをもって「静」となし、「欲」に従うをもって「動」とするのであれば、いわゆる**周濂渓**の言うような「動の中に静があり、静の中に動がある」という考えや「動が極まって静となり、静が極まって動になる」という考えは通じなくなります。

もし、「事」があって感じて通じることを「動」として、「事」がない場合で「寂然」としていることを「静」とするのであれば、先ほどおっしゃった「動」にして「動」なく、「静」にして「静なし」ということにつながりません。もし、「未発」が「已発」の先にあり、「静」にして「動」を生じるのであれば、これは「至誠」が止まる所があることになってしまいます。「至誠息《や》むなし（『中庸』の言葉）」と言った聖人が今戻ってきたとしたら、これは「不可だ」と言うでしょう。もし、「未発」が「已発」の内にあるというのであれば、知らない間に「未発」・「已発」共に、常に「静を主とす」べきことになるのでしょう。そもそも「未発」を「静」として、「已発」を「動」となすのでしょうか。そもそも「未発」と「已発」は、そもそもに「動」なく「静」なしというのでしょうか。それとも「動」あり「静」ありというのでしょうか。お教えをいただければ幸いです。
　これに対する**王陽明**の答えは次のようなものです。「未発の中」は「良知」です。前後内外などなく渾然一体としたものです。確かに、「事がある」時と「事がない」時で、「動静」の区別があるということはできます。しかし、「良知」は「事がある」時と「事がない」時とに分けることができません。「寂然」として動かないことと、感じて通じることとは、これを「静」と「動」とに分けていうこともできましょう。しかしながら、「良知」を「寂然」と「感通」に分けることはできません。「動」と「静」は「事」に出会うときの問題であって、「心の本體」をもとから「動」と「静」に分けることはできないのです。「天理」は動くことがないものです。従って、動けば「欲」になりますが、これが「天理」に従えば、「事」に対応していろいろ変化しようとも動いたことにはなりません。「欲」に従えば、「心」を枯れ木のようにして念を一つにしようとしても、それを「静」というわけにはいきません。

「動」の中に「静」があり、「静」の中に「動」がある事をどうして疑うのですか。「事」があって感じて通じるものはもとから「動」と言うべきです。しかしながら、「寂然」としたものが増えるものではありません。「事」がなく「寂然」としているのはもとより「静」と言うべきでしょう。しかしながら、感じて通じるものがあるときには、それで何か減少するものではありません。「動にして動なく、静にして静なし」という考えをどうして疑うのですか。「前後内外」がなく「渾然一体」となっておれば、「至誠は息む」ことがありはしないかという疑いを解明する必要もないでしょう。確かに、「未発」は「已発」の内にあります。しかしながら、「已発」には別の「未発」があったわけではありません。「已発」も「未発」の内にあるのです。しかしながら、「未発」の内に別の「已発」があるわけではありません。「未発」・「已発」の内に「動静」がないということではありません。しかしながら、「動静」を以て分けることができないものです。

（又 3—I）

読解

ここでの論争では、『中庸』で語られている「未発・已発」についての論争を通じて「動」と「静」を論じています。『中庸』では「未発の中、已発の和」を人間の行為の理想状態として表現しています。すなわち、「心」の中にあって未だ「外」に出ていない状況では「中庸」であり、それが行動となって「外」に出たときには「調和」になっていることが求められるわけです。そこで、「未発の中」

があってこれが「已発の和」になることから「未発」は「已発」に含まれるという内外関係を質問したわけです。**王陽明**にとっては「未発の中」自身が「良知」ですので、前後内外はなく「渾然一体」のものであることを強調することになります。「良知」が働けば、「已発」が「未発の中」でないものはなく、「已発」は「未発の中」そのものですので、「未発」も「已発」も一体であることになります。

また、行動が「天理」に一致しておれば、感じて通じるようなことは「動」に見えても「静」なのだと言います。「事」がなくて「寂然」としているのが「静」であるのは間違いがなくても、「事」があったときにそれが「天理」に一致しておればそれも「静」だというのです。問題は「良知」が働き「天理」に従っているかどうかだというのです。

「心」に感じて通じる所があっても「天理」に従っていると、それは「心」の安定をもたらす「静」であるという**王陽明**の基本的な認識になります。日常の生活でも実践されうる所です。日頃、ただ忙しいと言うだけで毎日繰り返して、文句ばかり言っていることが多い日々です。しかし、「人欲を排す」れば、何か「心」に通じるものがあり、それは「実践」となって「天理」に従うという「行動論」につながってゆくのです。何か「事」があるときに、「寂然」として「静」だと言えば、「天理」に従っていないことになります。

「事」がきたときに「天理」に従って動けば、「動」に見えても「静」だというのです。日常でも、様々な「事」がやってきます。会社や役所で仕事をしておれば次々に問題が発生し、「事」がやってくるものです。政治や行政の場合はさらに大きな「事」が、毎日のようにやってきます。これに対して、「静」を求めて何もしなければ「槁木死灰」でしかなく、「良知」に従って勇気をふるい動くことが求められ、これは「静」なのです。

「主静論」は雑念を排し心静かに保つ儒学の求める修養の基本です。**王陽明**は「事」が来たときに単なる「静」を求めることは「槁木死灰」になってしまうとして、「事」が来たときには「良知」に従って動くことは「静」であるという「行動学」を示しているのです。大きな「事」でなくとも、日頃から身の回りで「事」はやってきているものです。「良知」に従っておれば、勇気を持って「動」くことは「静」なのだと言って人々を励ますのです。

4　陰陽と動静

王陽明は続けます。およそ古典を読んで「古人」の言葉を勉強するのには、自分の「意（心）」をもって、作者の言おうとしている「志」を汲み取って、その「趣旨」を得なければなりません。もし「文字の意義」に拘泥すれば間違うことになります。例えば**孟子**も言っているように、『詩径』の「大雅雲漢」の詩にあるように、周の国の人たちは「孑遺あるなし（周の人民は旱魃のために死に絶えて一人もいなくなってしまった）」という言葉からすれば、「周代の人は独りも残らなかった」ということになってしまいますが、そんな事実はなかったのです。**周濂渓**の言う「静が極まって動となる」という説もよく見なければ、その理解が過ちに陥ることを免れません。**周濂渓**の意味するところは、先に述べたように「太極が動いて陽を生じ、静になって陰を生じる」との説から出てくるものであることに、注意しなければなりません。すなわち、「太極図」でいうところの「生生の理」とは、不思議な「霊」の作用が休むことがなく、しかもその「常體」は変わらないことをいっているのです。「太極の生生」とは「陰陽の生生」です。その「生生」について、不思議な作用が息むことはないということを指しており、この息むことのないのを「動」と言い、これを「陽の生」と言うのです。「動」があってその後に「陽」が生じるというものではありません。その「生生」の中にあっても、「常體」が変わらないことを「静」と言い、これを「陰の生」と言うのです。「静」になって、その後に「陰」が生じるのではありません。もし「静」になってその後に「陰」を生じ、「動」になって、その後に「陽」を生じるのであれば、これは「陰陽動静」は全く別々のものになるでしょう。「陰陽」は一つの「氣」であり、「一氣」が屈伸して「陰陽」となります。「動静」は一つの「理」です。「一理」が見え隠れして「動静」となります。春夏は、これを「陽」となり「動」となるものです。しかし、そこに「陰」と「静」が存在しないわけではありません。秋冬はこれを「陰」とし、これを「静」とします。しかし、そこに「陽」と「動」がないわけではありません。春夏は動くことを息めることはなく、秋冬も動くことを息めないので、皆はこれを「陽」といい、これを動と言うべきことになるでしょう。春夏も常體であれば、秋冬も常體ですので、皆はこれをもって「陰」と言い、これを「静」と言うべきでしょう。元・会・運・世・歳・月・時より、もって刻・秒・忽・微に至るまで皆、同じなのです。**程伊川**の言うように「動静には際限がなく、陰陽には始めがない」のです。こういった「理」は、「道」を知っている聖人が黙して知るものであり、言葉では言い尽くせるものではありません。もし、ただ文字だけに引っ張られその章句にこだわっておれば、いわゆる心が「法華経」について回るだけで、「法華経」に「心」が転じていることになってしまうでしょう。

（又 3—Ⅱ）

読解

文字や文章にこだわるなという考えは、**孟子**の「万章上篇」にある「『詩』を説く者は「文」をもって「辞」を害せず、「辞」をもって「志」を害せず。「意」をもって「志」を逆える」から来ています。『詩径』の「雲漢」の詩の例もそこに書かれています。文章を読むときには、文字・文章にこだわらず、自分の意志から文章の作者の「志」を考えて自分のものにすべきだという主張です。「太極図」を読むときも「動から静、静から動」という循環が書かれていますが、これにこだわらないようにと言うのです。「陰陽動静」は一体だというのが、**王陽明**の主張です。太極が動いて「陰陽・動静」が生じるのだけど、それは動いているだけで、そういった全体の仕組みは動いていないので「静」だというのです。そして、重要な点は「生生」であり、陰陽という「氣」、動静という「理」が生み出しているのです。**周濂渓**の太極図を読むときも「動から静、静から陰」といった文字に表されている概念にこだわらないで、宇宙全体は生命体のように「動いていて止まり、陽にして陰」という構造になっていることを読みなさいと言うわけです。中国の宇宙論ですが、結構、重要と思います。

先にも述べたように、儒学の伝統は「静」の上に「善」を見るのですが、「静」も「動」も同じであるとすると「動」の上に「善」を求めることになります。「知行合一」「事上磨錬」「万物一体の仁」などの陽明学の基本の基礎は「陰陽動静」が一元であり、これによって「生生」の基本とするとの考えなのです。なお、一日は一二時間（一時間は今の二時間に相当します）、一月は三〇日、一年は一二月、一世は三〇年、一運は一二世、一会は三〇運、一元は一二会を意味しています。一元は一二万九六〇〇年になりますので、気の長い話です。逆に、一日は一〇〇刻ですが、秒・忽・微はささらに短いわずかな時間という意味になります。当時はそのような短い単位の時間の測定はできないでしょうが、こう考えれば、**程伊川**の言うように「動静には限界がない」ので言葉にあるように動や静は言い尽くせないものです。書かれたものに振り回されていては、「心」は真実をつかめず「法華経」に「心」が振り回されるようなものだけと言います。

ここから我々は、何を学べばよいか分かりにくい所です。宇宙観として太極図は「至善」の論理的背景にあるわけですが、このような理論の背景にある「宇宙」の「氣」「理」を直感して、そこから自らの実践を作ることではないかと思います。とかく、我々の社会では他人と議論して説得することが基本になっています。もちろん、これは社会の中で重要なことですが、宇宙の動きの中で自分の存在、そして実践を感じることも重要ではないかと思います。この広い宇宙で、悠久の時間の中で自分は何を軸に生きて行けば良いのかを考えることが求められるのです。また、ここでは文章そのものにこだわらないでおくべきであることを主張します。文章に振り回されて本来の考えから離れて振り回されるだけだと言います。現代の日本人には、「陰陽動静」のような見方は分かりにくいものであると思います。

5　喜怒憂懼

陸原静の手紙に次の質問があります。自分の「心」を試してみれば、喜怒憂懼（喜び怒る憂い、懼は恐れてつつしむこと）を感じ発するときに「氣」が動いて極まっても、自分の「心の良知」がひとたび自覚されれば、跡形もなく消えてしまいます。はじめから留めておくか、あるいは中間に抑えておくか、あるいは後になって悔やむかだけです。そうなのであれば、「良知」は常に憂閒無事（静かで事のないこと）の地に居ることが主であるというのは、喜怒憂懼とは無関係なのでしょうか。

王陽明は次のように答えます。「良知」を知れば、すなわち、「未発の中」は先に述べた「寂然不動の體」であり、これが外に発して節にあたると「和」になり、感じて通じることの「妙」を知ることになります。しかし、「良知」は憂閒無事の地に居るがごとくというのは、なお間違った所があります。「良知」は喜怒憂懼にとどまらないといえども、喜怒憂懼もまた「良知」の外にあるものではありません。（又４）

ここでは、「喜怒憂懼」と「良知」の関係を議論しています。「喜怒憂懼」は多くの場合、「心」が乱れることで望ましい状況ではありません。**陸原静**が、良知は「喜怒憂懼」を抑えることが本なので、「良知」は「喜怒憂懼」とは独立して存在するのかという質問を行ったのに対して、**王陽明**は「喜怒憂懼」も「良知」の外にあるのではないと言います。「喜怒憂懼」は「心」の静寂を是とする儒学では否定される「心」の状態ですが、**王陽明**はともかく「良知」に従えばよく、その場合の「喜怒憂懼」もまた是とされうるものであるとします。これは、人とともに喜ぶことは「喜（口の上に楽器をおいた文字で、飲食をして喜ぶことが本の意味）」であり、「心」が「良知」により高揚することです。塾の日のある時、たまたまある人と叙勲の話になり、近隣の人が叙勲されたのに対して「あんなたいしたことのない者に勲章を出すのはけしからん」という話をする人がいましたが、「たいしたことがない人が叙勲されることはうれしいことだから祝ってあげれば」と言いましたが、人の喜ぶことを喜ぶことは「良知」に従ったものと思います。逆に、世の中には理不尽なことが少なくありません。「怒」も個人的なことで自分の「意」に沿わないことに怒りを持つことは「私心」によるものでしょう。「私心」によって怒りが引き起こされることはよくあることで、望ましいことではありません。しかし、いわゆる「公憤」もあります。世の中の不正に対して、「怒る」ことは「良知」に従った「怒」でしょう。また、世の中が間違っているという「憂い」も「私心」によって起こることに、十分な注意を払う必要があります。しかし、今日、日本が豊かな社会になり、多くの人がそれを享受できるのも、日本の歴史の中で国のあり方について憂えた「憂国の志士」の働きのおかげであり、深く感謝をしなければなりません。命を投げ出して日本の改革に努めた人が数多くいたのです。今日の我々も社会、国を憂いて改革の「実践」に努力していかなければなりません。我々も常に「良知」に従って社会、国家のあり方について「憂い」を持ち、改革の実践に努めなければなりません。

「懼（く）」とは間違いを起こさないか恐れることですが、儒学の修養では「慎独」して「懼」を行います。「懼」も「良知」に従っているかを反省することになります。「喜怒憂懼」は「私心」によって起こっているものであれば、それは「道」に外れたものになります。これらは「良知」によっているかどうかを常に反省していく必要があると思います。

よくそんな大それた「事」は関係がないという人がいますが、自分のできることから始めればいいのです。例えば、選挙で投票に行くことも実践の一つです。職場でも地域でも仲間を作り、仕事を通じた仲間で国や地域を憂う気持ちからの社会の改善の実践を行うことも可能です。筆者も大学教育で職業として教育を通じて「実践」してきましたが、言論界での活動や政府の審議会、地方団体の委員会などで社会改革のお手伝いをしてきました。また、「二一世紀日本フォーラム」という学者団体を作るなど社会運動の団体の運営などの実践を行ってきました。「桜下塾」という「陽明学」の勉強会も今日の日本で精神の衰退を憂いてのもので、全くの微力なものですが尽力しています。

6 戒慎恐懼

陸原静の手紙には次の質問がありました。先生は以前、「良知」を「照心」であるとおっしゃいました。私が思うのは「良知」は「心の本體」で自ずからそなわっているものです。ところが「照心」は人が修行して得たものの作用でしょう。すなわち、よい「戒慎恐懼（天を恐れて慎み深くすること）」の「心」です。「思う」ことと同じでしょう。であるのに「戒慎恐懼」を「良知」とするのはどうしてでしょうか。

王陽明の答えは「良く「戒慎恐懼」する者はこれが「良知」です」と簡単なものです。（又5）

読解

「戒慎恐懼」は『中庸』にある「君子は其の見ざる所に戒慎し、其の聞かざる所に恐懼す」に示された修養であり、常に自らをいさめ「慎み」、自分の行動が「理」にかなっていないかを恐れおののくという儒学の基本的な生き方です。儒学では「慎独」として、自ら慎むことが儒学の基本的修行ですが、「神霊や祖先の霊」というような幅の広い「霊魂」に対する「畏敬」の念を常に持つことも意味するのでしょう。**陸原静**は「照心」というかがり火で照らす「心」と「戒慎恐懼」を同じ意味にとらえて、「神霊」を恐れることは「心」を照らすことであって、人が努力して得たものと解釈します。一方、「良知」は**孟子**が言うように「良知良能」としてすでに備わったものですから、すでに備わった「良知」と修養に努力している「戒慎恐懼」は違うものではないかと疑問を示したのです。しかし、**王陽明**の答えは簡潔です。『中庸』で言う「戒慎恐懼」という儒学を勉強する者が常に留意しなければならないものとさせているのは「良知」だというのです。「戒慎恐懼」も良知が発揮されて起こることなのです。儒学では「慎独」として「静」を求めることは重要な修養ですが、**王陽明**はこれまで見てきたように単なる「静」ではなく「良知」に基づく「動」も同様に重要視します。「静」を求める「戒慎恐懼」とは違うように思います。

今日、我々も日々、「戒慎恐懼」することは重要です。個人の問題でもそうですが、会社ぐるみで不正を行っていることが日常のように報道されています。「これくらいはいいだろう」という「心」から法律に違反しなければよいと自らに緩やかな解釈を行って活動をしているのが常です。特に、経済社会に関わるトップリーダーは「戒慎恐懼」してもらいたいものです。日産のゴーン氏の様な優秀な経営者が不正行為を行っていたことがマスコミで知るところになるとがっかりします。会社経営に厳しいことを言っても、顧客・従業員・社会・株主などに利益になるように、コンプライアンスによる経営を行うことは「良知」に従って行っていることで賞賛されるべきことです。世の経営者や政治家などは社会に大きな影響を与えているので、常に「戒慎恐懼」してほしいものです。もちろん、みんなが行うべき「事」だと思います。そして、「戒慎恐懼」を通じて「良知」を認識してほしいものです。

7　妄なく照なし

陸原静が次の質問をします。先生は「照心」は動かないものだとおっしゃいます。それが「理」に従っているので「静」というのでしょうか。しかも、「妄心もまた照らす」とおっしゃいます。先生の言っておられるのは、その「良知」がいまだその中にないので、まだその中で明らかになっていないというのではなく、「視聴言動」の「則（限度）」を過ごさない者は、皆「天理」であることを言っておられるのでしょうか。「妄心」と言ってしまえば、「妄心」であるのにこれが「照らす」といってよいのでしょうか。それとも「照心」であってもこれが「妄心」であることもあるのでしょうか。「妄」と「息（『中庸』にある「至誠息むなし」の「息」で、「至誠」はとどまることがないとの意味）」とは、どうして異なるのでしょうか（いや異ならないという反語）。「妄の照す」をもって「至誠の息むなし」に続くことは、私にはまだ分からないところです。もう一度お教えいただければ幸いです。

王陽明は次のように答えます。「照心」が動くものではないというのは、その本體明覚の自然から発していて、いまだかつて動いたものではありません。従って、動くところがあるものは妄です。「妄心もまた照らす」とは、本體明覚の自然のものがいまだその中にないことから動くところのものがあると言っているのです。動くものがないところのものは、すなわち、「照」です。私の言っている「妄なく照なし」とは、「妄」をもって「照」とし、「照」をもって「妄」とすることではありません。「照心」を「照」となし、「妄心」を「妄」となすのは、「妄」があり、「照」があるためです。

「妄あり照ある」とは二つ心があることになります。二つの心があるならば、「至誠息むなし」にはならないでしょう。「妄なく、照なし」でなければ、二つの心にほかならず、二つであれば「至誠息むなし」にはなりません。（又6）

読解

「照心」と「妄心（迷いの心）」の関係に関する議論です。「照心」はかがり火で心を照らすという行為ですので、動いては、よく照らせませんので、動かない、すなわち、「静」でなければならないというのが基本になります。そこで、**王陽明**が「妄心」も「照心」だと言っていることに、**陸原静**は疑問を呈します。これに対する**王陽明**の答えは、「照心」と「妄心」の違いを認めた上で、「妄あり照ある」では二つの存在を同時に認めていることになるのではないか、「妄なく照なし」でなければ本来の「心の本體」ではなくなってしまうと言います。「心の本體」には「妄」も「照」もないと言い切ります。

「妄心」か「照心」かを心配する前に「心の本體」が「天理」に従っているかを心配すべきということになります。「良知」である「心の本體」に「妄」も「照」もないという独特の理論を展開します。**王陽明**らしい議論ですが、現代の我々も考えねばならないところです。自分自身が世の中を見る視点をしっかり持たなければならないのは当然ですが、それが「妄心」になっている場合もないわけではないのです。世を見る視点が「心の本體」に、「良知」に従っているか、そして「万物一体の仁」

につながっているかを見なければならないのです。ここが「万物一体の仁」に繋がれば間違うことはないというのが**王陽明**の議論になります。

「妄心」、「照心」というのはわかりにくい話です。一般の儒学の修養は「妄心」を排除して「心を正しくする」ことですが、これは難しい話です。日頃、あれこれ迷い心が落ち着かないのが通例ですが、何か「心」に訴える「いい話」を聞いて、「心」にすがすがしさを求めるのが人情です。「照心」を求めて本を読んだり、偉い人の話を聞きに行くこともあるでしょう。場合によっては、宗教に求める人もいます。「照心」を求めるのは、ごく自然なことです。ここで、**王陽明**は「妄なく照なし」と言い、「照心」も「妄心」も「良知」に従って行けば、「照心」か「妄心」かに「心」を動かされる必要はないと言っているように思います。

8　心清くして欲を少なくする

陸原静の手紙に次の質問があります。「生」を養うには、「心を清くして欲を少なくする」ことが肝要です。「心を清くして欲を少なくする」のは、聖人になる修養になります。「欲が少なく」なれば、「心」は自ずから清くなります。「心」を清くすることは世事のことを捨てて、独居閑静して「生」を求めることの意味ではありません。しかし、この「心」を「天理」に対して純粋にすることは、「私」から「人欲」をわずかでもなくすことを求めることだけです。今、修養をしようとして「人欲」が生まれてくる度に、これを克服しようとするのであれば、基本的に病根は常に残っていて、東でなくなっても西から生じるというような事態から免れえません。もし、たくさんの「欲」が生まれてくる先にその「人欲」を削り取って洗い流そうとしなければならないのであれば、その克服の努力の使い方が分からず、いたずらに乱れてその「心」を清いものにできなくなってしまいます。「欲」の兆しが出てこないときに、これを掃いて捨てようとすれば、犬を引いて表座敷にあげて、これを追い出すようなものでしょう。いよいよ分からなくなります。

王陽明の答えは次のようです。「心」を「天理」に対して純粋になり、わずかの「人欲」も自分からなくそうとすれば、かならずこれは聖人になるための修養となります。この「心の天理」を純粋にして、わずかの「人欲」もないようにしたいと思うのなら、かならずその兆しの出てくる前に防いで、まさに兆しの出てきたときに、克服しなければできないことになります。まだ出てきていない兆しを先に防いで、あるいはまさに兆しが出てきたときに、これを克服するには、『中庸』にいう「戒慎恐懼」、『大学』にいう「致知格物」の修養が必要であり、これをおいて他に方法がありません。東で消えても西に生まれたり、犬を引いて表座敷にあげて、これを追い出すというようなことは、これは「自私自利（自分が私となり、自分が利すること）」を求めたり、「将迎意必（いらない外のものを引き入れ迎え、心にこだわりを持つこと）」を積み上げることがそうさせているのであり、「克治洗蕩（人欲を克治して洗い流すこと）」が禍根になっているわけではありません。今、「生」を養うのに「心清くして欲を少なくする」ことが肝要であると言っているのに、「生を養う」という二字こそ「自私自利」、「将迎意必」

の病根なのです。この病根があれば、東に滅して西に生まれ、犬を引いて表座敷にあげてそれを追い出すことになります。（又7）

読解

「養生説」は基本的に「道家」の議論であり、長寿健康法の基本になります。これは儒学でも同様で、養生を求めることになり、ここでの「心清くして欲を少なくする」ことになります。実際、日本でも儒学の先生は長生きすることが少なくありません。**佐藤一斎**は八八才まで、**山田方谷**も七四才まで生きましたので、これらの儒学者は当時としては大変な長寿です。節制が長寿の秘訣であるのは、今も昔も変わりません。儒学を実践することは、長生きの秘訣なのかもしれません（もっとも**大塩平八郎**のように「動乱」を起こしたり、**西郷隆盛**、**吉田松陰**のように明治維新という「事」に当たって早死する者もいますが）。

ここで、**陸原静**は**王陽明**の議論に従って、この養生のために「心清くして欲を少なくする」ことは単に世俗からの逃避ではなく、聖人への修養であることを言います。しかし、それを現実に実行しようとするときに、「人欲」がまだ出ていないのにどうやって叩けばよいのか、また、根元が残っているのに出てきたところを叩くだけでは「モグラ叩き」になるのではないかと質問しているのです。

これに対する**王陽明**の見方は「抜本塞源（ばっぽんそくげん）」であり、根元から引き抜いて水源を塞いでしまうことが必要と言います。**王陽明**は人欲の出る前に、また出てくる兆しのある時に叩くには、『中庸』にいう

「戒慎恐懼」、『大学』にいう「致知格物」が必要と言います。前者は先に述べた儒学の修養の原則ですが、後者はむしろ積極的に「物をただして知をいたす」ことなのです。結局、「良知を致す」ことは「人欲」が出てくるのを根本から叩くという「抜本塞源」になるのでしょう。「人欲を排す」ことはもっとも難しいことですが、積極的にとらえるべきであり、「良知」に従って実践することが人欲を排すことなのでしょう。

また、「生を養う」という「養生」自身も人欲だというのです。これまで見てきたように「静」のみを求めるのではなく、「良知」に従う「動」を重視して「事」があれば実践することを求めている**王陽明**にとっては、生きることにもこだわりのないことが最も重要というのが主張です。**西郷隆盛**の言う「夭逝とは若くして死ぬことと年とって死ぬことである」というように、「事」に当たって行動することは生命にもこだわりのない大きな「心」が求められるのでしょう。自分の利益にこだわっていては「人欲」に対処できないというのは留意すべきことでしょう。

とは言っても、「人欲」を排するのは容易なことではありません。「養生」は日頃、気にしなければならないのですが、これもままなりません。筆者もアルコール性肝炎などを経験したことを考えると「養生」からはほど遠いものです。もっとも、長らく禁酒していますので、肝機能も正常に戻りました。これまで人一倍仕事はしてきたのですが、これは「人欲」によっていたのか、「天理」に従ってきたのか判断に迷うところですが、これまでに二度の大病をしてきたこともあって、これまで「人欲」によってきたことは少なかったように思います。「人欲」によらずに仕事をすれば、仕事はどんどん増えるものです。また、色々な人に助けてもらうことも経験してきました。ぜひ、「心清くして欲を少なく」を実行したいものです。

先にも述べたように、経営者の会合などで「陽明学」の講演を頼まれて「人欲を排す」と話をしますと大ブーイングです。「人欲」をなくして仕事ができるかとの冷たい反応です。多くの人たちは「人欲」があるから働き、色々な発展を生むものだという考えに頑固に固執しているように思います。「人欲」を排して、そこから見えてくる「天理」に従うのだという話にはなかなか理解してもらえません。しかし、現実に会社の社是の第一条に「がめつくもうける」としているところはありません。普通の会社は第一条には「我が社の製品を通じて社会の発展に貢献する」というのがほとんどで、「人欲」を排することを、多くの場合、掲げているのではないかと思います。会社の経営も「人欲」を排して、「天理」に従ったところが成功を収めるのではないかと思います。

9　何の善、何の悪を思う

陸原静の手紙には次のような質問がありました。仏教では「善を思わなく、悪を思わない」ときには、自分の本来の面目（姿）を認めることになります。我々の儒学においては、現実の一つ一つの「物」に従って「正す」という考えとは同じではありません。私達がもし、「善を思わず、悪を思わない」のであれば、「致知の修養」を用ることは、すでに「善」を思っていることになって矛盾してしまいます。「善悪」を思わなくて「心」の「良知」を清静自在（心を澄ましてその思うままにある）になることを望むことができるのは、ただ眠って覚めたときだけです。これが、まさに**孟子**の言う「夜気説（夜明けの清らかな気分を言い、邪悪にくらませられない清明の気であり、良心の萌芽であるとします）」です。ただこの清静自在の状態はずっと続くものではありません。わずかの時間もおかずに「思慮」（雑念）が生まれてきます。修養を長く続けている人は、常に眠りから覚めたときのように「私思」が未だ起きていないものなのでしょうか。しかしながら、今、私は「寧静（穏やかに治まっていること）」を求めようとすれば、ますます「寧静」にはならず、雑念を生じさせることが、ないようにと考えるとますます雑念が生まれることになってしまいます。どうしたら前からの雑念を滅しやすく、後から生まれてくる雑念を生じさせないようにできるのでしょうか。「良知」だけが明らかになって、すべてを創った造物者とともに自在に楽しむことができるのでしょうか。

王陽明は次のように答えます。「善を思わず悪を思わない」ときに、本性が認められるという言い方は、「仏教」では、まだ本来の本性を知らない人のために方便を使ったにすぎません。人間の本性は我々の聖門（儒学）でいう「良知」なのです。今、既に「良知」を認めて、それを明白にしているのであれば、このような議論も消えてしまいます。「物」に従ってこれを「正す」のは、これは「致知」の働きです。すなわち、仏教では常惺惺（静かに悟った状態で常に心が明らかになっている）というのを本性としています。形式や修養はおおむね似たようなものでしょう。しかし、「仏教」には自分個人の「自私自利の心」があります。従って「聖門」と同じではないのです。そこでは、善悪を思わないで、「心の良知」が清静自在であることを望んでも、「自私自利」や「追従・迎合、意必（私意へのこだわり）」の「心」があるのです。「善を思わず、悪を思わない」ときに、「致知の修養」を用いれば、すでにある「善」の上に思いを巡らせて心配するのです。**孟子**は「夜気説」を説きましたが、これも「良心」を失った人のために、この「良心」の芽生えが動き出すところを示して、これを育てていこうとするものにすぎません。今、既に「良知」を知っていてそれが明白であり、常に「致知の修養」に努めているならば、「夜気説」を使う必要はありません。これは兎を獲たからといって、その兎が逃げないように守ることを忘れたり、また兎が躓（つまず）かないかと切り株を守っているようなものであって、せっかく得た兎も失ってしまいます。「寧静」を求めようとし、雑念が生じないようにしようとするのは、まさに「自私自利」、「追従・迎合や意必」になる病なのです。ここからはますます雑念が生じて、いよいよ「寧静」ではなくなってきます。「良知」はただ一つの「良知」であって、善悪は自ずから分かるところです。「良知」が分かっておれば、さらに「何の善」、「何の悪」を思うことがあるのでしょうか。「良知の本體」は「寧静」です。「寧静」とは先にも述べたように「心」が静かに休んでいる状態です。今、ここにまた一つの「寧静」を求めることを上乗せするのですか。「良知」は自ら生生するものです。聖門の「致知の修養」だけがその様であるのではなく、仏教の教えといっても将迎意必（追随迎合独断のこと）はないのです。「仏教」では、一念の「良知」に徹していても始めもなければ終わりもありません。「良知」に徹しておれば、前に雑念が生じることもなく、後に雑念も生まれることもありません。今、前の雑念を消そうとし、後の雑念を生じさせないようにと望

むとするなら、それは仏教のように種や性を断滅して、「槁木死灰」になってしまいます。（又8）

読解

陸原静は「寧静」を求め、雑念を排除しようという「儒学の修養」を実践したいと考えるときに、「仏教の心情」を持ち出して、その本質を**王陽明**に聞きます。**王陽明**は「仏教」は求めているところは似ているが、彼らは自らの「解脱」を求めるという「私意私欲」でしかないと批判します。ここで、**陸原静**は「良知」を基本としないで「寧静」を求め、雑念を排除しようと言うのは間違いだという**王陽明**の考えを指摘します。**孟子**の「夜気説」は「良心」を失った人でも朝起きたときには「寧静」になっているという議論について、**王陽明**もそれを「良心」の芽生えと理解しています。問題は「良知」そのものだというわけです。「良知を致す」の実践を行っていることが「寧静」そのものだというのです。実際、「人欲を排して良知を発揮させる」ことは、その「良知を実践する」ことであり、それは「心の寧静」になると言うわけです。「人欲」から切り離されて、「心の琴線」に触れて共鳴することは、実践し得て始めて「寧静」なのです。「寧静」は向こうからやってきて、「心」に雑念がなくなると言うことはあり得ないというのです。これは、兎が切り株にかかるのを待つのと同じだというのはおもしろい比喩です。**韓非子**にも「守株待兎」という話があります。よく知られた話で、童謡にもあります。また、この実践が仏教とは違うと説明します。「仏教」は自らの「寧静」を求め、雑念を排除しようとするが、これも「私利私欲」でしかなく、単に雑念を排徐しようとしても、それは

「槁木死灰」のようなものであるというのは、何度も出てきていますが厳しい批判です。実践を求めることに、高い意義を求めるのが「陽明学」です。「良知を致せば」それ以上の「善」もなく、何の「悪」をも考えることがないという境地は「仏教」にも似たものがありますが、それは「槁木死灰」になるのを求めるもので、**王陽明**の求める実践とは違うと言うのです。

10 戒懼克治

陸原静の手紙に次の質問がありました。仏教では常に念を引き締めるという説があります。それは**孟子**が言う「必ず事とするあり（常に努力する）」とか先生の「良知を致す」の説と同じでしょうか。それは「心」が「常惺惺（静かに悟った状態）」で、常に記録し、常に認知し、保存していくことですか。この「念頭提在（常に念を引き締めている状態）」にあるときに、「事」が至り「物」が来たとすれば、これに対応するのに必ず「道」を見いだすことができるでしょう。おそらくはこの「念頭提起（念を奮い起こす）」の時が少なく、念が放失している時が多ければ、修養は中断してしまうでしょう。念が放失するときには、「私欲」や「客気（勢いのままに動く）」が動くことによって始まるのですが、しばらくして突然、気づいて、驚きその後に念を引き締めることになります。そのように「心」が放出して念が引き締められるまでの間は、「心」が眩んで混乱していることが多く、自分でも気が付かない状況になります。今、「心」が日々精くなり、明らかになって行くことを望んで、常に念を引き締めて「心」が放出しないようにするには、どのような方法があるのでしょうか。ただ、常に「念」を引き締めて、「心」を放出しないのはすべてが、全部の修養なのでしょうか。そもそも「念」を引き締めて「心」を放たないようにする中に、「省克（反省し自らを克服する）」の修養を加えるべきでしょうか。常に念を引き締めて「心」を放出しないというのも、「戒懼克治（いましめ恐れ、自らを治める）」の修養をしなければ、おそらく「私欲」を捨て去ることができないでしょう。もし「戒懼克治」の修養を加えれば、また「善」を思うこととなって、本来の人間のあり方において、未だ達することのできない隔たりが存在することになります。これをどのようにすればよいのでしょうか。

王陽明の答えは次のとおりです。「戒懼克治」の修養は、仏教でも常に念を引き締め「心」を放たないようにする修養のことです。そして、これはまた「必ず事とする有り」のことになります。これらに二つのこと（別のこと）があるわけではありません。この節の質問は前段のところでは、既に自分の見解を説いて明快ですが、後段の部分はかえって自分で混乱させていて議論が一貫していません。人の本来の本性にいまだ達しないことの間隙がある疑いは「自私自利」、「將迎意必」の病をおこしているので、この病を去れば自ずから疑いも晴れるでしょう。（又9）

読解

陸原静は「仏教」での修行と儒学の修養の違いに関して質問をしますが、**王陽明**は、これは戒慎・恐懼・克治などは同じだと言います。そして仏教の念頭提在（念を引き締める）をしても、ここに「戒懼克治」の修養が必要なのではないかという質問に対しては、修養の方法については同じとしながらも、そのように考えること自体が混乱していると言います。これまでもたびたび出てきているように、「仏教」では自分の解脱だけを考える「自私自利」、「將迎必意」の表れだと批判します。これを除去すれば自ずから疑いも晴れるでしょうと諭します。要するに、同じように見えても根本が違うと言います。

今日の豊かな社会で、「慎独」、「戒懼克治」などの儒学の修養を行うことは難しいことですが、日頃、実際にやっていないかと言えば、そうでもなく無意識にこれらの修養を行っている場合も少なくありません。聖人になるための修養はともかく、仕事上の反省や人間関係などで反省をすることしきりです。宗教の会合に行って自分の生活を見直している人も少なくありません。さらに、もう一歩進めることで読書を行って先人の考えを学び、少しでもこれらの修養に近づけることを今日、人々は色々な方法で求めていると思います。本書も何かの機会に「慎独」、「戒懼克治」に振り返ることの機会になるとよいと思います。ギャンブルやゲームなど「心」を乱すことを快感とすることが優勢な時代ですが、わずかでも日々の反省があれば「心」の「安寧」を求めることになります。

11　心の汚れを浄化する

陸原静の手紙で次の質問をします。気質の美しい人が「良知」を明らかにし尽くせば、「心の汚れも浄化する」とおっしゃいます。どうなれば「良知」を明らかにし尽くすこととなり、どのようにして「心の汚れを浄化する」のですか。

王陽明は次のように言います。「良知」は本来、自ら明らかなものです。気質が美しくない者は、「心」の汚れが多く、「心」の障壁が厚いために「良知」を明らかにできません。気質の美しい人はもともと「心」の汚れが少なく、「心」の蔽いも多くないために、「良知」を解明しやすいのです。少しの「致知」の修養を行えば、「良知」は自ずから輝き、透き通ってきます。少々の心の汚れも湯の中に雪を浮かべるように融けていきます。これでどうして「良知」の障壁ができるのでしょうか。これは元来、「悟る」ことは難しいものではありません。**陸原静**が疑問を持つに至ったのも、思うに、この「明」の一字が明白でなかったことによりましょう。これは性急に結果を得ようと望む「心」があったからでしょう。以前に「明善の義（『中庸』にある善を明らかにすれば「誠」になるという言葉）」を直接、話したことがあります。「良知」が明らかになれば「誠」になります。後世の儒者が説く「明善の義（**朱子**は善の究理を行うことと見ていた）」のような意味の浅いものではありません。（又10）

読解

陸原静はどうすれば、「良知」を明らかにして「心」の汚れを落とせるのかを問いますが、これに対して**王陽明**は「良知」はもとより明らかなものだと言います。「氣質」の差により多少の差があるが「良知」は解明しやすいので、急ぐことはないと言います。『中庸』にあるように「誠」を明らかにすれば「心」の汚れも解決されるとします。**朱子**は「氣質」を「生来の性」と見ないで、後天的に「氣」から受け取る「性」で、「氣」の清濁・厚薄によって決まってくるもので、これによって賢愚・善悪が生まれると考えているのです。**陸原静**が、**朱子**のように「善を明らかにする」という理詰めによって「究理」ができると考えていることを批判します。これに対して、**王陽明**は「氣質」は生まれつきのものであり、「心」が汚れていても少しの「致知」の修養で「明善の義」にあるように「誠」となり、「良知」が明らかになると言います。そして、「良知」を「明白簡易」としていますので、「明」の「理」を「究理」しても意味がなく、「良知」は自ずから明らかになるのでしょうと言います。

12　聡明叡智

陸原静の手紙には次のような質問がありました。「聡明叡智（『中庸』の言葉で**孔子**のように優れた聖人は耳さとく、鋭く見抜き、思慮が深くあまねく知っていること）」は聖人のような素質なのでしょうか（**朱子**はこの「聡明叡智」を「生知安行」の者、すなわち、聖人の「素質」としていました）。仁義礼智は果たして人間の本性なのでしょうか。「喜怒哀楽」は果たして人間の情なのでしょうか。「私欲客気（血気）」は果たして一つのものなのでしょうか、それとも二つのもの（別のもの）なのでしょうか。古人の英才である**子房**（漢の高祖を助け治世を行った者で**張良**のこと）・**仲舒**（ちゅうじょ）（前漢の大儒）・**叔度**（後漢の名士）・**諸葛孔明**（**劉備**の臣で**曹操**を破った事で有名）・**文中子**（六世紀に多くの功臣を育てた学者）・**韓**（戦国七雄の一人）・**范諸公**（宋代の名士）のような諸公の徳業が著明になっている人たちは皆、「良知」から出たものであると思いますが、彼らが「道（正しいみちすじ）」を聞いた人たちと言えないのは、果たしてどこに理由があるのでしょうか。もし、これはただ生来の性質がよかったからだというのであれば、「生知安行」の者は「学知利行」・「困知勉行」の者に勝らないことになるのではないでしょうか。**陸原静**の考えでは、これらの諸公が「道」を見るのに片寄りがあったと言えば、それも可能でしょうが、「道」を全く聞かなかった者と言えば、おそらくは後世の儒学者の「記誦」や「訓詁」を尊ぶことから生まれた誤りだと思います。どうでしょうか。

王陽明は次にように答えます。「性」はただ一つのものです。「仁義礼智」は「性」のなかの「性」です。「聡明叡知」は「性」の「質」です。「喜怒哀楽」は「性」の「情」です。「私欲血気」は「性」の弊害です。「質」には清濁がありますし、「情」にも多い少ないがあって、「弊害」も浅い深いがあります。「私欲血気」は一つの病気の両面の痛みであって、二つのものではありません。**張**・**黄**・**諸葛及び韓**・**范諸公**といった諸公は皆、天から与えられた「質」が美しかったのであり、自ら（おのづか）多くが「道」や「妙（言い合わせないほど優れていること）」に符合していました。皆が、「学を知る」と言い、ことごとく「道」を聞いたといえないとしても、その学問の「道」から遠くにはずれることはなかったのです。そして、学問を聞き、「道」を知らしめれば、**伊尹**（伝説上の商の国の名相、**湯王**を補佐して**桀**を滅ぼす）・**傅説**（殷の**武丁**を助けた名宰相）・**周公**（**文王**の子で**武王**の弟であり、**武王**を助けて殷を滅ぼしました。儒学の「礼」は**周公**に始まるといいます）・**召公**（**文王**の子で名君）のクラスになります。**文中子**を、「学」を知らない者と言うべきではありません。それらの著書の多くは弟子の手によったもので、また未だ全てを是とすべきでない所が多くあると言えます。とはいっても、その大略は立派なものと見なければなりません。ただ、今から見れば、はるか遠い昔のものであり、的確な証拠もないので、学問がどこまで至っていたかは断言できません。

「良知」は「道」であって、「良知」が「人心」にあるときには、ただ「聖賢」の人だけでなく、通常の人でもこのような者にならないわけではありません。もし「物欲」で「牽蔽抑蔽（けんぺいよくへい）（拘泥して押さえ込んでかぶせること）」されることなく、「良知」に従い、これを発揮し、これを用いて広げていけば、これは「道」でないはずはありません。ただ、通常の人の多くは、「物欲」に「牽蔽抑蔽」されて、「良知」に従うことができないのです。いくつかの諸公は天から与えられた性質がすでに、自ずから清明であり、自ずから「物欲」によって「牽蔽抑蔽」されることが少ないので、「良知」が発用し広がる所も、自然に多くなり、自然に「道」から遠くはずれることはなくなります。学問とはこの「良知」に従うことを学ぶことだけなのです。「学」を知るというのは、ただ専ら「良知」に従うことを「学ぶ」ことを知っていることだけなのです。数公は専ら「良知」について修養しこれを実践することを未だに知らなくて、多岐な方向に向かい、影や響に疑いを持って迷って、時として離れ、時として合体したりして、純一でなかったといえども、もし良知を知っておればこれは「聖人」だったのでしょう。後世の儒学者は、これらの人達が天性の「氣質」によって「事」を行っているのに、立派なことを行いながら未だそれを明らかにせず、その意義について無自覚であった事を免れません。それは必ずしも誤った議論ではありません。また、後世の儒学者で、いわゆる著察（あきらかにつまびらかにする）しようとした者も、狭い見聞にとらわれ、因習の過ちに覆われていて、形影や形式を模倣するだけであって、「聖人」の学問の著察にはなっていません。どうして自分が混乱している中で、諸公の行いについて明らかにすることができるのでしょうか。いわゆる「生知安行」の聖人とは「知行」の二字について実践している上での事について言うのです。「良知」という「知行」の本体は、**孟子**の言う「良知良能」であって、「困知勉行」の人にもあるので、全ての人を「生知安行」の者と言うべきでしょう。「知行」の二字については、さらによく精察しなければなりません。（又11）

読解

天の与えた「性」について議論しますが、**王陽明**は最初に「性」は「一つ」と釘を刺します。そして、中国の歴史上の**堯・舜**に次ぐ一般に二番手と見られる大人物の評価を通じて、「良知」について検討しています。**陸原静**は彼らの仕事は立派であるが、**堯・舜**や**孔子・孟子**のように「道を聞く」というまでは至らないというのですが、**王陽明**は歴史上に出てくる**張・黄・諸葛**及び**韓・范諸公**などの諸公は、それなりに学問を知り立派な人であったとします。特に、**文中子**は一般には評価が低いのですが、**王陽明**は高く評価しています。ただ、これらの諸公の中にも多岐の方向に向かい、「良知」に純一でない者もいます。いずれにせよ、ここで学問とは良知を学ぶことであり、「良知」を実践の上で知ることになれば、「生知安行」の聖人と同じになると言うのが**王陽明**の強調する点です。**王陽明**の議論は、良い点でも弊害でも根本は一つであって、程度に差があるというものです。「知行」を分け「聰明叡智」を重視する「朱子学」の人物評価を批判して、「知行合一」を説きます。「良知」を学ぶことが重要なのです。

王陽明は全ての人が「良知」をもっているので、この点では聖人と彼らは同じであるとします。我々「困知勉行」の凡人でも「良知」があるので、「良知」が発揮されることに期待します。我々の周りでも日本人も当然として古今東西に立派な人がたくさんいます。これらの偉人から多くのことを学ばなければなりません。特に、「良知」をどのように発揮したかを学ぶ必要があります。これらを通じて日頃の生活でも偉人の「良知」の発揮から学んだことを、自らの「良知」を生かすことに活用することが重要です。人からいかに評判を得たかは意味のないことで、「良知」がいかに発揮されたかが問題なのです。「人欲」がこれを妨げているので、これを排除することが肝心であると言うのです。

13　七情の楽しみ

陸原静の手紙に次の質問がありました。昔、**周茂叔**（しゅうもしゅく）が弟子の**程明道**に対して、**孔子**や**顔子**が楽しんだ境地とはどのようなものかと尋ねました。この「楽しみ」とは、「七情の楽しみ（喜怒哀懼愛悪欲のこと)」と同じなのでしょうか。もし同じであるのなら凡人が一心に「心の欲するところ」をとげようとするものは、みな「楽しみ」ということになります。どうして必ずしも聖人や賢人にだけにできることなのでしょうか。もし、別に真の楽しみがあるのなら、聖人や賢人にとっては「大憂」、「大怒」、「大恐」、「大懼」といったものに遭遇したときに、これも「楽しみ」であるのでしょうか。君子の「心」は常に「戒懼」にあります。これは終身、離れない憂いですから、どうして「楽しみ」を得ることができるのでしょうか。私は平生からもだえることが多く、未だ真の楽しみを見ることができずにいます。今、これについておたずねしたく、お答えを切にお伺いします。

王陽明の答えは次のようなものです。楽しみは「心の本體」です。「七情の楽しみ」と同じといえなくても、また「七情の楽しみ」以外のものではありません。「聖人」や「賢人」は別に真の楽しみがあるとしても、凡人も同じように持っているものです。ただ、凡人は真に楽しみがあるといえども、自分は分かっていません。むしろ、多くの場合、憂いや苦しみを求め、自ら迷い自分のよいものを捨てているからなのです。憂い苦しみに迷い自棄の中にあるといえども、しかし、この「楽しみ」がなかったわけではありません。ただ、「一念」を以て開明し、我が身を反省して「誠」にすれば、ここに「楽しみ」があるのです。常に**陸原静**と議論するときは、この意味でないわけではありません。しかしながら、**陸原静**はまだ何の「道」をもって真の「楽しみ」を得ることができるのかと質問しています。これは未だ驢(ろ)馬に乗っていながら驢馬を求めるという弊害を免れていないのです。(又12)

読解

「七情の楽しみ」という言葉についての質問です。『論語』に「知る者は好む者にしかず、好むものは楽しむ者にしかず」というのがありますが、まさに学問を楽しんでいた**孔子**や**顔回**のように、学問は「聖賢」の「楽しみ」だったのです。「七情」と「楽しみ」とは反対のように感じますが、聖人賢人には七情は「楽しみ」だというのです。凡人の欲望の「楽しみ」ではなく、「道」にかなったときの聖人賢人の「七情の楽しみ」を「楽しみ」としているのです。そのまま考えれば、**陸原静**と同じように、凡人が受ける「楽しみ」と思いますが、**陸原静**は**王陽明**に両者をどう区別したらよいのかを尋ねているのです。聖人賢人には大きな憂いや苦しみがあっても、これは「楽しみ」とするのです。**王陽明**にとって重要なのは「心」ですから、この両者を本質的に区別することをやめるべきであると言います。また、「一念」をもって解明し、反省をすれば良いと言うのです。このことを凡人にはわかっていません。自分のもっているものを忘れず、「心」を開いて「意」を「誠」にしているかが重要なポイントというのです。逆に言えば、「心」を開き、「誠」になれば凡人でも聖人賢人の「楽しみ」を得ることができると言います。自分の持っているものを忘れて他のものを求めるという弊害から免れていません。すでに自分のもっているものも「心」を「誠」にすれば「楽しみ」になることを忘れてはいけませんと諭します。我々も日々苦しいことばかりと思っていますが、「意」を「誠」にすれば苦しみも「楽しみ」になると教えます。「七情が楽しみ」という議論は難しい話です。凡人の「七情の楽しみ」から聖人賢人の「楽しみ」を楽しむために「心」を「誠」にするというのは重要な事です。日頃の生活の中で種々の感情が伴います。しかし、「楽しんで」行うのは大きな意味のあることです。憂うることが少なくない毎日ですが、「心」を「誠」にすればこれが「楽しみ」になるということを是非実践したいものです。

14　情の有無

陸原静の次の質問です。『大学』では「心に好楽・忿懥（憤り）・憂患・恐懼の心があると、心の正しさを得ることはできない」としています。しかし、**程子**は、「聖人の情は万事に順応して生まれてくるものであり、しかし通常の情はない」と言っています。ここでは情のあるなしの議論で「情のあり」とすることは、『伝習録』に出てくるマラリヤの喩え（マラリアを病んでいる人は時には発症しないことがあるが、病原を根本からのぞかないと健康体とはいえないこと）を使っていて、きわめて精密で適切に論じられるものだと思います。**程子**の言葉からは、「聖人の情は心に生じないで、物に生じる」と言っています。これはどういう事でしょうか。「事」に感じて「情」が応じて出てくるときは、「是を是とし、非を非として」、それぞれについて格す（正す）べきことになります。「事」をいまだ感じられないときには、これを「情」があるといっても、未だ形があらわれていないのです。これを「情」なしといえば、「情」の病根があるのです。「情」があるかないかの間にある時は、何を以て自分の「知を致す」べきなのでしょうか。学問を「情」のないように努めておれば、「心」は軽くなるかも知れませんが、それでは儒学を出て仏門に入るようなものです。これでいいのでしょうか。

王陽明の答えです。聖人の「致知」の修行は、『中庸』で言う「至誠息むなし」という意味です。その「良知の體」は明らかな「明鏡」のようで、ほとんど細かい影もない状態のことです。美しいことや醜いことが来たときには、「物」のあるがままに従って（鏡に）形を映します。しかも「明鏡」には汚れを残して行かないのです。これが**程子**のいう「情は万事に従うが、情はなきなり」の意味するところです。仏典では「外界にとらわれず心が留まらなければ、心の自由が生まれる」と言います。仏教ではこのように言っていましたが、これを未だ間違いとはしていません。「明鏡」が「物」に応じて照らすのは、美しい物は美しく、醜い物は醜くそれぞれを映すのは皆、真なのです。すなわち、これはこだわりのない心が生じる所です。美しいものは美しく、醜いものは醜く映しても、それは「明鏡」の中に止まっているわけではありません。君がマラリアの喩えによって既に詳しく適切に理解しているのであれば、この節の問いはすでに釈然としたものになるでしょう。マラリアの病気の人は、まだ発症していなくとも病根があれば発症していないからといってその薬の調合・服用の役割を忘れるべきではありません。もし、マラリアが発症するのを待って、その後に薬の調合・服用をするのではすでに遅いのです。「致知の功」は、「事」ある時と「事」なき時とに隔てはあってはいけません。ここで病気が「未発」であるか「已発」であるかどうかを議論すべきではないのでしょう。おおむね**陸原静**が疑問に思っている所は、前後が一致していないわけではないが、みな「自私自利、将迎意必」のわざわいをなしていることから起こるのです。その根っこをひとたび去れば前後の疑い自ず

から氷が融けて霧が晴れるようになり、あれこれ議論する必要もなくなります。（又13）

読解

陸原静は、**程明道**の「情は万事に従いて、しかも情なきなり」という矛盾した議論にとまどいを示します。「情」の字は「心」と生まれながらにして美しいを意味する「青」が合わさったものです。「情」が修養の妨げになるのではないかと心配します。この矛盾した言葉に対して、王陽明は「明鏡」によって説明します。「明鏡」は美しいものは美しく、醜いものは醜く写し、後に残さないという拘りのない心境として説明します。そして、マラリアの例によって、発症しているかどうかではなく、病根が退治されているかどうかで判断しなさいと言います。「情」がなければ人は動きませんがそれに拘りがあるのが問題で、その意味で「情なし」という説明をします。

人は「情」で動くものですが、その「情」が正しく動いていることが重要になります。「至誠息むなし」という話から始まっているわけであり、「明鏡」で説明されているように「心」にこだわりを持たずに、全てを「良知」に従うことが求められるのです。それはまた「致知の修養」なのです。それには「欲」によって引き起こされる「自私自利」、「将迎意必」の病根を根っこから取り去る「抜本閉塞」を求めるのです。我々も日頃の生活の中で「情」に動かされていることを自覚する必要があるのでしょう。欲望や自利、私意で振り回されないで、「明鏡」すなわち「心」をもって美しいものを美しいとして日頃から受け入れ、醜いものを排除して行くことは日頃の生活の中で意識していくことが求められます。

15　銭徳洪のむすび

陸原静の手紙に答える書物が出版されてから、読む人にとっては、**陸原静**がよい質問をし、**王陽明**がこれに良く答えて、これまで聞くことができなかったことを聞けて喜びました。**王陽明**が言うように、**陸原静**の質問はただ知識の理解の上になされたものです。やむをえずして、このために手紙の節を追って、それぞれに分けて説明しました。もし、「良知」を信じて、ただ「良知」の上にあって実践を行えば、千の経書や万の教典と言えども一致しない所はなく、「異端」や「曲学」は一度調べれば、ことごとく論破できるものです。どうして必ずしもこのように節ごとに分解する必要があるのでしょうか。仏教には「人を打って土塊を追う」という喩えがあります。（飛んできた）土塊を見て（それを投げた）人を探し出して打てば、（根源である）人を見つけることができるでしょう。しかし、土塊を見て（犬のように）土塊だけを追っていては、土塊を追うことによって何を得ることができるのでしょうか。先生と座を同じくしていた友人達は先生の話を聞いて驚いて悟るところがありました。学問は自己の探求を貴びます。知識や理解によって入ることのできないものなのです。（又 14）

読解

この文章は**陸原静**と**王陽明**のやりとりの帰結について、編者である**銭徳洪**の書いたものと見られています。**陸原静**は思索の深い人で、質問も核心をついていました。これに対する**王陽明**の答えも論理的で我々現代人にも分かりやすいものです。しかし、**王陽明**の答えには若干の不満があり、節に分けて説明する必要があるのかと言います。実践を重視する「陽明学」は文章上だけでは理解することのできないものといいます。「良知」を根源としながらも知識解釈を節に分けて考えれば、これらを土塊のような説明になってしまうという指摘です。現代人の我々にはこの方が分かりやすいものですが、この中から「陽明学」の本旨を実践で体得していく努力をする必要があると思います。

第六章　歐陽崇一に答ふ

ここからは弟子の**歐陽崇一**（おうようすういつ）からの手紙での質問に答える形での**王陽明**との問答になります。**王陽明**の弟子の中では年少の秀才で、**王陽明**の評価も高いようです。

1　多聞多見

歐陽崇一からの手紙に次のような質問がありました。先生は次のようにおっしゃいます。「徳性」の「良知」は、聞いたり見たりすることによるものではありません。もし、多くのことを聞いてその「善」なるものを選んでこれに従い、多くのものを見てこれを記憶にとどめるということでは、学問を専ら「見聞」（先にも出ていましたが、『論語』にいう「多聞多見」であり、**孔子**の言う「子のたまわく、けだし知らずしてこれを作るものあらん。我はこれなきなり。多くを聞きてその善きもの選びてこれに従い、多くを見てこれを識す。知るの次なり」）」の末に求めるものであり、第二義に落ちてしまいます。私が思いますのは、「良知」は「見聞」によって生まれるものでないとはいえども、しかしながら学者の「知」はいまだかつて「見聞」によって発しないものはありません。「見聞」に留まっているというのは、もとからだめなのでしょう。しかしながら、「見聞」もまた「良知」の作用でしょう。今、第二義に落ちるとおっしゃるのは、おそらくは専ら「見聞」をもって学問とする者のためにおっしゃっているのでしょう。もし、その「良知」を致して、これを「見聞」に求めれば「知行合一」の努力に似たものになるでしょう。この考えはどうでしょうか。

王陽明の答えは次のものです。「良知」は「見聞」によるものではありません。しかしながら、「見聞」は「良知」の作用でないわけではありません。故に、「良知」は「見聞」には留まりませんが、「見聞」を離れてはいません。**孔子**は「我知ることあらんや」と言い、「知ることなきなり」と言っています。これは「良知」の外に、「知ること」はないと言っているのです。故に、「良知を致す」ことは、学問の大根本なのです。これが「聖人」が人に教えるものの第一義です。今、これを専ら「見聞」の末に求めるというのであれば、これは根本を失って、すでに第二義に陥っているのです。最近では、同志の中で、「良知を致すの説」を知らない人はいません。しかしながら、それの修養となると、多くのものが妥当性に欠いているのは、まさにこの一問を欠いているからです。学問の努力は、ただ、主意や根本を妥当なものにすることも必要です。もし、主意や根本について専ら「良知を致す」をもって事を行えば、「多聞多見」も「良知を致す」努力でないものではありません。日常の中での見聞酬酢（けんぶんしゅうさく）（酒のやりとりで、応接の意味）して、そこには千の頭や万の端緒のように多種多様なものがあるといえども、「良知の発用流行（良知が発して作用して広がること）」の修養でないものはなく、この「見聞」や「酬酢」を除けば「良知を致す」べきものはありません。故に、両者は同じことなのです。しかし、その「良知を致し」て、これを「見聞」に求めると言えば、これらの言葉の間には、いまだこの二つは別のことであることを免れません。「良知」を専ら「見聞」の末に求めるものは同じものでないとしても、それが「精一（心の天理に純一にする）」の主旨を得ていないという点では同じことでしかありません。「多くを聞いてその善なるものを選んでこれに従い、多くのものを見てこれを識す」という言葉は、すでに選ぶと言い、また「識す」と言っているので、「良知」がその間に行われていないわけではありません。ただ、その「意」を使うところが、専ら「多聞多見」の上にあって「善」を選び出し、選んで「識そう」とするのでは、その根本を失ってしまっているのです。**歐陽崇一**は、これらのところは学識を得て理解しているはずです。今日の質問はまさに学問の本質を明白にするために行われたものであり、同志にとっても極めて有益なものです。ただ、語意がまだ明らかでなかったのであり、わずかな差も千里の誤りになってしまいます。これをもっと精密に察する必要があります。

（答歐陽崇一　1）

読解

孔子は「多聞多見」と言っても、自ら知識を作っているのではなく、多くのことを聞いて善いものを選んで採用し、多くを見て記憶しているにすぎないとします。**歐陽崇一**は、これを「知」の下の段階だという学問のあり方を示す自分の立場を述べたものです。「多聞多見」は、**孔子**の言うように、『論語』などの著作は彼の創作活動ではなく、伝えられてきた膨大な文献を編纂したにすぎないのです。ここでは「多聞多見」は「知」の必要条件のようなものと見ています。そこで、**歐陽崇一**は、ここから「良知」が「多聞多見」によっているのではないという**王陽明**の立場を議論して、「多聞多見」は学問の必要条件ではないかと問います。そして、「良知」を致して「多聞多見」に求めればよいのではないかと言い、さらに、それは「知行合一」の修行になるのではと言います。

これに対して、**王陽明**は「多聞多見」も「良知の修行」と言い、もともと両者を二つに分けて議論すること自身が間違いと注意します。また、同じ『論語』では「子のたまわく、我知ることあらん、知ることなきなり。匹夫あり、我に問ふに、空空如たり。我その両端を叩きて尽くす」と言っています。**孔子**は自分のことを知っているのではなく、人に聞かれたときに隅々まで丁寧に話しているだけだと謙遜していっています。この「知ることなきなり」を、**王陽明**は「良知」以外のことを知る必要はないと解釈して、「良知説」を強調しています。ここから「良知」が本体で「多聞多見」もその中にあることを論じます。また、「見聞」だけを求める者を「精一」でない者と同じだと言います。「精一」に関しては、これまで何度も出てきましたが、**王陽明**にあっては「心の天理に純一にする」との意味です。すなわち、「良知」を致す事となれば、「見聞」の末に求めるようなことにはならないと説きます。

我々も色々な勉強することの根本は、「良知」を致すことであると、理解して進める必要がありましょう。**王陽明**は「多聞多見」による学識を振り回すことを常に批判しますが、その通りだと思います。

経済学などを勉強・研究するのも何のために行うのかを自覚する必要があると思います。新しい多くの理論やうわべだけの知識を知っていることだけを自慢するのは**王陽明**の意に反します。経済学などの研究が地域・国家や世界の人々に利益を与えるものであってほしいと思います。実際の経済を盛んにし、貧困から人々を助けようとする考えは、先に述べた**マーシャル**のWarm Heartを実現するためのものです。経済学こそ「良知」を発揮させるものでなければならないのです。そして、理論や分析と「良知」を分けないことが、経済学を学習する者や研究者に求められます。また、勉強も自らの「良知」を発揮させるために行っていることを認識しなければならないと思います。

筆者は大学での経済学のゼミでも「多聞多見」のためのテキストの解説だけでなく、最初に哲学書を読ませたり、現実の問題をどう解決すればよいかを考えさせる工夫をしてきました。理論、哲学、現実の三者を同時に勉強するように指導してきました。しかし、**王陽明**の言うような「心」を育てる教育ができたかどうかは、やや不安がありますが、学生に本旨が伝わっていたら幸いです。

2　何をか思い何をか慮らん

歐陽崇一の手紙に次の質問がありました。先生は「繫辞伝」の「何をか思い何をか慮らん」とあるのは、これは思う所、慮る所は、ただ天理にして、さらに別に思うこと、別に慮ることがないと言っておられます。思うことが無く、慮ることが無いという意味ではありません。「心の本體」は、すなわち、これ「天理」なのです。千の思いを起こし、万の慮ることをしたといえども、ただ、この「心の本體」に戻ることが求められるのです。これは、「私意」をもって「按排思索」をすることではありません。もし、「按排思索」をすれば、これは「智慧」を私的なものとして用いることになります。学問をする者の弊害としては、おおよそ空に沈み「寂」を守ることとか、「按排思索」をすることなのです。私は辛壬（辛と壬）の年には前者の病気にかかり、最近では後者の病気にかかっています。ただ、思索もまた「良知」の発揚であれば、その「私意按排」することとどの点で区別したらよいのでしょうか。おそらくは賊を子と見誤って、惑って分からなくなっています。

王陽明は次のように答えます。『書経』では「思うことは「睿」である。「睿」は「聖」である（思うことは道に通じる深い知恵であり、「睿」は聖人の徳だ）」と言っています。**孟子**は「心という器官は思うためのものであり、思えばすなわち、正しきを得る」と言っています。「思い」は、それに欠くことができないものです。「空」に沈み「寂」を守ることと、「按排思索」することは、まさに自らの私事に「智」を使おうとするものであり、「良知」を喪失することと同じです。「良知」は「天理」の「昭明霊覚（天理を明らかにしてその霊を悟る）」です。故に、「良知」は「天理」そのものであり、「思い」は「良知の発用」なのです。もし、「良知の発用」を思うのであれば、すなわち、思う所は「天理」に違いはありません。「良知の発用」を思うことは、自然で「明白簡易」であって、「良知」は自ずからよく知る所のものなのです。もしこれが「私意」による「按排」の思いであったなら、自ずから紛糾混乱してしまうので、「良知」は容易に区分できるのです。「思い」の「是非正邪」については「良知」が自ずから知らないものはありません。故に、「賊を認めて子と作す（賊を誤って子供とする）」ことは、まさに「致知の学」が明らかになっていないのであって、「良知」を体認することを知らないがためです。

（答歐陽崇一　2）

読解

「繋辞伝」の「何をか思い何をか慮らん」という言葉について、「私意、按排思索」に陥らないためにどうすれば良いか質問します。単に「思わず、慮らん」と言うのではなく、「天理」を「思い、慮る」ことが肝要であることを示した上で、「私意、按排思索」に陥らないようにどうすれば良いかを尋ねます。**王陽明**は「睿（えい）」を強調します。「睿」は「谷をえぐるように深くものを事物を見る目」のさまを意味していて、上記にあるように「聖人の徳」だと言っています。そして、「私意で按排思索」することは「良知」を失うものであり、「睿」とはかけ離れたものになります。ここで、「良知」は「天理の発用」であると言い切ります。しかも「良知を発用する」ことは「明白簡易」であると言います。ともかく「私意按排」を排除すれば自ずからわかることだというのです。

私たちも毎日、「私意按排」ばかりの生活をしているようです。わからない言葉があるとすぐに電子辞書やインターネットによく考えもしないで頼ることが少なくありません。そして、自分に都合の良い情報を集めているのです。ネット社会で情報があふれているのが現状です。ネットで情報を拾ってきて、分かったつもりになることは危険なことです。ネットで得た情報で「私意安排」することは避けなければなりません。これらは便利な機械ですが、情報を入手する前に、まず「心」に聞いてみることが必要になります。ネットの情報は「多聞多見」の有力な方法でありますが、そういう時代であるからこそ「良知の発用」が必要です。「睿」を実現するためには日頃から「心」を込めて勉強に励む必要があります。その手助けとしては古今東西の「古典」を読むことが必要です。古典を読むことで長い歴史の中で、多くの賢人が考えてきたことを深く考える方法を見ることができるのです。もちろん、『伝習録』を読むことも「睿」を探る有力な手段です。

3　必ず事とする有り

欧陽崇一の手紙に次の質問がありました。先生は以前に、「学問を行うことは終身、ただ一つの「事」、すなわち、「良知」を致すことです。「事」があるときと「事」がないときを区別して論じてはいけません。これは、ただ一つの「事」の問題です。もし「事」を終えることができなくて、休養して養生しないわけにはゆかないと説くことは、この両者を区別して二つの「事」とするものである」とおっしゃいました。私が思うには、精力が衰弱して、「事」を終わらすことができないと悟ることも「良知」です。むしろ「事」を終わらせずに、休養を加えることは、「知を致す」ことになります。これは二つの「事」というのでしょうか。もし事変が来たときに、「事」の勢いからやむなく終えることができなかったとしましょう。このような時には、精力が衰えていようとも、いくらか「心」を鼓舞してよく「心」を激励すれば、「志」を持つことで氣力を引き出すことができるでしょう。しかしながら、言動について気力が無くなり、「事」が終わったとたん疲労困憊が甚だしいときには、その氣力が損なわれることになりかねません。その軽重緩急の程度を「良知」はもとから知らないわけではありません。しかしながら、「事」の勢いに迫られると、精力があるかどうかを顧みることができるのでしょうか。精力が衰弱するのを苦しんでいるとき、どうして「事」の勢いを顧みることができるのでしょうか。どのようにしたらよいのでしょうか。

王陽明が答えます。「事」を終わらすことができないときに、休養をとらねばならないことの意味は、一時的に初学者に説明するのであれば、益がないとはしません。ただ、これを二つの「事」と見なすことには学問上の欠陥があります。**孟子**が「必ず事とする有り（常に努力することがある）」と言ったのは、君子の学問は終身、「義」を集積することの「一事」なのです。「義」は「宜しい」という意味です（宜は祭器に酒肴をそなえた形を意味し、出征の祭りを意味し、善い、ほどよいと言う意味に使われます。ここでの「義」は本物の「義」であるとの表現です）。「心」に「宜しき」を得たのを「義」といい、よく「良知を致せ」ば、「心」の「宜しき」を得ることになります。故に「集義（義を集めること）」もただ「良知を致す」ことだけなのです。君子が万事に処するのに自在に変化するというのは、まさに行うべきものを行い、止めるべきものを止め、生きるべきときに生き、死ぬべきときに死ぬということは、それぞれの場合に応じた行動をとることです。これらを斟酌して調整するのは、「良知を致し」て自らが「心」よきものを求めることに他なりません。故に（『中庸』で言うように）君子は地位のままに行動し、（曾子の言うように）思いも自分の地位の範囲を出るべきではありません。およそ、その力の及ばない所を考えたり、その知力でできない所を強いることは、「良知を致した」ことにはなりません。しかしながら、（孟子の言うように）天が大任を人に与えるときには、まずその心身を苦しめ、その筋骨を疲労させるほど働かせ、身体を窮乏させ、その身を「空」にして、行うとする意図と食い違うような苦境に立たせます。「心」を発憤させて「本性」を忍耐強いものにし、それによって自分ができなかった所をできるようになる能力の向上を行わせるのは「良知を致す」所以です。ところが「事」を終わらせることができなくて、休養を加えざるを得ないということは、ここにはまず「功利の心」があり、成功失敗の利益・不利益を比較して、その間に「愛憎の感情」を入れて取捨選択するものです。「事」を終えるのをもって、「事」を自ずから「一事」とし、そして休養をまた別の「一事」とするのです。これは「内」（自分）を重んじて、「外」の「事」を「非」とすることを意味します。これもまた、自分の私欲のために「智」を使う事になります。すなわち、これが（告子のいう）「義外」です。「心」に求めて得られなかったものを「気」に求めるというのは欠陥があります。すなわち、これは「良知」を致して、自らの「心よき」を求める修行ではありません。君の言う鼓舞・激励するとか、「事」を終わらせると疲労困憊が甚だしいと、「事」の勢に迫られて精力に苦しむといった事は、みな「事物」を二つのことに分けて考えていることになります。故に、このような話になります。およそ学問の修養を一つのこととするならば「誠」になり、二つとなれば「偽り」となります。およそこれらは皆、「良知を致す」かどうかの意味であり、「誠一」と「真なる切実さ」を欠いているからです。『大学』に言う「その意を誠にする」とは、「悪臭を悪み、好色を好む」ことなのです。これは自らをこころよくするということです。「悪臭を憎み好色を好ん」で、しかも鼓舞・激励を必要とする者があるのでしょうか。「事」を終わった後で、疲労困憊する者があるのでしょうか。「事」の勢いに迫られて精力に困しむ者があるでしょうか。ここから学問をするのにどこに問題があり、どこから来ているかを知らねばなりません。

（答歐陽崇一　3）

読解

ここは、仕事が進まなければ休養を取って修養に努めた方がよいとする考えに対する**王陽明**の批判です。**王陽明**は「事上磨錬（事に当たって心を鍛錬する）」を常に言います。休養・養生を取らねばならないという考えの問題点は、それが「私欲」から生まれているものであり、「良知を致し」ていないことにあると主張します。「良知」による休養は「是」とするものの、「良知」によらない休養をとることは「私利」によるものであると批判します。仕事と修養を別のものと考えるのではなく、同じ「良知を致す」ことの両側面だと言います。

また、**孟子**の議論を使って大きな仕事を与えられるときは艱難辛苦を与えられるものだと言って励ましまます。そして、「悪臭を憎み好色を好む」という自然な「心」で「事」に当たるように注意します。我々の生活の中でもつい、己の利益のためにいいわけを付けて休養を取ろうとしますが、それが

「良知を致す」行動か、また、「心」に従った行為かを十分にチェックする必要があります。

会社などでの仕事でも、単に給料をもらうためだけでなく、仕事を通じて自らの「心」を鍛錬する事にもなります。役所の職場での仕事はきついものでしたが、優秀な先輩の下で文章の作り方から政策の議論まで厳しく鍛えられました。さらに仕事をしながら経済学の勉強は続けました。近年、社会人教育が盛んになり、ＭＢＡなどが典型ですが、仕事をしながら、あるいは休職や会社を辞めて経営学を勉強する人が増えてきています。仕事が忙しくて勉強する暇がないとよく言いますが、仕事も勉強ですし、同時に別の勉強を平行して行うことも重要なのです。

筆者は大学に移ってからは、政府の審議会や地方自治体の委員会での仕事も数多くこなしてきました。現実の行政の問題にアドバイスしてお役に立てたとともに、経済学の研究を行うに当たって、審議会等に出席することで現実の喫緊の問題を基礎とした研究をすることになりました。その他、学会、経済団体などからも色々頼まれましたが、ほとんど断ることなく参加しましたが、これも研究にも大きく役にたちました。教育も講義の他、ゼミを通じて人間教育の面も忘れず行っていました。また、社会人を集めて「陽明学」の勉強会を続けました。筆者自身は「良知」に従って仕事も勉強もしてきたつもりでした。「良知」に従って仕事を行えば、それは自らを鍛えることになるのです。

4　逆へず億らずしてまず覚る

歐陽崇一からの手紙に次のような質問がありました。「人情」は複雑で計らいごとやいつわりが百出しています。これに対応するのに、疑いをかけないとおおむね欺されます。これを覚(さと)ろうとすれば、自ら「逆億(ぎゃくおく)（だまされないかと思い過ごし、疑いに思いを巡らすこと）」に陥ります。しかし、欺されないかとを思い過ごすことは、詐りになってしまいます。不信を思うと「信」にはなりません。人に欺されたのでは覚ることはできません。（**孔子**の言った）思い過ごさず思いもめぐらさなくてあらかじめ覚るためには、そのただ「良知」を明らかにして、それに徹することでしょうか。日常活動の細かいところでは、「覚る」ことにならないで「詐り」になるものが多いものです。

王陽明の答えは次のものです。「逆(むか)へず億(おもんぱか)らずしてまず覚(さと)る」というのは**孔子**の言葉です。当時の人たちは、もっぱら欺されないかと思い過ごして不信を思いめぐらせることをもって「心」として、自らも欺して不信に陥っていたのです。（**孔子**の言う賢人の態度である）思い過ごしもしないで、思いをめぐらさない者もいましたが、しかしながら「良知を致す」ことの修養を知らないでいると、往々にして、人に欺されることがあったから、この言葉があるのです。これを「心」に留めておき、もっぱら人の詐くことや不信をあらかじめ覚ることを求めることではありません。これだけを「心」に留めておくというのであれば、後世に出てきた猜疑心を持ち陰険で情の薄い者のことになります。ただ、この「一念」でも、共に**堯・舜**といった「聖人の道」に入ることはできません。人が自分を欺しはしないか、疑いはしないかと思いめぐらすことをしないで、人に許される者は善人なのでしょう。ただ、よくその「良知を致して」、自然にあらかじめ覚る者が賢人であるという点において及ばないのです。あなたの言ったように、「良知栄徹（明るくすき通っていること）」にしてそれに徹する者といえるのは、その本質をとらえているのです。しかしながら、それはあなたが優れた「悟り」が及んだところであっても、おそらくそれは実際の体験ではないでしょう。「良知」が人の心にあることは、万世に亘り、また、宇宙を覆い尽くしていて同じはずです。（孟子の言ったように）「慮らずして知る」とは、『易』に言う「常に平坦なところにいて険難を知る（「恒に易をもって険を知る」（平易なことから険しいところを知る））」ことです。（孟子の）「学ばずして能くす」というのは、『易』に言う、恒に「簡をもって阻を知る（簡単なことから困難なものを知る）」ことなのです。また、『易』に言う「天に先って天違わず、天すらかつ違わず、しかるをいわんや人においてをや。いわんや「鬼神」においてをや」とあるように、「天」に先って行えば「天」と相違することはありません。「天」とですら相違しないのであるから、人とも相違することなく、「鬼神」とも相違することはありません。あなたの言うように、「覚」らないで「詐り」になるというのであれば、人に欺されないかと思い過ごすことはないといっても、自分を「信」とすることはできません。これは常にあらかじめ「覚る」ことを求める心があっても、いまだに常には自ら「覚る」ことができないでいるのです。常にあらかじめ「覚」ろうとすることを求める「心」があれば、「逆億」に流されて、それが自ら「良知」を覆い隠すことになるのです。それが「覚」にそむいて、「詐り」になることを免れない理由です。君子の学は自分の修養のためにするものです。人が自分を欺くことを慮ることではありません。常に、自らの「良知」を欺かないだけです。まず人が自分に「信」でないと慮らないことです。常に自らの「良知」を欺かないことです。人が自分に「信」でないと慮かってはいけません。人の「詐」と「不信」を覚えることを求めるべきでありません。常に自らの「良知」を覚えることに努めるだけです。この故に、自ら欺かれなければ、「良知」も偽るところがなく「誠」なのです。「誠」であれば明らかになります。自ら「信」であれば「良知」はとまどうことがなく、明らかになります。「明らか」と「誠」は相生じてくるものです。この故に「良知」は常に覚り、常に照らすのです。常に覚り、常に照らすというのは、「明鏡」がかかっていて、「物」がくれば自ずから美醜が明らかになることから逃れられないようなものです。なぜならば欺かないで「誠」であれば、その欺くことを受け入れる所がなく、いやしくも、欺くものがあればそれを覚ることになります。自ら「信」で「明らか」であれば、その「不信」を受け入れるところがなく、「信」でないものがあれば覚ることになります。これを『易』に言う「険（けわしいこと）」を知り、「簡（簡易なこと）」を以て「阻（難しいこと）」を知るというのです。『中庸』で**子思**が言っているように、いわゆる「至誠」は神の如くであり、事前に知ることのできるものなのです。しかしながら、**子思**は「神の如し」と言い、以て「事前に知ることができる」と言うのは、同じ「事（誠のこと）」をなお二つの事としており、不十分なのです。この言葉は「誠」を思う者の効能を言ったものであり、あらかじめ「覚る」ことができない者のために説いたものです。もし、「至誠」について言うのであれば、「至誠」の妙用はこれを「神」と言い、必ずしも「神の如し」とは言いません。「至誠」であれば、自然とそれを知ることがなくても知らないわけがないのです。かならずしも「事前に」知るとは言わなくてよいのです。（答歐陽崇一 4）

読解

歐陽崇一と**王陽明**の議論は「逆億」に関することです。『論語』の「憲問編」に「子曰く、詐を逆へず、不信を億らず。よくまた先ず覚る者は、これ賢かと」とあります。人が自分をだましはしないか、自分が疑われはしないかと思いめぐらせるのではなく、素直に人の話を聞き、人の「意」のあるところを受け入れて、自然とあらかじめ欺くことや疑うことを覚る人こそ賢人であると言います。欺されないかとあれこれ悩むことは、日頃多いことです。しかし、**王陽明**はそれを否定して、素直に聞いて、相手が欺そうとしているかを先に感知するのが賢人だと**孔子**は言うのですが、**歐陽崇一**が問うたように、そのためには「良知を明らかにしてそれに徹する」ことが重要だということになります。先ず覚ろうと努力するのではなく、自らの「良知」が信ずるのであれば、「良知」に従えばよいというのが**王陽明**の主張です。人を疑う前に、自分の「良知」に「信」であることに努めよと言い、そうすれば「心」は「信」で満ちはて、「誠」で満ちはてるので、自ずから相手が欺そうとしているかは、直ちに覚るというのです。筆者の経験でも大きなことを欺されることがなかったことは幸いとしか言いようがありませんが、何時どこで、欺されるか分からないのです。欺されることを心配をするよりも、積極的に「良知」に照らして人のために働けば悔恨はないものと思います。

「良知説」は**孟子**の「人の学ばずして能くする所の者は、その良能なり。慮らずして知る所の者は、その良知なり」という考えが基礎にあります。「良知」は誰もが学ばなくとも持っているという信念があるのです。「良知」に従えば大きな洞察力が生まれると言います。「良知」にゆだねることが「陽明学」の基本です。我々もこの考えを実践してゆくべきです。欺すのは人が私利私欲を狙って、仕掛けてくるものですが、自分にも私利私欲があることが問題なのだというのが**王陽明**の考えでしょう。

第七章　羅整庵少宰に答える書

ここからは羅整庵少宰（らせいあんしょうしょ）という朱子学者との手紙でのやりとりです。これまでは歐陽崇一という弟子とのやりとりでしたが、ここからは羅整庵少宰という朱子学者との論争になります。羅整庵少宰は王陽明より七才年上の先輩に当たります。そこで、歐陽崇一への返信と違って、王陽明が丁寧な返事をする形式になっています。

1　道を見るはもとより難し

頓首（頭を地面に付けて礼をとる）して申し上げます。先日、お手紙で『大学』についてお教えを受けました。船が早々に出る所で、お返事できませんでした。今朝は、航行で時間があり、またお手紙を読んでいます。おそらくは江西に着いた後は、雑務が多くなるでしょう。そこで、まずお返事の概略をお示しして、お教えを請いたいと思います。お手紙には「「道」を捉えるのはもとより難しいことです。そして、「道」を体得するのはもっと難しいことです。「道」は明らかにしやすいものではありません。「誠」に学問研究をやめるわけにはいかないのです。すでに捉えたところに安心して、それを絶対的なものとしてはいけません」とあります。（このようなお教えをいただいたことは）何よりの幸せです。どのようにして、この言葉を聞く事ができたのかと驚いています。私も自らの見解をもって絶対のものとして安んじてはいません。まさに、天下の徳を備えた人に従って、これを明らかにしていきたいと思うだけです。それなのに数年来、私の説を聞いて非難嘲笑する者がいます。また、これを罵倒する者もいます。これを比較考量して論議するに足りるものでないとする者もいます。それでもあえて私を教えようとはしませんでした。私を教えて、しかも反復して諭し、同情してこれを矯正するのに及ばなかったことを恐れることがありましょうか（いやない）。天下においてあなたのように私を愛する者であるのはもとより、あなたのように心を深く至らせる人はありません。私の感激はいかほど大きいものでしょうか。徳を修めていない、学問のできていないことは、**孔子**さえも憂いていたことです。しかし、世の学者はいくらかの訓詁を習うと、自分のことを学問を知っている者として、学問研究を進める風がないのは、悲しむべき事です。

「道」は必ず体得して後から見ることができます。すでに「道」を見ておれば、その後に「道」を体得するための修養を行うことはありません。「道」は必ず学んでしかる後に明らかになります。従って、学問研究の外に「道」を明らかにするものはあり得ません。世間の学問を研究する者には二種類あります。これを研究するのに、「身心」をもってする者がいます。一方、これを研究するのに、「口耳」をもってする者がいます。学問を研究するのに「口耳」をもってする者は、想像と手探りで影や響きを捉えようとする者です。学問を研究するのに「身心」をもってするのは、行動して「道」を明らかにし、習ってつまびらかにして、実体として学問を自分のものにする者です。これを知るのは**孔子**門下の学問を知る事です。

お手紙では、私が『大学』を「古本」へ復帰すべしとしているのは、人が学問をなすのに、ただ「内」に求めるべきなのに、**程子**や**朱子**の「格物の説」はこれを「外」に求める弊害を免れないという理由から、**朱子**が行った分章を取り去り、その補筆した所を削った、とおっしゃってます。あえて言えば、これは間違っていないでしょう。しかし、学問にどうして「内外」があるのでしょうか。『大学』の「古本」は**孔子**門下が伝えてきた「旧本」だけです。**朱子**は、それに脱誤するところがあることを疑って、これを改正補修したのです。私は脱誤はないものと思います。ことごとく「旧本」に従うだけです。もし私に失敗があるとすれば、**孔子**を過信することにあるかもしれません。従って、故意に**朱子**の分章を去り、伝わったものを補修し削ったのではありません。学問はこれを「心」に得る事を貴ぶのです。学問を「心」に求めてどうして間違いなのでしょうか、その言葉が**孔子**から出たとしてもあえて間違いとしないわけには行きません。しかし、未だ**孔子**に及ばない者から出たものであればなおさらです。これを「心」に求める事が「是」であるのなら、その言葉が常人から出たとしても、あえてこれを間違いとはしないでしょう。しかし、**孔子**から出たものであればなおさらです。また、「旧本」が伝わってきたのは数千年です。今日、その文詞を読めば「明白」で理解できるものです。その修養を考えれば、また「簡易」で入り易いものなのです。また、（**朱子**が）何の根拠をもって、この段は必ずこの所になければならない、あの段は必ずここになければならない、この部分はどうして欠けていて、ここがどうして誤っていると断じて、これを改正補修しなければならないのでしょうか。すなわち、**朱子**に背く事を重んじて**孔子**に背く事を軽んじているのではないでしょうか。

（答羅整庵少宰書 1）

読解

はじめは年長の**羅整庵少宰**に敬意を表した話し方ですが、持論になるとはっきりと反論しています。まず、**王陽明**の議論に非難、罵倒など反対する者が多い中で、**王陽明**を支援してくれる**羅整庵少宰**に感謝しています。そして、訓詁に走る人々を批判します。「道」について学んで体得すべきものであるとし、**王陽明**は「知行」を同一としますので、実体として学ぶべきことを言います。研究する者には「身心」により勉強をするものと「口耳」によるものがあって、「口耳」でなく「身心」による研究を行うべきとします。「口耳」の人のよっている**程子・朱子**は勝手に「旧本」を削ったり、増やしたりして混乱させているというのです。ここでは**王陽明**は自らの立場を厳しく主張します。そして、「旧本」に示された「道」は「明白簡易」であると言い放ちます。

現代の学問研究でも「口耳」の学が少なくありません。空理空論で満足している研究者が多いことにはうんざりさせられます。経済学でも現実の経済に寄与する理論にもっと力を入れるべきです。今日、中東やアフリカの一部で大きな混乱が続いていますが、一方では、多くの途上国で経済成長が高まり貧困から脱しようとしている国が少なくありません。これには経済学に基づいたまともな経済政策が行われていることも大きく貢献しています。日本の経済も高齢化社会を迎え厳しい状況にあります。新しい社会を開いていくための経済学が議論されていくことを望み、「口耳」の学問を行う人がいなくなることを祈るだけです。

2　反観内省

来書でお教えをいただきました。おっしゃるように、「もし学問は必ず「外」に求めるのではなく、ただ「反観内省」に努力することだと考えれば、「正心誠意（心を正しくして意を誠にする）」の四文字で言い尽くされています。必ずしも学問を始める者に入門の際に、「格物」の一段の修養を行わせる必要もありません」というのは誠にそのとおりです。もし、その要点を言えば、「修身」の二字で足ります。どうして必ずしも「正心」を言う必要があるでしょうか。また、「正心」の二字で足りるなら、必ずしも「誠意」を言う必要はないでしょう。また「誠意」の二字で足ります。そうすれば、また必ずしも「致知」を言う必要はないでしょう。また必ずしも「格物」を言う必要があるのでしょうか。思うに、そのように修養は、詳細で緻密なものですが、これを要約すればただ一つのことです。これは「精一」が学問とされる所以であり、まさに思いを巡らせねばならないものです。「理」には「内外」の区別はなく、「性」にも「内外」の区別はありません。故に、学問にも「内外」の区別はありません。講習討論においても、いまだかつて「心の内」になかったものはありません。「反観内省」もいまだかつて「外」に注意を残さなかったわけではありません。学問は「外」に求めるものであるというのであれば、自分の「性」が「外」にあるとすることになります。これは**告子**の言う「義外」です。これは単に「私知」を用いるだけのものです。反対に、「反観内省」を言って、これを「内」に求めるとするなら、自分の「性」は「内」にだけにあることになります。これは我を有するものであり、自ら「私」するものです。これらは（学問を「外」に求めること）の考えは全て、「性」には「内外」の区別がないことを知らないことから生まれたものです。故に『易』の「繋辞伝」は「「義」を精研して神妙に入るのは、以て「用」をいたすことであり、「用」を利して身を安んずるのは、もって「徳」を高くするものなり（「義」を精査して神妙なるものに入り、実践を行う事で自らを安らかにすることは、自らの「徳」を高くすることです）」と言っています。また、『中庸』では「「内」の己を成すは「仁」であり、「外」の物をなすは「知」であって。これは「性」の「徳」です。「内外を合一」する道です」と言っています。これらの言葉からも「格物」の学問が何であるかを知るべきです。「格物」は『大学』の実際をまず始める所ですが、徹頭徹尾、学問を始める人から聖人に至るまで、ただこの修養があるだけです。入門の際に必要なものであるわけではありません。正心・誠意・致知・格物は皆、身を修めるためのものですが、「格物」はその力点を用いるのを日々、見なければならない基礎です。故に、「格物」とはその「心」の「物を格（ただ）す」ことです。また、その「意」の「物を格（ただ）す」ことです。そして、その「知」の「物を格（ただ）す」ことです。「正心」とはその「物の心を正す」ことです。

「誠意」とはその「物の意」を「誠」にすることです。「致知」とはその「物の知を致す」ことなのです。これにどうして「内外」の区別があるのですか。「理」は「一」だけです。その「理」が多く凝聚するのを言えば、これを「性」と言います。その「凝聚」を主宰するものを言えば、これを「心」と言えます。その主宰を発動するのを言えば、これを「意」と言います。その発動の「明覚さ」をいえばこれを「知」と言います。その「明覚さ」の感応をもって言えば、それを「物」と言います。故に「物」について言えば、これを「格す」と言います。「知」について言えばこれを「致す」と言います。「意」について言えば、これを「誠」にすると言います。「心」について言えば、これを「正す」と言います。「正す」とは、このことを「正す」ことです。「誠」にするとは、これを「誠」にすることです。「致す」とは、これを「致す」ことです。「格す」とは、これを「格す」ことです。皆、これらはいわゆる『易』に言う「理を窮めて、性を尽くす」ことです。天下のことで「性」の外にある「理」はなく、「性」の「外」に「物」はありません。学問が明らかでないのは皆、世の儒者達が「理」を「心の外」のものと認め、「物」を「心の外」のものとしていることによっています。そして、**告子**の「義外説」の誤りについては、**孟子**によって解明されていることを知らないのです。すなわち、その同じ誤りに陥って自覚していないのです。また、是認すべきことと間違った議論が似ており、明らかにするのが難しいものがあるからでしょう。これをよく考えなければなりません。

（答羅整庵少宰書 2）

読解

羅整庵少宰は**王陽明**の「心の内」に「理」を求める考えを批判して、「内」なる追求だけなら「正心誠意」だけを考えているのではないか、まずは「格物」ではないですかと言います。「朱子学」では「格物」を「物に至りて」と読ませて、「事事物物」について「究理（理を究める）」を出発点として、「物」の本質を追究することが学問の最初であるとします。これに対して**王陽明**は「物を正して」と読み対照的な見方をします。しかも、「物」も外部にあるのではなく、「心」を動かして初めて実在するという考えを示しています。**朱子**が「理」を「外」に求めて「究理」を出発点として、「致知・誠心・誠意」を展開するのに対して、**王陽明**はこれらは全て「一」であるとします。また、**朱子**にあっては「性即理」であるので「性」も「外」となります。「物」および「性」を「究理」による観察の対象としているのに対して、**王陽明**は「理」に「内外」はなく、「性」に「内外」はないとします。学問には「精一」しかないと言って、「内外」に分ける**朱子**の議論を批判します。そして、「正心・誠意・致知・格物」は「修身」のための一体の物で、「格物」は日々の実践の中での姿勢（格す）であることを示します。「理」は「心の内」にあり、「物」も「心の内」にあることを強調します。「理」が「外」にあるというのは「義外説」の誤りに気がつかないから誤るのだと言い放ちます。非常にわかりにくい文章ですが、「性・心・意・知・物」についてその本質を示しており、非常に興味深いものです。

そして、**朱子**は「正心・誠意・致知・格物」について徐々に段階的に修養を積んでいくことを求めます。しかし、**王陽明**はこれらは全て「一」であると学問は「精一」しかないと主張します。特に「朱子学」のように「物」は自分を「外」にあるものと考えていることに反対して、「物」も「外」にあるのではなく「心」を動かして、初めて実在するとの認識から、「格物」も「内外」に区別すべきでないとしているのがポイントでしょう。そして、「正心・誠意・致知・格物」も全て「一」であるという「陽明学」の基本を示しており、『伝習録』を理解していく上でも重要な視点です。我々の常識では「究理」から始まって「格物・致知・正心・誠意」と序列が明らかな「朱子学的」なものに傾きやすいのですが、よく考えれば「陽明学」の不思議な魅力の根源がここにあるように思います。学問に「内外」がないという信念を素直に受け止めていくべきでしょう。

3　わずかな差が千里の誤りを生む

おそらく私の「格物の説」についてのあなたの疑いは、必ずその「内」の「心」を「是」として、「外」を「非」としているとお考えなのでしょう。また、必ず専ら「反観内省」の事に努めて、研究討論の努力を棄てていることとお考えなのでしょう。必ず物事の大切な所や本源だけのあらましを「一」として、枝葉の部分や節目について詳しく考えることを省略していることとお考えなのでしょう。必ず「老荘」や「仏教」のように枯れ木のように虚寂の偏りに打ち沈んで、ものの道理や社会が変化することに努力を尽くさないとお考えになるのでしょう。もし、このようなことであれば、ただ

孔子・**孟子**の聖門から罪を受けることになり、**朱子**からも罪を受けることになるでしょう。これでは邪説が民を惑わせ、「道理」に背いて「正理」を乱すことになり、誰もが誅殺すべきことになります。ましして、あなたのような「正義」にまっすぐな人においてはそうでしょう。もし、そのようなことであれば、世の中で古典の「訓詁」を学び、先哲の教えのわずかでも聞いた者なら、それが間違いであることは知られることでしょう。まして、あなたのような高明な人であればなおさらです。およそ私のいわゆる「格物の説」は、**朱子**が『大学或問』で述べた**程子**の九条の説に全て包含されまとめられています。ただ、これを実行するのに要点があり、「作用」も同じではありません。まさに、わずかの「差」だけです。しかしながら、わずかな「差」が「千里の誤り」を生むのは、実際ここから起こるのです。議論しなければならない点です。

（答羅整庵少宰書 3）

読解

王陽明の議論に**羅整庵少宰**が疑問を抱いているであろう点を指摘して反論します。「心」を主張することは、枝葉末節や節目を無視することとなって、「老荘」や「仏教」のように枯れ木のように虚弱になることを批判しているのではないかと指摘します。「陽明学」は見た目には「老荘」や「仏教」と同じように見られるのではないかと心配します。**孔子**・**孟子**の伝統の中にあるので、**朱子**と同じですが、基本をわずかでも外すと千里の隔たりを生じるのだと言います。

大学での教育は各学部に分かれており、また、それぞれの研究者も独自の理論を追求することになっています。多くの学会が作られ、そこで専門の分野についての研究上の論争が行われています。大学教育で、これらだけに集中することは、枝葉末節・節目の教育と批判を受けることになります。従って、大学の研究者はもちろん社会のリーダーとなる者には、深い教養が求められます。戦前の教育では旧制高校がその役割を担ってきましたが、アメリカ軍の占領政策で解体させられました。それに代わって今の大学には教養部が置かれることになりましたが、十分に機能していません。時代の変化とともに現実に対応した教育や専門性が求められ、学問の分断化が進むことは避けることができないのはやむを得ないことかもしれません。しかし、この教養部の期間に古今東西の哲学や古典を勉強するのとしないのでは、まさにわずかな差が千里の差を作ることになります。筆者は、経済の教育以外になにかできるものがないかと学生の二年生のゼミではカント、デカルト、ベルグソンなどに加えて自ら選んだ哲学書を読ませていました。また、「桜下塾」で数人（多い時は数十人）の社会人とともに「陽明学」を勉強してきました。骨太な教養教育についてもっと社会の関心が大きくなることを期待しています。

4　楊墨批判

孟子は**楊子**の「為我説」や**墨子**の「兼愛説」を批判して、父をなきものにし、君をなきものにしていると言っています。この二人の先生も当時の賢者でした。もし**孟子**と同時代に生まれておれば、**孟**

子も彼らを賢人でないとはしなかったでしょう。**墨子**の「兼愛説」は、「仁」を行うのに過ぎたるものです。**楊子**の「為我説」は「義」を行って過ぎたるものにすぎません。その説は「理」を滅却し、世の中を乱すのが甚だしくて、これで天下を眩ませたものではありません。しかしながら、両者の末流が行った弊害は、**孟子**が禽獣夷狄にたとえたようなものでした。いわゆる学術をもって天下、その後の後世を殺したのです。今日でみれば、その学術の弊害は「仁」を学んで行き過ぎたものといえるでしょう。また、「義」を学んで行き過ぎたものといえるでしょう。そもそも、これは不仁不義を学んで過ぎたものになったというのでしょう。私はそれの弊害が洪水や猛獣と比較してもいかに大きなものであったかは分かりません。**孟子**は「自分は弁を好むものではないが、やむにやまれない」と言っています。当時、「楊墨の道」が天下にふさがり、**孟子**の時代に、天下の人々が**楊子**・**墨子**を尊敬する様子は、今日の**朱子**の説を崇拝するものにも劣りません。しかるに、**孟子**一人がその大声で批判していました。ああ悲しいことでした。**韓氏**（**韓愈**、宋代の儒学者）の言うように、「仏教」や「老荘」の弊害は**楊子**・**墨子**の害より甚だしいのです。**韓愈**の才能は**孟子**には及ばないが、**孟子**は「道」がまだ壊れていない先に救おうとしてできなかったが、**韓愈**はすでに破れてしまった後に、完全なものにしようとしたのです。その力量を考えずに、その身を危うくし、これを救うことなく死んでしまった。ああ、私のようなものは、もっとその力量を考えないで、その身も危うくし、これを救われることなくして死を迎えるだけなのでしょうか。衆人がまさに嬉々としている中、ただ一人世を憂いて涙を流し嘆いています。世の中は平然と動いていくのに、一人、頭を痛め、額を狭めて憂いの中にいます。これは頭の狂った病気や心を失ったわけではありません。「誠」の大きさに苦しむ者の「内」に隠れているものです。天下の至高の仁者でなければ、これをよく察して頂けないでしょう。

（答羅整庵少宰書　4）

読解

王陽明は**羅整庵少宰**に自分の説が偏見によっていないかと問いただし、仏教、**老子**・**荘子**、**楊子**・**墨子**の問題点が**朱子**の議論にすでに含まれていることを主張します。**楊子**・**墨子**の議論は**孟子**に批判され、儒家からは誤った議論とされています。そして、**孟子**が**楊**・**墨**の末流のおかした誤りを正すために一人戦ったことを言い、今は自分が**朱子**の支配的な議論に、いかに一人、戦っているかの心情を示しています。**楊子**は戦国時代の学者で、個人主義でいわゆる快楽主義者で、自己の生命と安楽の維持を主張していました。人間はその「本性」に従って生きるべきで、寿・名・位・貨は人間の「本性」に背く外からの誘惑であると考えて「義」を主張していました。しかし、儒家の言うような「仁義」の議論からは、これらは人間の「本性」にはずれていると批判しています。**墨子**は「兼愛」を説き、人間全てに愛を及ぼすべきという議論を行っています。儒学で言う孝、忠を無視する説であり、同じ人間でも他の国の人や自分の父や君主を同等に扱うのは倫理に外れているという儒家の批判です。人々の間の愛には薄い濃いがあってしかるべきで五倫五常を重視する儒家はこの秩序を重視しているわけですから批判されるのは当然のことになります。「仁」として人々を愛すべきとする**孔子**・

孟子などと、全ての人に平等の愛を及ぼすべきという**墨子**とは、同じく人に愛を及ぼすべきとすることとでも大いに異なるのです。ただこの要点と作用がわずかに違い、その違いが千里の誤りを生んでいるのだと主張します。ここでは**孟子**が**楊子**・**墨子**の末流との議論を戦ったことを引いて、**王陽明**がいかに**朱子**の議論と戦っているかを**羅整庵少宰**に訴えています。世の中の主流派と戦うことがいかに大変なことかを**孟子**と**韓愈**の議論を通じて心情を吐露しています。**朱子**の議論についてはこれまでも多く出てきているのでここでは詳しくは述べませんが、**朱子**の「性即理」、**王陽明**の「心即理」は相容れないので、**王陽明**は**朱子**非難を行うのですが、主流派の朱子学と戦うのはいかに大変なことであるかは容易に想像できます。特に、当時は、「朱子学」が官僚への切符でしたので、これを勉強しないと出世できません。天下の秀才を集める科挙試験に「朱子学」が重きが置かれていたのです。今日で言えば官界、司法界に大きな位置を占めている東大法学部の「通説」に戦いを挑んでいるようなものでしょう。

経済学の分野でも、かつてはマルクス経済学が学界の主流をなしていました。これに対して、多くの優れた学者の卵が、アメリカの大学に留学して近代経済学を取り入れ、日本の学界を大きく変えました。今日では、マルクス経済学の本家本元のソ連が崩壊し、中国も市場経済化して根本から変わっています。もっとも資本主義経済には色々な大きな矛盾があることには間違いありません。どうしたら豊かで平穏な社会に改革できるのか多くの経済学者が論争しているところです。Warm Heartを持って「心」を大切にしながら新しい時代の経済学が次々と生まれてくることを切に望んでいます。

現代でも主流派の議論に対峙することは難しいことですが、**王陽明**の心意気を感じる所です。
筆者は**楊子**は読んでいませんが、**墨子**は読みました。それなりにおもしろい議論です。このほかにも**荀子**や**韓非子**なども読みました。「性悪説」として儒学に対しては非主流派ですが、なかなか鋭い議論をしていて読む値打ちはあるように思います。**老子・荘子**も**王陽明**は批判していますが、その考えの大きさには驚かされます。**王陽明**は非常に強い信念で「心」を説いています。その他『論語』『孟子』を始めとして中国古典には多くの論争があり、興味深い物が多数あります。今日、これらから学ぶことは非常に多いと思います。

5　朱子晩年定論

私が『朱子晩年定論』を編纂したのはやむをえないことでした。その中で年代の早い遅いに関してはまだ考える所があります。必ずしも全てが晩年に出てきたものではないとしても、晩年に出てきたものが多いのです。しかしながら、私の大意とするところは、学説の曲がりくねった所をつまびらかにし、調停して学問の正道を明らかにすることに重きを置いたことです。平生から**朱子**の説を神明で卜（ぼく）（将来の吉凶を予測するという意味でここでは優れたもの）と思っています。一旦、**朱子**の説に反するとしたことは、「心の誠」に忍びざる所があります。故に、やむをえなくこの『朱子晩年定論』を編纂したのです。『詩経』に「自分を知っている者は自分の心を憂いてくれるが、自分を知らない者は何をほしいのかと疑う」とあります。**朱子**に角をつき合わせて、逆らうのに忍びないのがその本心です。「道」はもとよりこのようなものだとして、正さなければ「道」は見えてきません。あなたの言うように、**朱子**の説と異なる者である私もあえて自分の心を裏切ることはできません。「道」とは天下の公道です。学問は天下の公学です。**朱子**だけが私有すべきものではありません。**孔子**も私有すべきではありません。天下の公は、公に発言するだけです。故に、これが正しいものであるならば、自分の議論と異なるものであっても自分にも利益になります。これを言うことが間違いであるとするならば、自分と同じ議論であっても自分にも損失になります。自分に利益があるものは必ずこれを喜び、自分に損失となるものは必ず憎むことになります。そうであれば、私の今日の議論は**朱子**と趣旨が異なるといえども、**朱子**は必ずしも喜ばないというわけではないでしょう。**孔子**が言うように、「君子の過ちは公明正大で、日食や月食のように一時は欠けても、間もなく改めて隠すことがないので、人々は皆、尊敬して仰ぎみるのですが、小人が過ちをおかすと必ずこれを飾ってごまかす」のです。私は愚かなものですが、けっして「小人の心」でもって**朱子**に事えることはありません。あなたの教えが反復して数百もの言葉をかけてくださる所以は、全て私の「格物の説」を理解していただけなかったためでしょう。もし、私の説がひとたび明らかになれば、この数百言は全て弁解するまでもなく、釈然として滞ることはないでしょう。それ故に、今はあえて縷々細々を述べて汚れを重ねることはいたしません。しかしながら、私の説はお目にかかって口で説明するのでなければ、手紙の中で明白にすることは決してできません。あなたが私の「道」を開き、お導きいただいているのは懇切丁寧と言うべきです。人が私を愛してくださるのに、あなたのようなお方はおりません。私は愚かな者ですが、「心」に刻んでしかと留めおくべきことを知らないわけがありません。しかしながら、性急に私の中心の「誠」とすることを捨てて、当座だけお説に聞き入れるとはしない者であるのは、あなたの深い御好意に背くことではなく、これに報いることがあると思うからです。秋の末には東に帰りますので、是非一度お目にかかっておたずねしたいと存じます。千万のことをお教え頂きたく存じます。

（答羅整庵少宰書　5）

読解

『朱子晩年定論』での**朱子**の文章をとって、**王陽明**の議論の正しさの主張を批判されたことに対する反論です。『朱子晩年定論』を書いたのは正しい議論を天下に明らかにするためだと言います。「公」という字は八と口（「い」と読み囲いの意味）を結びつけたもので、囲いを開けるという意味で役所のことを示すのですが、それだけでなく公平や公開を意味します。「道」や学問は**朱子**一人に占有されるべきでなく、もっと開かれたものであるとします。さらに、聖人としている**孔子**の言葉も「私有」すべきでなく、「公言」とすべきなのだと言います。『朱子晩年定論』の場合も決して自分の私的な考えで書いたのではなく、正しい「公言」として書いたものだと言います。「公言」の重要性を示しています。今日の民主主義社会でも「言論の自由」が保障されて、「公」で議論されることが社会の基盤を形成しています。**王陽明**は**朱子**が**孔子**の議論を「私有」すべきないと、論争の重要性を主張しています。

「過」とは思いが足らなくて知らず知らずのうちに悪いことをすることであり、『論語』には多く出てきます。「過ちてはすなわち改むるにはばかることなかれ」や「過ちを改めざる、これを過ちという」といった『論語』の言葉は有名です。この部分は『論語』の「**子夏**曰く、小人の「過」や必ず文る」と「**子貢**曰く、君子の「過」や、日月の食のごとし。過つや人皆これを見る。改むるや人皆これを仰ぐ」を引いたものです。君子は過ちをおかしても日食や月食のように一時的に欠けてもすぐに輝きを取り戻し、皆が尊敬するといいます。ここでは『晩年定論』で示したように、**朱子**は主張を改めているので、人々に尊敬されていると言いたいのでしょう。「小人の「過」や必ず文る」という言葉は、どきっとするものです。ややもすれば行いやすいことです。気をつけなければならないことです。**王陽明**の言う「心」に従うことは、まさに「過ちを改む」ことなのでしょう。

筆者も数多くの文章を書いてきましたが、「言葉を文る」ことに汲々としている醜い姿になっていないかと心配してしまいます。学者のあらゆる発言はその影響力の大小にかかわらず「公言」なのです。筆者も私的な思いではなく「公言」として社会の役に立つと信じて執筆してきました。ケアレスミスは別として、本書でも文章の本旨に関わることで「過ち」が無いことを祈るばかりです。

第八章　聶文蔚に答ふ

ここからは**聶文蔚**（じょうぶんい）への手紙です。**聶文蔚**は一四八七年生まれで、**王陽明**より一五才くらい若い人です。仏教に信心のあった人で、**王陽明**の晩年に交流のあった人です。**王陽明**に師弟の礼を取ったのは**王陽明**の死後で、没後に弟子を称しています。本章は**王陽明**の心優しい文章に溢れています。

1　君子は認められなくて煩悶することはない

今春、遠く遠い所をわざわざおたずね頂き、じっくりと質問や論証をしました。あなたの厚情は何にたとえることができるでしょうか。さきに二、三の同志とどこか静寂な地に一〇日ほど滞在して、私の意見を少しお話しして、お互いに切磋琢磨して批評を求めようと思いましたが、公務や俗事に縛られてできませんでした。あなたと別れて極めて心が重く、「心」を失うようでした。このほど突然、お手紙をいただきました。千余言のお手紙を読みまして、大変、心が慰められました。中には過分のお褒めの言葉がありました。しかし、これは私を激励する有り難いお心から生れたもので、私を正しく懇切に磨いて、聖賢の域に納めようとするお心だと思います。また、手紙を弟子の崇一君に託していただいてこまごまと行き届いた懇切な思いを致しております。これも深く交わり暖かい友情が無ければ到底ここまでには及びません。お言葉に感激し、恥じるとともに、十分にこの任にたえることができるかと心配しています。そうはしても、私はどうして自ら励まし勉強しないで、ただいたずらに感激し恥じ入ることで謙遜して他人に譲ってばかりはおれません。あなたが**子思**・**孟子**・**周濂渓**・二**程子**（**程伊川**・**程明道**）は彼らの意図したわけでなく偶然、千年後に同志として出会うのです。ことごとく天下の全ての人から信じられることは、真に一人の人間に信じられることより劣ります。「道」はもとより自ずから存在し、学問も自ずから存在します。天下の人々がこれを信じたといって多いとなさず、一人が信じるのを少なしとしませんと言ったのは、『易経』に言う「君子は認められなくて煩悶することはない」という心持ちであって、世の浅はかな者の「知」には及ばないものです。すなわち、私が新学説を唱えた気持ちは、大いにやむをえないものがそこにあったからであり、世人に信じられるかどうかを考えたものではありません。（答聶文蔚 1）

読解

聶文蔚から「朱子学」に異を唱えた**王陽明**の学問が孤立したものと見られていることに対して、励ましの言葉があったことに**王陽明**が感謝している手紙です。全ての人に信じられるより、一人でも本当に信じてもらえることが良いとするのは**王陽明**の心意気です。多くの人に賞賛され名誉を得ることは意味のあることでないと言います。**王陽明**は「名」という人欲を最も強く排除します。人々から認められなくても悩まないという心境は君子の心境ということも心すべきことと思います。多くの人にほめられるのは確かにうれしいことには間違いがありません。しかし、正しいことを述べていく場合、認められるのはただ一人でもいいのです。それが自分の「良知」に従って信念を貫くことが重要なのです。何も主流派の後を追う必要はないのです。ただ一人に真に理解してもらえたらそれもまたうれしいことです。

筆者の経験でも、学部の講義に出席する学生は多いのですが大学院の授業では専門分野の関係で、授業に出る人は少ないのは通常のことです。学生が一人だけの授業を何回かしたことがあります。特に、専門の一つにしていた数理経済学は、これを専門に勉強する学生も少なく、逆に、それだけ綿密な授業ができました。もちろん経済学が世を変えるためには、多くの人を説得するように議論をしなければなりません。人々の賞賛を得るために、「良知」から離れることをしていては何をしているかということになります。「消費税の導入」の時（特に一般消費税導入、売上税導入の論争の時）には、大多数の経済学者、財政学者はことごとく反対でしたが、大学に移ってからですがテレビ、新聞、雑誌などで消費税導入の必要性を主張してきました。当時は孤立無援でした。これも、経済企画庁に出向していて経済計画を策定したことと関連します。国の経済計画では赤字国債を昭和六〇年にその発行をゼロにすることを目標に計画を立てましたが、多くの計算を行って消費税の導入は不可欠とした事を示したことと関係します（計画の本文には記載されませんでしたが）。残念ながら計画は第二次石油危機で失敗に終わりましたが、今日では財政学者を含め多くの人々に理解されて消費税はなくてはならない存在になっています。消費税は福祉社会の維持には不可欠であることは常識になっています。最近では高齢化社会に向けて、消費税の強化を主張する学者も増えてきています。

2 是非の心

人は「天地の心」であって、「天地万物」は自分を含めて一體のものです。人々の困窮苦痛や害毒などいずれの痛みも、自分の身に切なるものです。自分の痛みとして知らないのは「是非の心」がない者です。「是非の心」は慮らずして知り、学ばなくても良く実行できるものです。いわゆる「良知」です。「良知」が人の「心」にあるのは聖人か凡人かを問うことなく誰にでもあり、天下すべて古今においても同じ所にあります。世の君子はただその「良知を致す」ことに努めれば、自ら「是非の判断」が公平になり、好悪の感情が人々と同じになり、人々を見るのに自分のことを見るように親密になり、国を見るのに自分の家を見るように振る舞うことになって、「天地万物を一體」と考えることになります。そうなれば、天下が治まらないことを望んでもそれが実現されないほど、自然と治まるものなのです。古(いにしえ)の人がよくしたように、他人が「善」を行って喜ぶことが、自分から出たものと同じように見るだけでなく、他人の「悪」を見るのに、自分に入ってくるごとくに思えるのです。それのみならず、民が飢えたり溺れたりするのを見て、自分が飢えたり溺れたりしているように思い、一人の男がその所を得なければ、自分が堀に投げ捨てたものと感じたのは、わざわざこれを行うことで天下に自分を信じさせようと求めたのではありません。その人の良知を致して自ら快いことを求めて努めただけです。**堯・舜**・三王（殷・夏・周の聖王）の聖人が言ったことに対して人民が信じたのは、その「良知を致して」語ったからです。行ったことが人民に喜ばれたのは「良知を致して」誠意をもって行ったからです。この故に、当時の人民は和らいで輝いており、殺しても憾みと思わず、利益を与えても功労とせず、その「徳」は野蛮の地にまで及び、生きている者は全て尊敬し親しみを持っていたのは、全ての人の「良知」が同じだったからです。聖人が天下を治めるのは、なんと簡単にして容易なことでしょうか。

（答聶文蔚　2）

読解

「陽明学」の主要テーマを要約したような文章です。「是非の心」は「良知」と同じ意味で使われ、「良知を致せ」ば判断が公平になって人々と同じ好悪になり、「心」が通じて他人のことも自分のことのように思い、国のことも自分の家のことのように思えるようになって、「天地万物が一體」と考えるようになると言います。**王陽明**のキーワードの一つである「万物一體の仁」は、天地の全てのものは「心」を通じて繋がっているという考えから、他人のことを自分のこととして見ることから生まれる「仁」なのです。他人の喜びも自分の喜びとし、他人の苦痛も自らの苦痛と「心」が位置させるのです。全ての人がもっている「良知」に従って行えば、通じないものは無いというのです。君子が天下を治めるのも「良知」に従っていたからであり、また、全ての人が同じ「良知」を持っているからだとします。「良知」に従えば天下を治めることは簡単で容易なことだと言い放つところに**王陽明**の神髄があります。この様な立派な政治家がいないわけではありませんが、必ずしも「良知」に従っているとはいえない政治家がいるのも現実でしょう。片言隻語を取り上げて政治家のスキャンダルをマスコミが騒ぐのですが、本当に「良知」による政治を行う政治家を生み出すため、国民も「良知」を発揮できる環境を作っていかねばなりません。少なくとも家族や会社、学校などでは「心」を通じさせる「良知」による活動を行うのは当然のことであるが、これを万人に広げて「心」を通じさせるのです。**王陽明**はさらに「草木瓦石」に至まで「心」を通じていると言います。キリスト教や仏教でも信徒の「心」の交流を強調するのですが、**王陽明**の「良知」は「草木瓦石」に至るまで「心」を寄せる「万物一體の仁」なのです。

3 私智の争

後世になって「良知」の学問が明らかでなくなり、天下の人々はその私ごとの「智」を使って相争っています。このために、人々はそれぞれ違った「心」を持つようになり、偏った程度の低いかたくなな意見やずる賢い偽りで陰に隠れた邪悪な学説などが議論できないほど出てきました。外面的には「仁義」の名を借りていますが、内実は「自私自利」の実現を図るものであり、言葉をこじつけて世俗に迎合し、行いを押し曲げて「名誉」を求め、人の「善」は隠しおき、それを自分の優れた所として、人の「私事」を暴いて自分が真っ直ぐであると言います。「私憤」によって相手を打ちまかしながら、しかもなおこれを「義」に従っていると言い、険悪な方法で相手を倒し、しかもなおこれを悪を憎んでいると言います。人の賢いところをねたみ、人に能力があることを忌み嫌い、しかもなお、自分の是非の議論は公平であると言い、感情によってやりたいようにし、欲望をほしいままにしています。そして、自分のことを人々と好悪を同じくすると言って相しのぎ相そこないながら、その一家、肉親の親密さにおいても、人と自分の対立の意志を持ち、人と自分と間にあれこれと垣根を作っています。従って、いわんや天下の多数の民衆を「一體」として見ることはできないでしょう。紛争がごたごたと重なり禍や混乱が収まる所を知らないのは不思議なことではありません。

（答聶文蔚 3）

読解

王陽明はまず「私智」を排除します。多くの学者が「知」を争うことを求めているのですが、それらは本来あるべき「良知」ではなく、それは「私智」ではないかと批判します。「良知」が廃れて「私智」がはびこれば、邪悪な学説がもっともらしく議論され、「仁義」などと言っても結局は「自私自利」の欲望を求めるだけです。彼らは相手を陰険な方法で倒すことだけを考えて、他人の能力が高いことを妬み、対立を作っています。こんな事では、天下の民衆を自らと一體としてみることができなくなると、**王陽明**は警告します。そして、「知識」で争うことが混乱の根本にあると言います。今日の我々も争うための手段として「知識」をむさぼる事をしているように思えます。訴訟や論争で「勝つ」ために、どれだけ多くの「知識」が動員されているかを考えると恐ろしい気がします。「良知」の学問が求めれば、訴訟や論争は避けられないとしても混乱や禍を回避できるわけです。

今日の学者は、論争することが商売ですから様々な議論が生まれてくるのは自然なことです。しかし、**王陽明**の指摘するような「良知」と離れた論争をするのは、百害あって一利なしです。学者が「真理」の追求を一定のルールの下で、侃々諤々（かんかんがくがく）の議論をすることは学問の発展のためには必要なことです。これまでの研究の矛盾や欠点を指摘して新しい学問を作っていくのは学者の仕事です。しかし、ここに共通したルールを持つことが不可欠です。それも色々ありますが、例えば、**カール・ポッパー**の提起した「反証可能性」に関する議論はほとんどの学界でも共通に認められていることです。ある意味、真理の追究や「反証可能性」は学者の「良知」になります。また、学問の目的自身が**マーシャル**のWarm Heartに基づいて人々を救うための議論でなければなりません。単なる「私智」の争いにならないように、今日の学者も心すべき事です。

4　天下の人々の心は皆、私の心

私は天の霊によって、たまたま「良知の学」を知ることができました。これによって天下の平治が可能であると思います。民が間違った学問に陥っていることを思うたびに、身近にひしひしと感じて心を痛め、この身が不肖であることを忘れて、これを救おうと思います。また、自分の力量を知らない者でしょう。天下の人はこの行いを見て、相ともに非難嘲笑して、これを誇り斥け、狂を病んだ「心」を失った人であるとします。しかし、これはたいして心配するものではありません。この痛みが体にとって切実なものであるときに、人が嘲笑していることを考えている暇はありません。人は父子兄弟が深い淵に落ちて溺れているのを見れば、大声を出し腹這いになり、裸足になってあわてて、崖の淵に伝わっておりて行き、これを救おうとするものです。中には、これを見ながら、相伴って丁寧に挨拶をして談笑していて、このように大声を上げあわてるものを見て狂を病んで「心」を失っている者であるとする人もいるでしょう。溺れた人の傍らで、丁寧に挨拶をして談笑していて、救おうとしない者は、ただの往来の人で、親戚や肉親の情がない者だけができるのです。しかしながら、「惻隠の情」がないのは人ではないので、その父子兄弟の愛がある者は元から「心」を痛め、頭を悩まし狂奔して気を遣い、腹這いになって助けようとしない者はありません。彼らは自分が溺れることの「禍（わざわい）」すら顧みないのです。いわんや狂を病み心を失っていると非難することはありません。しかるに、人を信じるか信じないかを問題にすることはありません。ああ、今、人が私のことを狂を病み「心」を失っている人だと言ってもかまいません。天下の人々の「心」は皆、私の「心」です。天下の人で狂を病む者がいるのに、私がどうして狂を病んでいないといえるのでしょうか。「心」を失っている者がいる時に、私が「心」を失っていないと言えるのでしょうか。

（答聶文蔚 4）

王陽明の世が乱れて、世間からまともに見られていないことへの嘆きです。「陽明学」が批判されていたことに対して、非難嘲笑はあえて受けようと強い決意を示しています。**王陽明**の理論が主流派の「朱子学者」から批判されていることに対する強い反発であるように思います。しかし、天下が間違った議論に支配されているときは敢然とした姿勢を示しています。これは、先にも出てきましたが、父子兄弟が水におぼれてこれを助けようとしているときに、その姿を見て非難嘲笑されようとも助けないわけにはいかないような「心」を必要とするのだと言っています。そのような考えは、自分が溺れているのに、それを救おうとする者を非難嘲笑している人に反論します。天下の人が「心」を失っているときに、それをそのままにしておくことを反撃するのは、「惻隠の情」のように自然と生まれてくるところだといいます。

今日、日本の置かれている状況は**王陽明**からみれば、狂っていることを感じることも少なくないでしょう。世論が誤ったときには敢然と戦うべきです。大きな一流企業と見なされているところでも、検査データの改ざんや会社の何十億円もの金で私服を肥やすことが起こったりしています。また、国の借金が千数百兆円を超えているような状況は異常としか言いようがありません。これがこのまま進めば、いつか子孫が膨大な税金で返済するか、経済を破綻させる事になります。しかし、消費税率引き上げには、世論の反対が強く、政治家は改革に及び腰です。政治家や言論人は人々から非難嘲笑されても財政健全化を主張していかなければならないのです。

5　天を楽しんで天命を知る

昔、**孔子**も存命した当時にいろいろなことが言われたことがありました。**孔子**のことをへつらいをする者だというものがあり、おもねる者だと謗る者もあり、賢人ではないと謗り、そしり、「礼」を知らない者だとし、（**孔子**が聖人であることを知らないで）あなどって、東隣りの「丘」だとする者あり（**孔子**の名前は「丘」）、嫉んで邪魔をしようとする者もあり、憎んで殺そうとする者もあったのです。晨門（門番の意味）や荷蕢（もっこかつぎの意味）からも、皆、当時の賢人ですが、**孔子**のことを実行不可能なことと知りながらやろうとしている者であるとか、田舎者であるとか、堅苦しいとか、自分を知らないとか、早く止めた方がいいというようなことを言われています。**子路**は**孔子**から廟堂にのぼれる者であると評価されていた者ですが、**孔子**の見るところを疑い、**孔子**が行くところを喜ばず、これは世間にうといとした（衛の**霊公**の夫人**南子**に面会したとき**子路**は不愉快に思ったし、**孔子**が謀反を行った**公山弗擾**に会おうとしたときにも反対しました）。**孔子**が**子路**から衛から政治を託されたとき何をするかとの質問された時に「名を正す」と言い（**子路**は**孔子**のことを世間にうといと言っていました）、当時の**孔子**を信じなかった者は十人の内二、三人だけではなかったのです。しかしながら、**孔子**は忙しくあわただしく働いて、いなくなった子供を道で探すように、その席を暖める暇もない様子は、世間の人が自分を知り、自分を信じることを求めたためではなかったのでしょう。**孔子**の「天地万物一體の仁」の心を痛みとして切迫して感じて、やめようと欲しても、これをやめなかったのはやむにやまれぬところがあったのです。従って、**孔子**の言葉に「私は仲間とともにいないで、誰とともに事をともにしようとするのか」とか、あなた（隠者）は「この身を潔くせんとして、大きく人倫を乱すものだ」とか、「世捨て人は世間を忘れることに思い切りがよいが、そんなことは大して難しくない」とあります。また、「ああ、「天地万物を一體」とする者でなければ、誰か自分の心を分かってもらえるでしょうか」とあります。**孔子**は、世に受け入れられなくても、世を逃れて悶えることなく、天を楽しんで天命を知るという境地をもとより自得していました。**孔子**の道は世俗も非世俗も同時に行われて矛盾がなかったのです。

（答聶文蔚　5）

読解

世間からいろいろ言われている**王陽明**の心境を**孔子**の例を引いて議論したものです。**孔子**も当時、多くの人に信じられなかったことが『論語』にもたびたび出てくるのです。弟子の**子路**にも批判されることしばしばです。これらの例を上げて、自分が世の中に受け入れられていないことを嘆きます。**孔子**も弟子も含めていろいろな人から批判をされてきたと言います。道を行く人からも「己を知らないやつだ。やめておけばよいのに」と言われるが、「そうはいかない」と言っていたのは、「天地万物を一體」と考えていたからだというのです。**孔子**は「天を楽しんで天命を知る」という境地にあり、世俗的なことも非世俗的なことも行って矛盾がなかったのです。孔子の心がやむにやまれぬのは「万物一體の仁」を知っている者だけが、分かるものだとします。そして、世俗にあっては世俗の、世に受け入れられなくともそれに悶えず、天を楽しんで天命を知るといった心境になり、この両者は矛盾しないとします。「万物一體の仁」を強調する**王陽明**の広い心が示されます。**王陽明**の真剣でいてそれでも伸びやかな生き方が示されています。正しいと信じることは（私意按排をしてはいけませんが）いくら非難されようが実行していこうという**王陽明**の心意気を感じるところです。

6　天を恨まず、人をとがめず、下学して上達す

私（**王陽明**）のような不肖の者は**孔子**の「道」を自分の任とはできないでしょう。「心」に思うのは、疾痛の身があることを知っているだけです。「心」をあちこちさまよい眺めて、私を助けてくれる人を探して、あい伴って勉強してその病を去ろうとしているだけです。今、まさに豪傑の同志をえて協力して正しく助け合い、その「良知の学」を天下に明らかにして、天下の人に「良知を致す」を知らしめ、それをもって相安んじ、相養いて、人々の「自私自利」の弊害を去って、他人を嫉んだり勝つことだけを考える風習を一気に洗い流し、もって**孔子**の言う理想社会である大同の世の中にすることができれば、私の発狂ももとよりさっぱりと治まって、「心」も癒え、精神喪失の病から免れることになると思います。なんと心地の良いことでしょう。今、誠に豪傑の同志が天下を求めようと望めば、私の同志の**聶文蔚**のような人以外に誰を望むでしょうか。あなたの才能と志があれば、天下に溺れている人を救うのに十分です。今、天下救済の道具が私に備わっていて、外から借りてくること

を求める必要がないことを知ったのです。これに従っていけば、黄河の水を切って海に落すようなものです。この勢いを誰が防ぐことができるでしょうか。あなたは一人が信じることは少なくないと言われましたが、この言葉を他の誰に委ねるのでしょうか。この地の会稽（かいけい）はもとより山紫水明の地と唱われています。深い林に長い谷、どこを歩いてもそうです。寒暖、天候の別なく悪いときがありません。安居して飽食し、世俗の塵が乱すこともなく、良い友達が四方から集まりその議論から「道義」が日々新たになっていきます。これほどゆったりしていることはないですか、楽しいことでないですか。天地の間にこれほど楽しいことはないでしょう。**孔子**は「天を恨まず、人をとがめず、下学して上達す（自分が努力してきたことが稔らなくとも天を恨まず、自分を用いようとしてくれなかったといって人をとがめず、身近な所から学んで道理を極めて高遠な所まで達する）」と言います。私は二、三の同志とともに、この言葉のようにしたいと望んでいます。どうして「外」に思いをよせる暇があるでしょうか。自分の肌に直接かかる切実な痛みを及ぼす世間の風潮は未だ良くはなってはいません。また、いろいろ述べさせてもらいました。咳の病気と暑さのために、手紙を書くこともおっくうですが、お使いが遠くから来られ、滞在が一カ月になりました。お帰りの分かれに際して、筆を執り思わず手紙を重ねました。お互いの交流の深いことから長々と書いてきましたが、まだ書き尽くすことができないように思います。

（答聶文蔚　6）

読解

王陽明は自分が世間から批判を受けているとして、**孔子**の例を引き、**孔子**も批判をされたが、「良知の学」を天下に明らかにして、天下の人に「良知を致す」ことに精進してきたと述べ、**王陽明**も**孔子**の言う様に「天を恨まず、人をとがめず、下学して上達する」努力をしていくことを鮮明にします。**聶文蔚**には**王陽明**を理解してもらえるとして、同志として一緒にやっていきたいと志を伝えます。世に認められるためにするのではなく、「良知の学」を広めることに対する決意を示しています。人に認められたいと思うのは人情です。しかし、「名」を望むことを「人欲」として排斥する**王陽明**の姿勢を我々も「心」すべき事です。

第九章　二

聶文蔚に対する手紙の続きです。

1　二

お手紙をいただき、最近学問が進んでおられることを知って、うれしくまた慰められております。数回、詳しく読みました。その間に一、二の未だ明らかになっていない所がありますが、これは「良知の致す」の修養が未だ十分に成熟していないからです。成熟するに至れば、自ずからそうしたことはなくなることでしょう。これを馬車を走らせることにたとえてみます。すでに大通りに出たようなもので、時には斜めになったり曲がったりして走りますが、それは馬の調教が未だ整っておらず、くつわや革ひもが整っていないためです。しかしながら、すでにその大通りの中にあるので、決して脇道や曲がりくねった小道に入ることはありません。最近、天下の同志でも、この地位にまで至った者を未だ多くは見ていません。この喜びは言い表せません。この道にとって幸いなことです。私の体は咳を出し、発熱を畏れる病があります。近頃、炎暑になり、また病状が頻繁に起こっています。聖明な天子が、聖明な洞察の上に私に課せられた責務は重たいものですから、急にご辞退するわけにはいきません。地方における軍務は、ごたごたがたくさん重なり合っていますので、病気のまま輿に乗って仕事に従事しています。今、幸いにやっと平定することができました。すでに報告を行って、家に帰って病の養生をしたいと願い出ている所です。林間に入ってやや清涼な所にゆければ、たぶん快癒するものと思います。使者が帰られるということで、枕に伏せながら取り急ぎ手紙を書きましたので、思いを十分尽くしていません。他の**惟濬**宛の手紙を同封しましたのでお渡し頂いたら幸いです。

（二一）

読解

この手紙は思恩・田州の平定に出ていた間に、没する一年前の一五二八年に書かれたもので、病状が良くないことを伝えています。しかし、軍務に忙しく養生する暇も無いと嘆きます。いろいろ激務の中、若い**聶文蔚**の修行の進展を喜び、さらに高い境地に達するであろうと励ます文章になっています。

2　浩然の気を育てる

お手紙のご質問の中で、取り急ぎ一、二のことについてお返事します。近年、このかた諸山中の学舎で学問を研究する者の中には、往々にして**孟子**の「忘るるなかれ、助くるなかれ（前述したように、無理にして助けてはいけないといいます）」の修養がはなはだ難しいものと説く者がいます。これの理由を問えば、わずかでも意をつくせば、「助」になってしまい、わずかに「意」をかけなければ「忘」になってしまいます。従って難しいものです。そこで、「忘とはこれは何を忘れ、助とはこれの何を助けるのか」と質問すると、その人は黙ってしまって答えず、教えを請うて質問してきました。私はこのように言いました。私はこのごろ学問を講義するのにあたっては、ただ「必ず事とする有り」を説き、「忘るるなかれ、助くるなかれ」とは説きませんでした。「必ず事とする有り」とはただ常に、進んで「義」を集めることです。もし、常に進んで「必ず事とする有り」の修養を行うものの、時として間断することもあるので、ここでは「忘るるなかれ」の修養を用いることになります。常に進んで「必ず事とするあり」の修養をしていても時としてそれの早く達成したいと思い、効果を上げることを求めれば、すなわち、これは「助ける」ことになり、「助くるなかれ」の修養を用いることが必要になります。それらの修養は「必ず事とする有り」の修養の上にあって用いるものです。「忘るるなかれ、助くるなかれ」は修養の間において精神を振るわせ自覚させ警告するためだけのものです。もし修養が間断しないのであれば、さらに「忘るるなかれ」を説く必要はありません。もともと修養を早くしたい、効果を上げたいと思わなかったら「助くるなかれ」を説く必要もありません。修養とはなんと「明白簡易」なことでしょう。なんとさっぱりとして自在なものでしょう。しかるに、「必ず事とする有り」の修養を行わないで、空事として一つの「忘るるなかれ、助くるなかれ」を守っている者は、まさに鍋を焼いて飯を煮るのに、鍋のなかに水を浸した米を入れずに、柴をくべて火を放つようなものです。一体何が煮出されるのでしょうか。私が思うのには、火がちょうど良くなる前に鍋が破裂してしまいます。近頃、もっぱら「忘るるなかれ、助くるなかれ」の上に修養を行おうとする者の欠点はこのようなものです。終日、空事としてこの「忘るることなかれ」をなし、空事として「助くることなかれ」をなして奔放として揺れ動き、実のある所に全く手を付けることもなく、修養はただ空に沈み寂を守ることをしているだけで、愚か者になるだけです。これでは些細なことに出会っても引っ張り回され滞り、乱れて騒ぎ、筋の通った収め方ができません。これらが学問に志のある人であるのに苦労して束縛し、一生を空費させるのでは全て学術が人を誤らせるためです。大変憐れむべきことです。（二―2）

読解

孟子は、弟子に自分が**告子**に比べて優れている点を聞かれて、「我善く吾が浩然の氣を養ふ」と答えています。先にも出てきましたが、「浩然の氣」を養うとして道義を積み重ねていって自然に生まれてくる天地の間に生まれる「氣（人間の持つ生命力、エネルギー）」であり、これを育てて徳をもった不動心を得ようというものです。「必ず事とする有れ」は、この「浩然の氣」を得る修養のあり方として述べたものです。そして、本節の議論はその注意書きとして**孟子**の「心に忘るることなかれ。助けて長ぜしむることなかれ」と述べたことに関連したものです。いつまでに予期して行うものでもないが、常に忘れてはならないものであり、しかし無理に伸ばそうとしてもいけないという**孟子**の注意書きです。「必ず事とする有れ」を差し置いて、注意書きのように枝葉の成長に拘わるべきでないと主張するのです。一方で、「忘るるなかれ、助くるなかれ」を修養の中心に置くのは、消極的であり「空に沈み寂を守る」ことだと批判します。積極的に常に道義を常に積み重ねていくことが「浩然の氣」を養うことであるという**孟子**の教えを忠実に従うべきだと言うのです。

大学で経済学を教えるのに、技術的に難しいことを教えて、学生の能力を萎えさせたのではないかと反省することしきりでした。学生が技術的なことだけでなく、世界経済、日本経済を構想できる経済学の「経世済民」という人々を救うというための考えの背景にある「浩然の氣」を養えたかどうかは難しいところですが、このための努力もしてきました。

3　必ず事とする有り

孟子の言う「必ず事とする有り」とは、常にただただ「義を集める」ことにあります。「義」を集めるとは「良知を致す」ことです。「義」を集めることを説明すれば直ちに頭に入りませんが、「良知を致す」と言えば直ちに実地に修養を行うことができるのです。故に、私は言葉としては「良知を致す」を説きます。時に応じて、実際の「事」に当たってその「良知を致せ」ば、これは「格物」になります。真実に「良知を致せ」ばこれは「誠意」になります。真実に、その「良知を致し」て、『論語』に言うように、わずかの「意・必・固・我」もなくなれば、これは「正心」になります。真実に、「良知を致せ」ば自ら修養を忘れることの病はなく、わずかの「意・必・固・我」がなければ自ら「助ける」の病もありません。故に、『大学』に言う「格物致知誠意正心」を説けばよく、ここでは必ずしも「忘るるなかれ、助くるなかれ」を説く必要はないのです。**孟子**が「忘助」を説いたのは、**告子**の過ちについての対処方法を立てたものでした。**告子**が強いてその心を制しようとしたのは「助」の病痛です。故に、**孟子**は専ら「助長の害」を説いたのです。**告子**が「助長」を説いたのは、これは「義」を自分の「外」にあるとなし、これを「心」の上に「義」を集め、「必ず事とするあり」の上に立って修養すべき事を知らなかったから、このような話になったのです。もし、時々刻々自らの心の上に「義」を集めれば、「良知の本体」は透明明白になって、自然に「是は是」、「非は非」としてわずかな細かいものまでも見逃すことはなくなります。また、どうして「言に得ざれば、「心」に求むることなかれ、「心」に得ざれば、「氣」に求むるなかれ（**孟子**が批判的に**告子**の言葉を引用している）」との弊害があるのでしょうか。**孟子**が言うように「義」を集めて「浩然の氣」を養うとの説は後世の学者の功績でした。しかしながら、これも病に対して対処法を立てたのであり、大綱を説いたものです。『大学』に言う「格物致知誠意正心」の修養が最も精一であり、簡易なものであって、これ以上のもの、これ以下ものは、萬世に欠点がないものであるものには及ばないものなのです。

（二一3）

読解

孟子のいう「必ず事あり」とは、「良知を致す」事であると「良知」を強調します。「良知を致せば」は『大学』の「格物・致知・誠意・正心」になると言って、根本に「良知」にあることを主張します。「良知を致せ」ば「格物」になり、「誠意」となって、**孔子**のいう「意・必・固・我」をなくすことになり、「正心」になります。「良知を致す」こそが人間の生きて行くのに最も重要なことを言います。そして、**孟子**のいう「忘助」を説く必要はないと言い、「義」を集めれば、「良知の本体」は明白になると言います。この「致良知」は**王陽明**にとって「天理」であり、全ての基礎となるものであり、やや宗教的な雰囲気を持っています。

4　義を集める

聖人賢人が学問を論じるとき多くは時に応じて実際の「事」について行いました。その言葉は人によって異なっているといえども、その修養の頭脳（中心）を求めると符節をあわせるように一致しています。天地の間、元々はただ一つの「性」があり、ただ一つの「理」があり、ただ一つの「良知」

があり、ただ一つの「事」があることによっているだけです。およそ、「古人」が学問を論じる所においての修養を説くとすると、彼らの議論をさらに混ぜ合わせて説かなくとも、自然と符合し一致して意味の通じない所はありません。少しでも諸説を混ぜ合わせて説かなければならないとすると、これは自己の修養がまだ明らかに貫徹していないからです。最近、「義」を集める修養は必ず「良知」を致すの修養を兼ねてはじめて備わるものであるという人がいます。このように言うのは「義」を集める修養が徹底していないからです。「良知を致す」ことを妨げて何の役にも立ちません。「良知を致す」の修養については、必ず「忘れるなかれ、助けるなかれ」をあわせて行って後、明らかになると言う者がいますが、これは「良知」の修養が徹底していないからです。「良知を致す」の修養が徹底していなければ、「忘るるなかれ、助けるなかれ」の修養を重ねるのには足らざる所があります。このような者はみな文義上の解釈やこじつけを行い、諸説の統合を図るだけで、自分は実際の修養において体験していないのです。これをますます詳しく論じることとなっても、「真意」からは益々遠くになっていきます。**聶文蔚**の議論はいよいよ詳しく、大本では達しており、水のように勢いを増していては疑いの余地はありませんが、「致知究理」および「忘助」などの議論に至っては、時に諸説を混ぜ合わせたものになっています。前に私の言ったように、あなたは大通りの真ん中にあるが、時には斜めに行ったり曲がったりするものであるが、修行が熟達すれば自ずから釈然としてきます。

（二一4）

読解

王陽明は天地の間には一つの「性」、一つの「良知」一つの「事」があるだけであるから聖人賢人の論じる処々の議論も実践という事になれば同じものに収斂していくと言います。それは「義」を集め「致良知」の修行していくだけだとして、「忘助」といった付属的な修養を議論すべきでなく、「浩然の気」を養うのに、ただただ「義」を集めることを主張しています。**王陽明**は「義」について議論することは多くないのですが、これを「良知」と呼び変えて実践することを言います。もっとも中心になるのは『大学』の「格物致知誠意正心」であり、本質的なところで修養を行うことが「良知」の修養で、さらに「忘助」の修養は自ずからを行わせしめることになるとします。聖人賢人の種々様々な議論を追うことよりも自己の修養を一貫させることが必要だと諭します。**聶文蔚**は既に大通りの真ん中を行っているので、修養を続ければ自然と熟達できると励まします。

5　良知は真誠惻怛

聶文蔚の「致知」の説では、これを親につかえ、兄に従うことの間に求めれば、従い寄って行く所が分かるようになるといっているのは、あなたの最近の「真切篤実（真に切実で心のこもった実のある）」の修養の成果と見ることができましょう。確かに、これを実行すれば、自ずから力を得ることとなるでしょう。しかし、これを定説として人に教えることとなれば、かえって薬による病を生じる心配が生れます。また、一つ解説をせざるをえません。「良知」は一個の「天理」によって自然に明らかに覚り、発見されるものであり、これはただ一個の「真誠惻怛（しんせいそくだつ）（真に誠で同情してはらはらすること）」であって、これが「良知の本体」なのです。故に「良知」の「真誠惻怛」を致して、親につかえると「孝」になります。「良知」の「真誠惻怛」を致して、兄に従えばこれは「弟（てい）」になります。この「良知」の「真誠惻怛」を致して、君につかえると「忠」になります。これらはただ一個の「良知」、一個の「真誠惻怛」なのです。もし、これが兄に従うことについての「良知」も「真誠惻怛」も致すことができなければ、親につかえることについての「良知」も「真誠惻怛」も致すことはできません。君につかえることについての「良知」、その「真誠惻怛」を致すことができなければ、これは兄に従うことについての「良知」も、その「真誠惻怛」を致すこともできません。故に、「君」につかえることの「良知」を致せば、兄に従うことの「良知を致す」ことになります。兄に従うことの「良知を致せ」ば、親につかえることの「良知」を致すことになります。これは、「君」につかえることの「良知を致す」ことができないといえば、必ず親につかえることの「良知」の上に拡充してくることはありません。このようなことになれば、根本を失って枝葉末節を求めることになります。「良知」はただ一個であって、これが発現し広がっていく所に従ってゆけば、直ちに完全無欠なものとなります。さらに別に求めるものはなく、他から借りてくるものでもありません。しかし、発現し広がっていく所のものは、軽い重い厚い薄いといった程度はわずかにも増減するものではありません。「良知」の「真誠惻怛」は天然自有（自然のままで調和がとれた状態）の「中」にあります。軽重厚薄のわずかな増減もすべきでないというのは、「良知」の「真誠惻怛」の本は、ただ一つのものだからです。ただ一つのものであるので、その間に軽重厚薄はわずかな増減もできません。もし、ここで、軽重厚薄が増減するならば、また貸し借りができるのなら、それは「真誠惻怛」の本体ではありません。「良知」の妙用は形態もなく、極限もないものであり、大きなものを言えば、天下の何者をもこれをよく載せることはできなく、小さな点から言えば、天下の何物もこれをよく破ってさらに小さくすることができない所以のものです。（二一5）

読解

ここでは、「良知」を「真誠惻怛」であるととらえています。「真誠惻怛」は真に「誠」で同情してはらはらすることであり、「心」を動かす感情的なものです。「良知」は「知」であるとともに、「真誠惻怛」にして「心」を正しく動かす事で、「孝、弟、忠」になっていくと言います。最近の日本では「孝、弟、忠」などを行動指針とする考えは弱くなっているように思います。今日、一部には儒学を封建社会の思想と考える者も少なくありません。しかし、よく考えれば「良知」は誰かに強制されるものではなく、自然なことであり、「真誠惻怛」な「心」に素直に生きることは「孝、弟、忠」に生きることになると思います。「孝、弟、忠」になることができたと思うときには、喜びとともに心がすがすがしく思うものです。「孝、弟、忠」になっていないか常に反省することが必要であるとともに、逆に親は子供に、兄は弟に、君は常に人民に「心を尽くして」いることが大事であり、決して威張るのではなく、会社でも上司に忠実なだけでなく、上司は部下を思い、どうすれば彼らの活動のためになるか常に心を遣うことが求められると思います。親は子を大事に育て、兄は弟のためになることは何でもし、君は人民のために善政を行うというのが自然な前提です。「孝、弟、忠」はいわゆる封建道徳ではなくここで示しているように、これらは「良知」であり、「真誠惻怛」、すなわち、真に誠で同情してはらはらすることで「天然自有」、すなわち自然のままで調和がとれた状態であるという様に「心」に素直に生きることであると言います。今日は、これらの徳目を強調することは少なくなり、むしろ反発する人が少なくない状況になっていますが、親に孝行したい、兄を立てたい、君（会社なら上司）に「忠」でありたいというのは、日常の自然な感情なのです。

6　堯・舜の道は孝弟のみ

孟子が言うように「**堯・舜**の道は孝弟のみ」というのは、人の「良知」が発現して最も「真切篤厚（心から誠実で人情深い）」となり、覆い隠すことのできない所について人に反省をさせ、人をして君につかえさせ、友人に「信」をもって処させ、「民を愛し、物を愛す」といったおよそ人々の一挙一動、発言の一言一言の間において、ただこの一念として親につかえ兄に従うという「真誠惻怛」の「良知を致させる」ことになります。すなわち、これは自然な「道」のことです。およそ天下のことは千変万化し、窮め尽くすことができないものであるといえども、ただこの親につかえ兄に従うという一念で「真誠惻怛」の「良知を致して」、これに応じれば、さらに取り残しや洩らすことはありません。まさに、ただ一個の「良知」があるためです。親につかえ兄に従うの一念の「良知」の外に、さらに「良知を致す」ものはありません。故に、**孟子**は、「**堯・舜**の道は孝弟のみ」と言っているのです。これは「惟れ精惟れ一」の学問です。これを四海（天下）に至らして皆の基準とし、後世に施して朝夕に止むところがないという所以なのです。**聶文蔚**は親につかえ、兄に従うの間に「良知の学」を求めようとしています。自分の修養の力点を置くことについて、このように説くことは不可ではないでしょう。また、その「良知」の「真誠惻怛」を致して、これをもって親につかえ兄に従い道を尽くそうとすることを求めるのも不可ではありません。しかし、**程明道**（**程伊川**の間違い）が言うように、「仁を行うには孝弟よりはじめる」べきです。孝弟は「仁の中」の一つだからです。これを「仁」を行うことの本とするのはよいでしょう。しかし、これを「仁」の本だという考え方は不可です。この説は正しいのです。（二一6）

読解

聶文蔚が修養の軸に「孝弟」を置くと述べたことに、**王陽明**が批評しています。「孝弟」を中心に置くことは、**孟子**にも見られることを指摘します。**孟子**は「**堯・舜**の道は「孝弟」のみ」として、「孝弟」を行えば、**堯・舜**の「道」も誰でもできる事だと言っています。さらに、「**堯**の服を服し、**堯**の言を誦し、**堯**の行いを行えば**堯**になれる」と言って、**堯・舜**の「道」も心がけ次第であるとします。そして、「良知」との関係では、**孟子**はこれまでも何度も出てきましたが、「人の学ばずしてよくするところのものはその「良能」なり。慮らずして知るところのものは、その「良知」なり」としており、その例として「孩提（がいてい）（小さい）の童も、その親を愛すること知らざるなし。その長ずるにおよびてや、その兄を敬する事を知らざるなし。親を親しむは「仁」なり。長を敬するは「義」なり。他なし、これを天下に達するなり」と言っています。また、『論語』でも「「孝弟」なるものは、それ「仁」の本たるか」と言っています。また、何度も出てきましたが、「惟れ精、惟れ一」は『書経』の「大禹謨」での言葉で、「惟れ精、惟れ一、允（まこと）に其の中を執れ」と言っていますが、精とは純粋というような意味合いですので孝弟は「純粋な一」であると言っているのです。**王陽明**にあっては「一」とは、人間の本性に発する「心」と理解しています。そこで、純粋で「一」なものが「良知」なのです。**王陽明**も基本的に「孝弟」を修養の軸にすることに賛成しますが、その根本を明らかにすることが必要であるとします。ここで、**王陽明**は、この良知を「真誠惻怛」という「心」の状態に求めています。「良知」を「知」という頭で考える問題ではなく、「心」に響く「真誠惻怛」にあるというのは**王陽明**の真骨頂です。

親に孝行することは非常にうれしいことです。親が喜んでくれることをいやがる人はいません。筆者の場合も、学校でいい成績を取れば飛び上がって喜んでくれました。京都大学入学、大蔵省入省、京都大学教授なども喜んでくれました。親が喜んでくれること自身私にとってもうれしいことでした。「弟」は筆者は長男なのでよく分かりませんが、弟とは色々なところで喜びをともにしました。

「孝弟」は、最も身近なもので家族にとって、うれしいことを共有するのが自然な事です。「忠」については、色々議論があるでしょう。しかし、上司や会社の役に立っていると感じたときは個人としてもうれしいものです。会社は会社への「忠誠心」を高めるために多くの努力をしています。単に給与をもらうためだけに働くのであればつまらないことになります。国に対する「愛国心」の教育は最も基本的なことです。教育基本法が改正されて、教育に愛国心が導入されたことは、これも自然なことです。改正までの戦後教育のひずみは決して小さなものではありません。

7　逆へず億らず

『論語』にある「億逆先覚の説（逆へず億らずしてまず覚る）」は、**聶文蔚**が考えているように、「心」が「誠」なら傍行曲防（細かい行動）は全て「良知の作用」だとの考えで、大変よい考えです。とは言ってもこれは、多少の雑物があって純粋ではないというのは、以前に述べた所です。であれば**惟濬**（**陳九川**のこと）の言葉も悪くはありません。**聶文蔚**にあっては**惟濬**の言を引用することで、あなたの考えを尽くすことができ、その考えも明らかになってきます。しかしながら、いまだ、一方に偏ることを免れません。**舜**は卑近な言葉から察したり、身分の低い薪取りの言葉を聞いたのは、卑近な言葉を察すべきとしたためです。このことからでも薪取りのわかりやすい言葉を聞くべきとしたからではなく、薪取りに意見を問て、後は素直に聞くことができたのです。すなわち、「良知」が発現流行して光り輝く玉になり、さらには障害になって遮蔽することがなくなります。このように謙虚に聞くことができたのです。これは「大知（たいち）」といわれる所以なのです。わずかでも執着し「意」が「必」になるところがあれば、「知」は小さなものになってしまいます。勉強してゆく中で、自ずから取り去り分別すべきものがあります。しかし、「心」について着実に修養していくには、すべからくこのようにするのがよいと思います。

（二一7）

読解

聶文蔚が**惟濬**の引用している『論語』の「億逆先覚の説」を批評していることは良いことだと評価します。これは『論語』にある「詐を逆（むか）へず、不信を億（おもんぱか）らず、抑々亦先づ覚る者是れ賢か」を言っています。「億逆先覚の説」では素直に人の話を聞けと言うのに、加えて卑近な話や身分の低い人の話も聞くようにとの示唆を加味するとのことです。**堯**の例をあげて「良知」を働かせて人々の話を聞くようにとの示唆です。我々も日々の仕事の中で、十分に人の話を聞いているかと言えば、疑問が生じます。特に、人の上に立って仕事をする者は部下や周辺の人の話を十分に聞かないと仕事になりません。「逆へず億らず」は素直に話を聞き、卑近なところからもよく聞くことが重要だというのは、日頃我々も心しておくべき事と思います。「執着し意が必になる」ことを避けなければ、仕事ができないだけでなく、自分の「知」の水準を引き上げることができません。

筆者も**市村眞一**先生に「研究者は素直でなければいけません」とお教えを受けたことがあります。

日頃「心」しているところです。また、大蔵省に勤務していたときには、まさに「聞くこと」が仕事でした。銀行局にいたときは銀行の担当者の話を素直に聞かなければならないことがありました。検査部では銀行の資産査定をします。担当者から融資先の企業の経営状況等を徹底的に聞いて問題点を明らかにします。主計局では各省庁が予算要求をするのですが、予算編成は「ノー」からはじまることになっています。予算を獲得するために、各省庁の担当者はその必要性を必死で説明をしなければならず、こうした徹底した「ヒアリング」を深夜まで行って、それから査定を行って各省との折衝を経て効率的な予算を編成していきます。相手の話をよく聞くことが主計局の仕事でした。また、会社や家族でもお互いに素直に話を聞くことが重要なのは同じです。

8　生知・学知・困知

孟子の「盡心章句」の三節について、「生知・学知・困知」の三段階に分けた説明があります。このことは、すでに明白で疑うものはありません。「心を尽くし性を知り天を知る」者には、「心を存し性を養い天につかえる」ことを説く必要はありません。「殀寿を二とせず身を修めてもって天命を待つ」ことを説く必要もありません。これは「心を存し性を養い身を修めて天命を待つ」という修養はすでにその中にあるからです。「心を存し性を養い天につかえる」者は、まだ「心を尽くし天を知る」という地位には至っていないといえども、しかし、そこにあって、「心を尽くして天を知る」にいたにあります。これを道を行く場合についてたとえると、「心を尽くして天を知る」者は、年齢的にも体力にしても壮健な者で、数千百里を奔走し往来できるような者のようです。「心を存し天につかえる」者は、子供の年であって歩くことを庭先で学んでいるような者です。「殀寿を二とせず身を修めて天命を待つ」者は、おむつをした赤子が塀につかまったり壁をつたわったりして、ようやく歩くことを覚え始めたようなものです。すでに数千里を奔走し往来する者に庭先で歩くことを学ばせる必要はなく、庭先を歩くことができないわけはありません。すでに庭先を歩き始めた者には、さらに塀につかまったり壁をつたわって起きあがり歩き始めることに移ることを学ばせる必要はありません。自らできない者はいません。しかしながら、起きあがり歩き始めることを学ぶのは、庭先を歩くことを学ぶことのはじめであり、庭先を歩くことを学ぶことは、数千里を奔走し往来することを学ぶことの基本であり、もとより二つのことではありません。その修養の難易度は大きく異なります。「心、性、天」は「一つ」のことです。故に、これを知って修養を為すのも「一」なのです。しかしながら、この三者の人物や力量には、おのずから階級があって、この階級を超えて知ることができないのです。細かく**聶文蔚**の議論を見るのに、その意の中には、「心を尽くして天を知る者」は、「心を存し身を修めるための修養」を排除し、かえって「心を尽くし天を知る」ことの妨げになるのではないかと恐れているのです。これは聖人になるための修養の中断を心配して、自分のためになる修養が「未だ真に切実でない」ことを心配していないことになります。我々が修養に努めなければならないのは、「心」

を専一にして「志を致し殀寿を二としない」で、身を修めて「天命を待つという修養」の上にあって行うべきです。すなわち、「心を尽くして天を知る修養」を行うことのはじめであり、これは起立して歩き始めることを学ぶことは、千里を奔走するすることを学ぶ事のはじめなのです。まず起立して歩き始めることを考えなければなりません。千里を奔走できないことを考えるのでしょうか。千里を奔走する者のためには、その起立して歩き始める練習を忘れていないかと考えなければなりません。**聶文蔚**の識見は抜群のものですが、このように論じられることは、これを古くからの「文義」を解説することの習慣からまだ脱出できていないのです。そこで三節の手紙を書いたが、分析比較統合して、その意味する所を融会し貫通させる事を求めようとし、自ら多くの意見を加えてそれに絡ませて、かえって修養を専一なものにできなかったのです。最近、空虚な議論をして「忘るるなかれ、助くるなかれ」と言っている者はまさにこの病にあり、人を最も誤らせるものです。これは洗浄し取り除かねばならないものです。

（二―8）

読解

先にも出てきたように、『孟子』の「尽心章句」に次のような説があります。「**孟子**曰く、その心を尽くす者は、その性を知るなり。その性を知れば、すなわち天を知る。その心を存し、その性を養うは、天につかふる所以なり。殀寿たがわず、身を修めてもってこれをまつは、命を立つ所以なり」と、「心を尽くす者」は惻隠、羞悪、辞譲、是非といった天から与えられた「人間の本性を知る」ことができます。その「本性を知る者」は「天を知る」ことができます。惻隠、羞悪、辞譲、是非といった人間の心を保持し、人間の本性を養い育てていくことは天につかえることになります。若死にしても長寿であってもそれをかまわず、「身を修め」てひたすら「天命を待つのは命を立て」る「立命」の所以です。これは**孟子**の哲学の本源的なあり方を示しています。

この**孟子**の「心を尽くし性を知り天を知る者」、「心を存し性を養い天につかえる者」、「夭寿を二とせず身を修めて天命を待つ者」のそれぞれの境地を『中庸』の「生知安行・学知利行・困知勉行」に相当するというのが**王陽明**の考えです。それぞれ聖人・賢人・凡人の状態を示しています。「**顧東橋**に答える書」の第5条でも主張しています。そして、これまで**王陽明**はこの三段階の向かうものは同じですが、全ての人は聖人になれると言います。**朱子**は全く逆の段階であるとすることは先に述べています。「生知・学知・困知」の三段階を**孟子**の「尽心章句」に当てはめて説明しています。さらに、字句の解釈だけに拘る**聶文蔚**の**孟子**解釈を批判して、それらを、千里を走ることのできる大人、庭先で歩く練習をする子供、伝え歩きを始めた幼児の三段階に喩えます。すなわち、これらは三段階のものので、高次の者は低次の修養をする必要はないとします。そして、順次それぞれが基礎になっていることを主張して、まず自分の修行を実行することが必要だと主張します。

王陽明の求めるものは、なかなか厳しいものです。筆者は自らを省みるに、「困知勉行」でよちよち歩きの「困勉」でないかと心配します。すでに高齢の「困知の者」ですが、「夭寿を二としない」で勉学に励むだけです。

9　徳性を尊んで問学による

聶文蔚の『中庸』における「徳性を尊んで問学による」に対して述べた議論は、まさに妥当しており、一貫したものです。疑うべきものではありません。すなわち、これは**聶文蔚**が着実な修養によるもので、その結果、このような言葉になったものです。これは偏った分からない道理ではありません。私と意見が同じでないのは、この「良知」になお陰影が潜伏しているからです。この陰影を除去すれば、自から明白になります。すでに、手紙を書き終わってから病床を風当たりの良い軒に移した所です。たまたま暇が出来ましたので、返事を書いています。**聶文蔚**はすでに大きなものを会得した者です。これらの所は時間をかければ釈然として自から氷解します。必ずしも細かく分析することはありません。ただ、ご厚情を受け、千里の遠方から人を遣わして丁寧な質問をされています。そこで、ご来意をむなしくはできません。また、多くのことを申し上げました。しかし、愚直に多くのことを申し上げてしまいました。信愛によりご容赦願います。罪とはしないでください。**惟濬**の所と**謙之**・**崇一**の所（それぞれ**王陽明**の弟子）へそれぞれ転写してお見せ頂ければ、彼らも同志として一体の厚情として喜ぶことと思います。右、**南大吉**が記録する。

（二一9）

読解

聶文蔚の手紙に対して丁寧に返事を書いています。『中庸』の「徳性を尊んで問学による」についての**聶文蔚**の解釈を全面的に賛意を示しながら**王陽明**と意見にはまだ差があるとします。それは「良知」についてなお陰影があるためですけれど、これを除去するのに時間をかければ、自ずから解決すると答えます。弟子たちに対する厚情が感じられます。

第十章　訓蒙の大意、教読劉伯頌等に示す

王陽明が諸賊を平定した後に各地で教化を進めるために、舎学という初等教育の学校を設けており、素読の教師である**劉伯頌**たちに初等教育の基本を説いたものです。子供をのびのび育て、先王の教育の原則に戻ることを主張しています。現代の教育論も見習う所が少なくないように思います。

1　子供の教育

昔の教育者は「人倫」を教えましたが、後世になっては古典の暗誦や作文作詞を中心とする習慣となり、先王の教えは滅んでしまいました。しかし、今日、子供の教育においては「孝弟・忠信・礼儀・廉恥」を努めさせなければなりません。しかもその栽培涵養の方法は、子供を誘導して「詩」を唱わせ、もってその志や意欲を発揮させ、子供を導いて「礼」を習わせ、「威儀」をただし、これを諭して「書」を読ませて、その知覚を開かせねばなりません。今日の人達は、往々に「詩」を歌い、「礼」を習うことは時代に合っていないと言います。これは皆、世俗の末にあって適切でない

ということの精神を理解することができるのでという見解を持っていて、どうして「古人」の教えに立つことの精神を理解することができるのでしょうか。

（訓蒙大意示教読劉伯頌等 1）

読解

教育の内容が「人倫」の教育から、古典の暗誦や作文作詞ばかりになっていると**王陽明**は嘆きます。志や意欲を生ませるようなものにしなければならないと言います。今日の教育についても徳育教育は薄れ、知育偏重で、しかも授業時間の短縮もあって子供達は忙しくなっています。知識教育も数学、物理化学のような科学教育も重要なのは間違いではありません。日本の科学教育は世界的に見て必ずしも高い水準にあるわけではありません。さらに、国際化の中で英語教育の強化がさけばれていますが、国際的にも下から数えた方が早い状況になっています。また、日本の歴史や日本の文化も勉強すべきといわれます。多くの外国に行った人たちが、自分があまりにも「日本」のことを知らないと嘆いています。家庭科や音楽や絵画などの教育、体育以外にもダンスや武道も教えるべきだと言います。さらにコンピュータのプログラミングの教育を行わせることとなっています。それぞれ必要性があるのは間違いの無いところですが、一方では「ゆとり教育」や「総合学習」としてこれまでの授業内容を減らす傾向になっていて、教員の負担を減らすため授業を減らせとも言います。「詰め込み教育」の弊害はもちろん注意が必要です。しかし、**王陽明**の言う様な「人倫」の教育や「志」を高めさせる教育が重要であるという声はどんどん小さくなっていることに危機感を持ちます。もっと国民に、ここに示されたような「孝弟・忠信・礼儀・廉恥」などを現代の状況に合わせた徳知教育の声があがってくることが求められます。先にも述べたように臨時教育審議会で会長をされた故岡本道雄元京都大学総長が「教育の基本は国を愛することと親を大切することだ」とおっしゃっていたことを思い出します。**王陽明**のいうようなもっと骨太な教育方針がほしいものです。

2　子供を伸ばす

たいていの子供は遊ぶことを楽しんで、拘束されることを嫌うものです。草木も始めて芽を吹き出したとき、これを自由に伸ばしてやれば多方面に通じていき、これを邪魔をすれば衰退していきます。今、子供を教えるのに子供が伸びていく方向を鼓舞して、心の中心を喜ばせるならば、その進むところの勢いは留まることをしりません。これを例えれば時を得た雨や春風が草木を潤おわせると芽が吹き出ざるをえなくなり、自然に日に月に成長するが、もし霜が降り氷が張れば生意は衰え、日々に枯れていくことになります。故に、およそ子供を誘導して「詩」を歌わせることは、その「志」や「意欲」を起こさせるだけでなく、元気に遊んで大声を出そうとすることを「歌」に表し、抑えられた感情を音節の上に発声させることになります。子供を導いて「礼」を習わせることは、その「威儀」をただすだけでなく、礼儀作法にあった立ち振る舞いをよくさせ、血流をよくして、拝んだり体を屈伸してその筋骨を鍛えることになります。子供を諭して「書」を読ませることは、その「知覚」

を開くだけでなく心を落ち着けて反覆させることで自然に「心」を保持させ、抑揚して朗誦させることで自分の「志」を述べさせることになります。これは「志意」を順当に導き、その性格や感情を調整し、その卑しくけちな考えをなくし、粗野頑固を無言の内に改め、日々に「礼儀」を進めることに困難さを感じさせず、理想の「中和」の境地には入りながら、その理由を知らない内に進めることなのです。これこそ先王の立てた教えの深い意味です。

（訓蒙大意示教読劉伯頌等 2）

読解

子供は自由にのばしなさいといいます。そうすれば自然と伸びていくものです。「心」の伸びていく方向を鼓舞し、「音楽」や「礼」を習わせなさい。すると威厳を持たせるだけでなく体をも強くします。また、「書」（日本の場合は日本の古典）を読ませれば「心」を落ち着かせることができると言います。日本は江戸期には寺子屋教育が中心であったわけですが、それによって日本の識字率は当時の世界的なレベルで非常に高いものがあったことを忘れないようにしなければなりません。中国の「礼」に相当する日本の伝統の「しきたり」をも教えていくことが、子供をここで言う「中和」の境地に入らせることと思います。

3　教育には拘束を求めない

近世の子供を教育する者は毎日、句読の切り方や試験のための作文を課して、拘束することを求めますが、それを「礼」をもって導くことはしません。聡明さは求めますが、「善」を以て育てることをしません。むちで打ち縄で縛って罪人を扱うようにしており、彼らの学舎は刑務所のようなので、誰も入ろうともしません。子供は教師を仇のように見て、会おうとはしません。教師の目をぬすんで覆い隠して遊んだり、欺いてこじつけて飾り立て、その頑固で鄙(ひな)びた様子を振る舞い、軽薄で卑劣になり、日々に下の方に流れていきます。これは「悪」に駆り立てておきながら、「善」を求めようとするようなものです。何を得る所があるのでしょうか。私が教えようとしている所はこの意実にあります。おそらく時節や世俗の議論では分からないでしょう。これを見て迂遠(うえん)だと言うでしょう。私はまさにこの地を去ろうとしています。従って、特に丁寧に述べたのです。皆さん教師諸氏は私の「意」とする所を体して、長く教訓としてほしい。時流や俗世の議論によって基本方針を改廃しないようにしてください。どうか幼児の時から「正」しいことの道を養うことの修養をされることをお願いします。よくお考えください。

（訓蒙大意示教読劉伯頌等　3）

読解

王陽明は、世情、行われている句読の切り方や試験のための作文に偏っていることに不満を持っています。「礼」を教えることが必要で、子供を縛り付けるようなことはしないようにと教師のあり方を示します。日本で現実の子供の教育現場がどうなっているかよく知りませんが、徳育にもっと重点が置かれるべきと思います。平成三〇年から初等教育に「道徳」の時間が復活したのは望ましいことです。アメリカ軍によって「修身」が廃止されて、七〇年近く道徳教育が行われてこなかったことは異常としか言いようがありません。近年、道徳が教科として定められたことは非常に重要です。ただ、これからの日本に必要な道徳教育が確立されているわけではないので、問題はこれからで、大いなる議論が行われることが望まれるところです。筆者は大学での教育しか知りませんが、講義の他、ゼミのような少人数で一緒になって難しい書籍を読み、色々議論して、終われば居酒屋に行って飲みながら、論談風発して楽しい教育を行いました。小中教育でも基本的な道徳を学び、しかも自由闊達な成育ができればよいと思います。

第十一章　教　約

教約とは学校の授業規則、指導要領、日課課程などをあわせたもので教育方針を述べたものです。**王陽明**の教育論が示されています。

1　教師のあり方

毎日、清らかに晴れた朝に生徒を集合させ、挨拶を行ってから教師は全ての生徒に次のことを質問すべきです。家では親を愛し、年長者を尊敬する心に気がゆるんでうっかりして真に切実でなかったか。「温清定省（親に対する礼で『礼記』に「凡そ人の子たるの礼は、冬は温かにして、夏は清しく、昏に定めて、晨に省る」とある）」という孝行の勤めを欠いてしまっていまだに実践しないでいなかったかどうか。道路を往来するのに歩行の際の「礼節」を守らずほしいままにふるまって、慎み深くできなかったようなことがあったかどうか。全ての言行や心においてあざむきや偏りがあって、いまだ「忠信篤敬（忠と信をつくしてあつく真心をこめる）」でなかったかどうか。子供達に質問します。それぞれの子供にはできる限り、それぞれの実際に行ったことを答えさせ、問題があればこれを改めさせ、でなければさらに励むようにさせなければなりません。また、教師は時に応じて事ある毎に、細かく教え諭し知識を開き導いて、その後に各自、席に着いて学業を習わせるようにします。（教約 1）

読解

王陽明は教育について細かく指摘します。確かに、子供たちが「温清定省」や「忠信篤敬」といった徳行を行ったかを確認してから学業を教えるべきとします。「孝・弟・忠」などに相当する今日に適した「徳目」を実行したかを確認してから席に着かせて学業をさせるというのはいい方法です。子供に繰り返し「徳目」の実行状態を自ら話させることは重要な事です。今日、そのような方法は難しいと思いますが、例えば萩市の小学校では**吉田松陰**の言葉を唱和させてから授業に入ると聞いたことがあります。身近なところの郷土の偉人の話や歴史の話をするのもよいでしょう。何か「徳育」になることを「唱和」させてから授業に入ることは必要なことだと思います。各学校、会社でも「朝礼」を行いますが、ここで「心」をそろえることはきわめて重要です。各学校で工夫して徳育を行う事が重要です。小中学校の先生達は日本の古典を中心に研究したらよいと思います。

2　詩を歌う

およそ「詩」を歌うには、必ず「姿勢」を正し「呼吸」を落ち着けて、その発声を清朗にして、その調子を均整にすることが必要です。うわついて急になったり、だらけてやかましくなったり、元気がなくなって萎縮したりしないようにします。時間をかければ精神が伸びやかになって、「心」も「気分」も和平になります。学舎毎に児童の多い少ないを調整し、分けて四班として、毎日一班を順番に詩を歌わせて、そのほかは皆、席に着き、姿勢を正して謹んで聴かせて、五日毎に四班が一緒になって本学舎で交代して歌わさせ、毎月一日と一五日毎には各学舎を集めて書院で一緒にして歌わせるようにします。

（教約 2）

読解

「詩」の合唱方法について細かく指摘します。儒学では、「心」を休ませる音楽は「礼」とともに社会の秩序を保ち、人々を感化するものとして重要視しています。中国古典の教育の中でも「詩」を唄うことの重要性が示されます。日本の各校では朝礼で校歌を斉唱させていますが、子供にとって毎日、歌わせることも愛校心を育て学校への興味を引きつける事になるかもしれません。日本の古典として和歌が当たりますが、みんなでこれを詠わせるのもよいのではないでしょうか。

3　礼を学ぶ

およそ「礼」を学ぶには、必ず「心」を澄まして思いを引き締めて、「作法」をつまびらかにし、立ち振る舞いを節度あるものにする必要があります。うっかりして怠ってはいけません。ぐずぐずしてはじめたり、あわてて粗野になってはいけません。落ち着いてはいるがまわり遠く緩んでいるわけではなく、慎んでいるが堅苦しくはないようにします。これをよく続ければ「礼」の姿に習熟し、「徳性」もしっかり定まってきます。児童の班の組み方は「詩」を歌うときと同じです。一日おきに各班を順番に「礼」を習わせ、そのほかの班は皆、席に着いて、姿勢を謹んでこれを見学させるようにします。「礼」を習う日は練習を免除します。一〇日毎に四班を集めて本学舎で交代して習わせ、一日と一五日毎には各学舎を集めて書院で合同して習わせます。

（教約 3）

読解

「礼」は「楽」とともに社会秩序を保つための生活の規範で礼儀・作法・制度・文物など全てに関して規定した儒学での最も重要な道徳的なもので、儒学の基本テキストである『礼記』には数多くの国家のあり方や日常における「礼儀」などが幅広く示されている。小中学校で「礼儀」を教えるのも大事なことと思います。武道の練習では「礼」に始まって「礼」に終わるということをさせていますが、毎日、「礼」に始まって「礼」に終わるという習慣をつけることは子供の「徳育」に役立つものと思います。

4　書を教える

およそ「書」を教えるのには、いたずらに多くを覚えさせる必要はなく、ただ精読し習熟することを尊びます。児童の素質をよく見て、二百字を覚えることができる者には百字だけ教えます。常に精神の力量に余力を残せば、児童はいやがらず苦痛を受ける心配もなく、自ら獲得していく美しさがあります。「朗読」に当たっては、努めて「心」を専らにし「志」を一つにして、口で朗読し「心」で思い、一字一句をおろそかにせず、糸口をたぐり出し反覆することで、その音節を抑揚して、その「心」と「意」をゆったりとさせます。これがしばらく続けば書物の意義や「礼」は体にあまねく行き渡り、聡明さは日々に開けることになります。

（教約 4）

読解

「書」を教えるのに数を多くするより、余裕を持って教えれば子供は苦痛なく覚えます。また、朗読をさせるのには「心」と「意」を意識してゆっくり教えます。日本では全体に「ゆとり教育」を推奨してきました。現実に、「詰め込み教育」を排して「ゆとり教育」を実施しました。我々団塊の世代は大学に入るのに「四当五落（四時間睡眠で勉強すれば合格するが五時間寝れば試験に落ちる）」などと言われた受験戦争の時代がありました。これは異常ですから是正すべきでした。しかし、教育内容を薄くして、「πは三（通常は三・一四）」以上のことを教えてはいけないというような「ゆとり教育」は愚行としかいいようがありません。

経済はますます知識産業化し、これに関する「知識」も勉強していかなければなりません。経済社会はグローバル化によって激しい競争にさらされています。かつては知力で優位にあった日本もGDPが中国に抜かれて三番になっただけでなく、特許の取得件数などもアメリカに次いでいたものが中国の後塵を拝することになっています。大学の国際ランキングも決して高くありません。中国だけでなく、多くの国が色々な側面で追いかけてきています。「知識教育」も不可欠ですが、「徳育」は「知識教育」の大前提なのです。

5　教師の力

毎日の教育は、まず「徳」を考えさせ、次に「書」を背後において「書」を暗誦させ、次に「礼」を習い、あるいは作文を課し、また「書」を暗誦させて「書」を研究させ、次に「詩」を歌わせます。およそ「礼」を習い「詩」を歌うことは皆、常に児童の「心」を保持して習うことを楽しんで倦ませないようにし、邪悪なことに及ぶ余裕をなくさせる所以です。教える者はこれを知れば教育を実行する所を知ることになります。しかし、そうであるとしてもそれは大略に過ぎません。極めて明白

にするのには、その教師自身の力に依存します。（教約 5）

読解

王陽明は教育に当たっては基本をしっかり教えることを主張します。子供に負担にならないようにし、楽しいものにさせることを求めています。能力以上に多くのことを教えれば、学問を嫌うことになるので、その能力をよく見て教えよというのは重要なことです。班分けを行って順次、実行させていくというのは面白い方法です。基本をしっかりと教え、しかも過大にならないように教えるというのが本来あるべき「ゆとり教育」でしょう。ただ、これまで行われてきた「ゆとり教育」は内実を伴っておらず問題が多くありました。ただ、ここでも教師の能力に依存することが言われており、これを強化することが必要なことです。「総合学習」も決して悪いものではありませんが、単に博物館や施設の見学に連れて行くことで費やした時期がありました。これも教師の能力によって正否が決まります。子供の人生は初等中等教育の成果による能力に依存しています。これをどの様に高めるかがきわめて重要です。筆者の経験でも先生に出来・不出来がありました。実際、どの様な先生に当たるかで、その子供の将来を決めていくことになるわけであり、教師の能力の向上を促進する政策をもっと真剣に考えるべきです。

あとがき

筆者は京都大学に在籍していた時は、経済学、特に財政学、数理経済学の他、金融、地方財政、日本型経営システム、ベンチャービジネス、国際政治などを研究教育してきました。そのような筆者が「陽明学」を勉強しようとしていることに、疑問を持たれる方がおられることと思います。学部学生の時代に『荘子』を読んでそのスケールの大きさに驚きました。それから『論語』『孟子』『荀子』『韓非子』『老子』『孫子』などを読みました。大蔵省に入ってからですが、「中国古典の経済政策論争」や「中国古典の防衛論争」などの論文も書いています。しかし、中国古典の専門家ではありませんので、間違った理解をしているところも少なくないと思います。

また、本文で述べたように私は学生には洋の東西、古今を問わず古典を読むように勧めて、大学の学部ゼミの二年生にはデカルト、カント、ベルグソンなどの西洋哲学の古典を読むことで演習を進め、さらに学生に自分で選んだ哲学書を読みレポートを書かせました。ここでは「古典は原油のようなものであり、そのままでは役に立たないがガソリン、重油、ベンゼンなど多くの有用物が多数、含まれています。反対に、精製されたものはすぐに役立つのですが、それで終わってしまうものです。自ら考え、自ら思索を生み出していくには、古典の勉強が不可欠です」と言ってきました。

「陽明学」の勉強会を始めたきっかけは、フランスのカンヌで開かれたモンペルラン協会（ハイエクの思想を中心とした議論を行う、ノーベル賞級の学者も出席する経済学などの国際的な学会）の総会に出席して、そこで行われていた議論を聞いたことから始まります。そのテーマは「ハイエクの遺産」というものでした。彼らの議論で気がついたのは、ヨーロッパ各国でイデオロギー対立の時代が終わり、「ヨーロッパ精神」の復活を目指した動きが始まっていることでした。これでは日本も負けてはおれないと思ったのです。日本で「日本の精神」を復活させる何かをしなければならないと思ったことが始まりです。

そして、平成四（一九九二）年に筆者が代表幹事になって始めた「二一世紀日本フォーラム」の活動の一環として行っていた研究会があります。このフォーラムは団塊の世代の社会科学者を中心に二一世紀の日本を「言論」で再構築していこうとして始めた団体です。始めた頃は「若手の学者（当時）」でした。多くの活動を行ってきましたが、そこの活動の一環として、東京大学や京都大学などで哲学や政治思想を研究する学者に集まってもらい「二一世紀の日本人の精神のあり方」をテーマに研究会を始めました。第二次世界大戦での敗戦とアメリカの占領政策から日本人の精神性を公に議論することは許されない時代になりました。「日本人の精神」を失った日本人として、二一世紀にかけてどのような「精神」を築いてゆけばよいかを議論するための研究会でした。研究会を始めたところ、主要メンバーが亡くなったり、重い病気になったりして続けることができなくなりました。

そこで、筆者が一人でできることを考えました。この分野における研究の実践として、日本人の精神の形成にも大きく関わってきた「陽明学」について、幅広く社会人とともに考えたいと思いました。日本の伝統にある「心」の教育の方法は「私塾」でした。藩校などの侍の子弟の教育を行う官営の学校ではなく、「私塾」が人格教育に係わってきたことは、日本の歴史の中でもきわめて重要な位置にあります。先にも述べた**吉田松陰**の「松下村塾」、**緒方洪庵**の「適塾」、**大塩平八郎**の「洗心洞塾」を始め、日本の歴史を動かしてきた教育はむしろ「私塾」による教育でした。そこで、この「私塾」の復活になるかと期待して、現代に必要な「心」を勉強しようと、共感する社会人が集まり、平成八（一九九六）年に「陽明学」の勉強会をはじめました。庭に桜の木を植えていただいたので「松下村塾」を見習って「桜下塾」と名付けて集まりました。

古典は含蓄の深いもので容易に理解することはできませんが、塾を開いて少人数ですが集まって読むとそれぞれ啓発されて「現代に活かす陽明学」を勉強することができました。陽明学の「実践の学問」とするにはまさに今日に適した方法のように思います。

「陽明学」の勉強に本格的に取り組んだ時の「思い」は平成一一（一九九九）年に『桜の下の陽明学』（清流出版）にまとめて出版しました。ここでは、「陽明学」を勉強する事への思いを語っていますので、『論語』で指摘されている「思いて学ばざる」となっていて「あやうし」にならないのか心配でしたが、「思い」がまず第一と考えました。また、塾で講義した日本における「陽明学」が果たした役割をまとめた『日本人の心を育てた陽明学』を平成一四（二〇〇二）年に恒星出版から出してもらい、日本人がどのように「陽明学」から学んだかに「思い」をめぐらせました。そして、平成一八（二〇〇六）年にこの勉強会での講義の内容をまとめて『現代に甦る陽明学『伝習録（巻の上）』を読む――桜下塾講義録』を麗澤大学出版会から出版しました（二〇二〇年に晃洋書房から再刊します）。これが『論語』で言う「学びて」になっているかどうかも心配ですが、ともかく筆者流の「陽明学」を「学びて、思う」ことをまとめました。中国古典は膨大な文明・知識の積み上げの結果であり、様々に解釈が行われてきた人類の叡知です。それを大胆にも社会科学者の目から自在に解釈していこうとしているので、不遜だという批判を受けてもやむを得ないものだとは思います。しかしながら、儒学、特に新儒学や**王陽明**が『大学』を重視したことに見られたように、日本に導入された儒学は個人や社会のあり方を説いたもので、これは江戸期に社会科学の側面を持っていました。そして、そういった学問を自分の生き方を一体としてとらえようとしたところに意義があるように思います。

そして、江戸期に日本において儒学は社会の秩序を形成するとともに、武士（武士以外にも広まっていましたが）の人格形成の書とされたのです。「朱子学」でも「修己治人」という表現は、日本人らしい実践的な儒学の活用方法であったように思います。「陽明学」も同様に多くの人を育ててきました。そこで、今日の混乱した社会を立て直すために社会科学の目からもう一度、「陽明学」を「現代に活かす」ことができないものかと思っています。本書は『伝習録』「巻の中」の部分の桜下塾での講義録などを基本にまとめました。ドンキホーテではありませんが、大きな挑戦をした所です。ご批判は甘んじて受けたいと思います。

また、平成九（一九九七）年に、故**岡田武彦**先生を中心に行われた「国際陽明学会」で**福田殖**先生からは「あなたのような人（社会科学をやっている人）に陽明学をやってほしい」と勇気づけられ、さらに、**吉田公平**先生からは陽明学に関する専門的な論争の書籍を送っていただきました。もう古いことになってしまいましたが、この場を借りてお礼を申し上げたいと思います。

「陽明学」の考えが日本社会の中で普及することは、日本を中国流にすることではなく、中国古典を日本人の得意な日本型に変えて、「陽明学」が持っている精神を「日本人の心」に取り入れていくことを切に願っています。

最後に、原稿段階で読んでもらって貴重なコメントをいただいた塾参加者の**安原徹**公認会計士及び**村上孝雄**氏に感謝申し上げます。

二〇二〇年六月

吉田和男

《著者紹介》
吉田和男（よしだ　かずお）
1948年　大阪府生まれ
1971年　京都大学経済学部卒業・大蔵省入省
1983年　主計局主査
1988年　京都大学経済学部教授
2006年　京都大学経営管理大学院長
現　在　京都大学名誉教授

主要著書

『日本の財政金融政策』(東洋経済新報社，1980年)
『日本経済の活力と企業行動』(東洋経済新報社，1985年)
『日本型経営システムの功罪』(東洋経済新報社，1993年)
『日本財政論』(京都大学学術出版会，1995年)
『安全保障の経済分析』(日本経済新聞社，1996年)
など多数

現代に活かす陽明学
――『伝習録』（巻の中）を読む　桜下塾講義録――

2020年8月30日　初版第1刷発行　　＊定価はカバーに表示してあります

著　者　吉田和男©
発行者　萩原淳平
印刷者　西井幾雄

発行所　株式会社　晃洋書房
〒615-0026　京都市右京区西院北矢掛町7番地
電話　075(312)0788番(代)
振替口座　01040-6-32280

装丁　野田和浩　　印刷・製本　㈱NPCコーポレーション

ISBN978-4-7710-3390-0